1922

1922

O passado no presente

Permanências e transformações

Marieta de Moraes Ferreira coordenação

UFRJ FAPERJ Fundação Carlos Chagas Filho de Amparo à Pesquisa do Estado do Rio de Janeiro FGV EDITORA

Direitos desta edição reservados à
FGV EDITORA
Rua Jornalista Orlando Dantas, 9
22231-010 | Rio de Janeiro, RJ | Brasil
Tel.: 21-3799-4427
editora@fgv.br | www.editora.fgv.br

Impresso no Brasil | Printed in Brazil

1ª edição: 2022

Preparação de originais: Ronald Polito
Projeto gráfico de miolo e diagramação: Ilustrarte Design
Revisão: Michele Mitie Sudoh
Capa: Ana Luisa Escorel

Dados Internacionais de Catalogação na Publicação (CIP)
Ficha catalográfica elaborada pela Biblioteca Mario Henrique Simonsen/FGV

1922 : o passado no presente : permanências e transformações / Marieta de Moraes Ferreira (coord.). - Rio de Janeiro : FGV Editora, 2022.
244 p. ; 16 x 23 cm

Inclui bibliografia.
ISBN: 978-65-5652-168-8

1. História do Brasil - 1922 - Historiografia. 2. Brasil - Política e governo. 3. Cultura - Historiografia. 4. História social. I. Ferreira, Marieta de Moraes. II. Fundação Getulio Vargas.

CDD – 981.05

Elaborada por Rafaela Ramos de Moraes – CRB-7/6625

Sumário

APRESENTAÇÃO

1922: O passado no presente

Marieta de Moraes Ferreira

Nos anos 1920, a sociedade brasileira viveu um período de grande efervescência e profundas transformações. Mergulhado numa crise cujos sintomas se manifestaram nos mais variados planos, o país experimentou uma fase de transição cujas rupturas mais drásticas se concretizariam a partir do movimento de 1930.

O ano de 1922, em especial, aglutinou uma sucessão de eventos que mudaram de forma significativa o panorama político e cultural brasileiro. A Semana de Arte Moderna, a criação do Partido Comunista do Brasil, o movimento tenentista, a criação do Centro Dom Vital, a comemoração do Centenário da Independência e a própria sucessão presidencial de 1922 foram indicadores importantes dos novos ventos que sopravam, colocando em questão os padrões culturais e políticos da Primeira República. Em meio a tais acontecimentos, foi assinada a criação da Universidade Federal do Rio de Janeiro, em 1920.

Passados 100 anos, em 2022 comemora-se o Bicentenário da Independência do Brasil e ao mesmo tempo comemoram-se também vários eventos-chave que marcaram significativamente a história do Brasil.

A proposta deste livro está focalizada em rever como questões cruciais para o país foram veiculadas no ano de 1922 e, após 100 anos, como ainda estão ecoando na agenda, no presente. Com essa perspectiva, as temáticas relativas às comemorações e memórias assumem um papel importante e nos levam a refletir sobre seus significados em 1922 e como repercutem e são relidos na atualidade.

Nesse contexto cabe perguntar: o que significa comemorar? Comemoração é a cerimônia destinada a trazer de volta a lembrança de um evento, algo que indica a ideia de uma ligação entre homens e mulheres fundada sobre a memória. Essa ligação também pode ser chamada de identidade. E é exatamente porque permitem legitimar e atualizar identidades que as comemorações públicas ocupam um lugar central no universo político contemporâneo. As comemorações em torno de personagens focalizam aniversários de nascimento ou morte. Já os eventos fundadores privilegiam os momentos de fundação de nações, de Estados, instituições, empresas. Diante desse quadro, os historiadores procuraram dar respostas que levem em consideração as demandas de memória pela história e, ao mesmo tempo, produzam uma historização crítica da memória. Assim, mesmo reconhecendo o estímulo que a memória dá à história, eles chamam atenção para a função crítica desta última diante da ação inquisitorial da primeira.

Dessa forma, revisitar os vários eventos e as manifestações de diferentes setores da sociedade brasileira que tiveram lugar em 1922 e nos anos seguintes, estimulados pelo Centenário da Independência, é um caminho instigante para perceber que elementos da memória e da identidade brasileira foram selecionados, exaltados e esquecidos e como agora no Bicentenário estão voltando à tona.

Alguns pontos de convergência entre essas duas conjunturas podem ser destacados, uma sucessão presidencial marcada por uma crise política e forte polarização, o temor das notícias falsas, a busca de sustentação militar, os efeitos das pandemias e as lutas permanentes pela saúde, educação e combate às desigualdades.

Apesar dos pontos em comum entre as conjunturas, há também grandes diferenças: a crise política atual e a forte polarização não são, como em 1922, decorrência de embates entre oligarquias que se polarizaram em torno de projetos distintos para o país, pois dizem mais respeito a conflitos entre as classes sociais do país e a polarizações em torno de questões que extrapolam o plano mais estrito da economia. Nesse sentido, a presença de *fake news* hoje se dá numa escala muito maior do que em 1922, espalhando-se, inclusive, para outros campos além da política, como o da atual pandemia, no que ela também adquire sentidos distintos da pandemia de 1919. Por outro lado, a busca de sustentação militar, em 1922, se defrontava com cisões visíveis nas Forças Armadas, o que hoje não se verifica.

Com essa orientação este livro reúne 10 trabalhos de 12 autores destinados a revisitar os grandes temas que marcaram 1922 e de forma mais geral a década de 1920.

O primeiro capítulo, "Sucessão presidencial e crise política em 1922", apresenta um panorama do contexto político dos anos 1921/22 quando ocorria a acirrada disputa eleitoral entre Arthur Bernardes, apoiado por Minas e São Paulo, candidato da situação, e Nilo Peçanha, da oposição, apoiado pelos estados do Rio de Janeiro, Rio Grande do Sul, Bahia e Pernambuco. Esse pleito revestiu-se de um caráter especial em consequência da radicalização das duas facções políticas, por meio das tentativas de inviabilização do nome de Bernardes com a divulgação do que poderíamos chamar de *fake news* da época, as "cartas falsas", que visavam incompatibilizar o candidato oficial com os militares. O pleito de 1922 ainda buscou mobilizar setores sociais normalmente afastados das disputas eleitorais, setores médios e militares. É nesse contexto que eclodiu a primeira revolta dos tenentes e foi decretado o estado de sítio indicando o clima de conflito que estava marcando as grandes comemorações de 1922.

O segundo capítulo, de Marly Motta, sobre as comemorações da Independência do Brasil em 1922, tem como objeto de análise as diferentes leituras então feitas sobre a trajetória do país e as dificuldades existentes para que tivesse encontrado seu destino na superação do atraso e para ingressar no concerto das nações modernas. O texto analisa ainda os projetos de futuro desenhados naquele momento, por meio da Exposição Internacional do Centenário visando garantir a inserção do Brasil nos quadros da nova economia mundial do pós-Primeira Guerra.

O capítulo de Lucia Lippi também focaliza o significado das comemorações do Centenário da Independência elegendo como eixo as relações Brasil/Portugal, o antilusitanismo desenvolvido ao longo das décadas republicanas e em especial a emergência de um forte nacionalismo no país. Um segundo eixo de análise volta-se para o significado da arquitetura como expressão de valorização do passado colonial brasileiro dando origem ao chamado estilo neocolonial que, exibido na Semana de Arte Moderna realizada São Paulo, foi considerado moderno e brasileiro. É importante registrar também o destaque da arquitetura neocolonial dominante em vários pavilhões e eventos realizados na Exposição Internacional do Centenário da Independência de 1922. O artigo menciona ainda como as comemorações do Centenário da Independência levaram à valorização e releitura de diferentes passados em São Paulo e no Rio de Janeiro, que deram origem à reinauguração do Museu Paulista em São Paulo e à criação do Museu Histórico Nacional no Rio de Janeiro.

O quarto capítulo, escrito por Helena Bomeny, dedicado à educação, focaliza os educadores e os debates educacionais que tiveram lugar nos anos 1920. Articulando diferentes temporalidades, o texto retorna aos primeiros tempos da república para estabelecer o quadro desalentador da educação. Em seguida, apresenta as lutas do movimento da chamada Escola Nova nos anos 1920 para chegar aos desafios que continuam em pauta na atualidade.

No capítulo de Simone Petraglia Kropf e Dominichi Miranda de Sá, "O valor social da ciência e o debate sobre a nação na década de 1920", o objetivo é analisar as propostas de transformações do trabalho científico e os ideais de reforma social veiculados pela ciência com foco na atuação da Academia Brasileira de Ciências. Partindo da conjuntura comemorativa do Centenário da Independência, o texto recua no tempo para apresentar uma síntese acerca das discussões ao longo da Primeira República sobre o valor da ciência para o progresso nacional e as iniciativas de seus principais cientistas implementadas na década de 1920.

O capítulo seguinte, de Antonio Augusto Passos Videira, "Ciência e universidade no Rio de Janeiro na década de 1920", recupera importantes debates travados ao longo da Primeira República sobre a importância da ciência pura voltada para a produção do conhecimento teórico científico. Nesse contexto ficam evidenciadas as tensões existentes entre aqueles que defendiam uma abordagem pragmática e utilitarista e os cientistas aglutinados em torno da Associação Brasileira de Ciência, que consideravam que o apoio à ciência pura era a fonte principal de riqueza do país. Para a concretização dessas propostas, era fundamental a criação de universidades onde poderiam ser desenvolvidas políticas científicas consistentes. A luta pela criação da Universidade do Rio de Janeiro visava atingir esses objetivos, mas na prática sua efetivação ficou muito distante daquelas intenções.

O capítulo sétimo, de Gilberto Hochman, "Depois de uma pandemia: a saúde pública no Brasil nos anos 1920", tem como objeto as ações governamentais voltadas para enfrentar os problemas de saúde pública no país, especialmente evidenciados com a epidemia da gripe espanhola de 1919. No momento das comemorações do Centenário da Independência em que todos os esforços deveriam estar concentrados em mostrar um país moderno, era fundamental implementar as políticas centralizadoras que por meio do recém-criado Departamento de Saúde Pública atribuíam ao governo federal papel de grande relevância em relação às responsabilidades junto à saúde da população. O artigo chama a atenção ainda para o fato de que, a despeito dos esforços realizados, as expectativas enunciadas durante as comemorações de 1922 não equacionaram os problemas estruturais que caracterizavam a sociedade brasileira, como racismo, desigualdade, mandonismo e violência política. O enfrentamento desses problemas continuaria em pauta ainda por muito tempo.

O capítulo de Hildete Pereira de Melo e Débora Thomé, "Um olhar de gênero nas comemorações da Independência do Brasil: 1922-2022", tem como objetivo apresentar um quadro geral das lutas das mulheres pela cidadania no Brasil, tendo como eixo os eventos ocorridos em 1922. Retrocedendo à proclamação da República, as autoras recuperam as lutas feministas por ocasião da Constituição de 1891 para obter o direito de participação política no novo regime e os projetos de lei que pretendiam conquistar a obtenção do sufrágio feminino, ao longo das décadas seguintes. O texto destaca ainda o papel das principais lideranças femininas, especialmente Bertha Lutz, na criação da Federação Brasileira pelo Progresso Feminino (FBPF), em 9 de agosto de 1922. Os eventos comemorativos pelo Centenário da Independência do Brasil representaram momentos importantes para ativar as lutas feministas e recolocar em pauta o direito de voto das mulheres.

O capítulo de Flávio dos Santos Gomes, "Dos 'negros modernos': sobre personagens, debates e experiências ausentes, c. 1920, São Paulo", apresenta um panorama da atuação dos intelectuais negros na década de 1920 por meio da imprensa negra em São Paulo, formada por inúmeros periódicos que defendiam agendas que articulavam narrativas e expectativas de inclusão. Essa militância se tornou especialmente importante considerando as ideias racistas que depois de décadas da abolição continuavam dominantes no cenário político dos anos 1920. As manifestações racistas mostraram-se especialmente chocantes quando, em 1921, emergiram projetos e debates que advogavam promover uma imigração de negros norte-americanos para o país. A reação negativa a essas iniciativas, sob a alegação de que uma imigração negra poderia despertar o ódio racial, deixava evidenciado o arraigado preconceito racial e as enormes dificuldades de inclusão da população negra na sociedade brasileira. Numa conjuntura em que estavam em curso eventos políticos e culturais comemorativos pelos 100 anos da Independência do Brasil e ressaltava-se a importância de uma unidade da nação, os negros estariam de fora desse projeto.

O último capítulo "Tempo, fonografia e o ser moderno com a tecnologia na década de 1920", de Denise da Silva de Oliveira, procura compreender como era a experiência de escutar som fonográfico há quase 100 anos, quando o fonógrafo e os discos estavam presentes em discursos que buscavam domesticar e institucionalizar essa tecnologia considerada então símbolo da modernidade. No Brasil, o esforço de legitimação da fonografia empreendido por vários atores — de comerciantes a músicos profissionais, de intelectuais brasileiros à Liga das Nações, precursora da ONU — se consolidaria no anseio pela criação de discotecas públicas, cujas bases se encontrariam num ideal de construção de um futuro progressivamente melhor a partir dos avanços tecnológicos vividos no presente, este, de forma ambígua, alicerçado em um passado já bem conhecido e tido como legítimo e mais seguro.

Com este conjunto de textos, esperamos contribuir para um maior conhecimento da história do Brasil e para as lutas em prol da consolidação da democracia e combate às desigualdades no país.

CAPÍTULO I

Sucessão presidencial e crise política em 1922

Marieta de Moraes Ferreira

1. Introdução

A sucessão presidencial de 1922 revestiu-se de um caráter peculiar, já que pela primeira vez o confronto entre os grandes estados e os estados intermediários se colocou claramente numa disputa sucessória, revelando as tensões regionais interoligárquicas e desnudando as contradições do federalismo brasileiro. Esse confronto assumiu sua forma plena por meio da formação da Reação Republicana, em junho de 1921, movimento que lançou a candidatura dissidente de Nilo Peçanha em oposição à candidatura oficial de Artur Bernardes. Enquanto Bernardes contava com o apoio de Minas Gerais, São Paulo e pequenos estados, em torno da Reação Republicana uniram-se Rio de Janeiro, Rio Grande do Sul, Bahia, Pernambuco e Distrito Federal, tentando construir um eixo alternativo de poder.

A proposta deste capítulo sobre a sucessão presidencial de 1922 é construir uma narrativa capaz de recuperar a relação entre os acontecimentos e as estruturas o bastante para lidar não apenas com a sequência dos eventos, e das intenções conscientes dos atores envolvidos, mas também com as estruturas, as instituições, os modos de pensar. No caso particular de 1922, é preciso lembrar que este ano era carregado de muitos simbolismos uma vez que a Independência do Brasil completava 100 anos, o que ensejava muitas comemorações.

A focalização de *eventos particulares* pode ser fundamental não pelo que eles expressam em si mesmos, mas pelo que podem revelar da cultura política em que estão inseridos (Berstein e Rudele, 1992). O acontecimento pode ser estudado como um papel heliográfico que revela as estruturas e pode se constituir num evento criador (*événement matrice*) (Ladurie, 1973:169-186). Assim, determinados eventos são chaves, mobilizadores, simbólicos, na medida em que permitem captar o comportamento e a cultura política de um sistema no seu todo ou de alguns de seus segmentos sociais específicos.[1] Minha proposta aqui é estudar a sucessão presidencial de 22 e a Reação Republicana de acordo com essa diretriz.

Evento político-chave, a Reação Republicana pode nos permitir captar a cultura política e o comportamento, as aspirações e demandas dos diferentes segmentos do sistema político brasileiro na Primeira República. O estabelecimento da política dos governadores havia instaurado no país um sistema político que se consolidou, minimizando a competição e controlando os conflitos políticos (Viscardi, 2001; Enders, 1993). A sucessão presidencial e a Reação Republicana representaram exatamente um momento de contestação desse sistema, inaugurando um ciclo de questionamentos da ordem vigente.

A década de 1920 foi um período de profundas transformações na sociedade brasileira, na medida em que então se manifestaram uma crise interoligárquica, uma demanda de maior participação dos setores urbanos, uma insatisfação dos segmentos militares. Desenvolveram-se também novas formas de pensamento e elaboração cultural. O ano de 1922, em especial, aglutinou uma sucessão de eventos que mudaram de forma significativa o panorama político e cultural do país. A Semana de Arte Moderna, a criação do Partido Comunista do Brasil, o movimento tenentista, a criação do Centro Dom Vital, a comemoração do Centenário da Independência e a própria sucessão presidencial de 1922 foram indicadores importantes dos novos ventos que sopravam, colocando em questão os padrões culturais e políticos da Primeira República.

[1] Berstein (1992:67-77). Estamos trabalhando com o "conceito de cultura política como um sistema de representações, fundado sobre uma certa visão de mundo, sobre uma leitura significante do passado histórico, sobre as escolhas de um sistema institucional e de uma sociedade ideal, conforme os modelos retidos, e que se exprimem por um discurso de símbolos, ritos, que evocam sem que uma outra mediação seja necessária" (p. 71).

2. Interpretações sobre o sistema político oligárquico na Primeira República e a disputa eleitoral de 1922

Os cronistas contemporâneos que escreveram sobre a sucessão presidencial de 1922 atribuem a cisão política que deu origem à Reação Republicana à disputa pela indicação do candidato a vice-presidente da República na chapa oficial encabeçada por Artur Bernardes.[2] Para eles, o motor da crise política teria sido a impossibilidade de acordo entre Bahia, Pernambuco e secundariamente Rio de Janeiro, que pleiteavam a indicação do vice-presidente, e a frustração desses estados diante da escolha de um representante do Maranhão.

Mais recentemente, foram apresentados novos subsídios para o estudo da Reação Republicana. Boris Fausto, ao analisar a problemática econômico-financeira da Primeira República, levantou argumentos que encaminham a discussão no sentido de explicar a cisão como resultado do enfrentamento de interesses opostos no terreno econômico, diretamente ligados à terceira política de valorização do café, em debate em 1921.[3]

Uma terceira proposta de interpretação localiza na Reação Republicana o primeiro ensaio de populismo no país, e enfatiza o papel das camadas urbanas cariocas e das suas articulações com Nilo Peçanha, visto como um precursor das lideranças populistas (Connifl, 1981).

Em primeiro lugar, a despeito da existência de inúmeras divergências que dividiam a elite política dominante quanto à implementação de medidas de defesa da cafeicultura (Fritsch, 1983; 1980:713-774), este não pode ser considerado um fator determinante para a ocorrência da cisão política e o surgimento da Reação Republicana. O comportamento das bancadas dos estados de segunda grandeza por ocasião da discussão na Câmara Federal, a partir de 1920, dos projetos de defesa do café não demonstrou claramente uma posição coesa contrária às propostas encaminhadas por Minas-São Paulo.

Pode-se argumentar, por fim, que no momento da articulação de um esquema de resistência ao nome de Bernardes ainda não haviam se configurado com clareza os conflitos em torno das questões econômico-financeiras.

---

2 Ver Apulcro (1922); Magalhães (1973); Fonseca Filho (1961); Tolentino (1930); Gabaglia (1951); Lago (1921); Castro (1932).

3 Fausto (1982). Ver também Forjaz (1977); Franco (1973); Peçanha (1969).

A votação do projeto relativo à terceira valorização do café em março de 1921, embora tenha sido objeto de críticas, não levantou resistências mais sérias. Foi somente no segundo semestre de 1921 que as divergências se explicitaram com clareza. Tudo isso daria margem para concluir que as divergências em torno da terceira valorização do café não teriam sido o motor da cisão política, mas poderiam, ao contrário, ter resultado dela.

Quanto à interpretação segundo a qual a Reação Republicana teria resultado de uma disputa em torno do vice de Artur Bernardes, há sérios argumentos que se combinam para invalidá-la. Em primeiro lugar, o exame da trajetória política de Nilo evidencia que suas aspirações à presidência eram antigas, tendo-o inclusive levado a desenvolver estratégias claramente vinculadas a um projeto de ascensão nacional. Além disso, a correspondência contida em seu arquivo relativa ao período que passou na Europa não fornece qualquer indicação de que estivesse comprometido com a candidatura Bernardes. Por seu turno, a correspondência do arquivo de Raul Soares, principal articulador do candidato mineiro no Rio de Janeiro, ilustra bem os temores e desconfianças sentidos em relação a Nilo. É significativo o número de cartas que alertam para articulações de bastidores entre importantes forças políticas em favor do lançamento de sua candidatura, bem como para a montagem de esquemas destinados a desestabilizar o nome de Bernardes.[4]

Na verdade, já se delineava um conjunto de fatores que indicavam, de um lado, a dificuldade de consenso em torno de Bernardes e, de outro, a articulação da candidatura Nilo Peçanha. De toda forma, a escolha do companheiro de chapa de Bernardes veio trazer novos elementos para complicar o quadro sucessório e bons pretextos para as forças que se opunham ao candidato mineiro. Intensas disputas se manifestaram em torno do nome que seria escolhido como candidato à vice-presidência. Nesse sentido, visava-se com isso criar um pretexto para aumentar as dificuldades para a consolidação da candidatura de Bernardes, e ao mesmo tempo abrir brechas para o nome de Nilo Peçanha, candidato patrocinado pelos estados dissidentes.

No dia 8 de junho de 1921, a convenção para a escolha do candidato a presidente se reuniu sem a presença dos representantes de Pernambuco,

[4] Para um estudo da questão sucessória de 1922 com base nos arquivos Nilo Peçanha e Raul Soares, ver Ferreira (1988).

Bahia, Rio Grande do Sul e Estado do Rio, o que demonstrava que a cisão oligárquica estava consumada, e que o caminho para o lançamento da Reação Republicana estava aberto.

A razão invocada pelos dissidentes e por Nilo para não comparecerem à convenção era o próprio processo de escolha do candidato, que seria indicado pelo mesmo poder que posteriormente iria verificar a legitimidade da investidura.

Finalmente, a proposta que enfatiza as relações entre a Reação Republicana e as massas urbanas cariocas também deve ser relativizada. Ainda que se reconheça a importância das relações da Reação Republicana, em especial de Nilo Peçanha, com a cidade do Rio de Janeiro, essa rede de relações estava muito mais centrada nas elites cariocas do que nas massas urbanas.

Assim a crise política e a Reação Republicana inserem-se numa discussão mais ampla sobre a natureza dos conflitos políticos e o papel do Estado na Primeira República. Aqueles que estudam o Estado segundo o modelo de representação de interesses, em geral sustentam que os interesses cafeeiros de São Paulo e Minas Gerais eram determinantes na orientação da política republicana. A consequência dessa linha de interpretação é uma supervalorização da aliança e do papel desses estados no jogo político oligárquico, e um silêncio sobre o papel e a trajetória dos estados de segunda grandeza. Nossa intenção, ao contrário, é destacar a complexidade do pacto oligárquico e buscar um melhor desenho do sistema político do país. Por isso mesmo iremos enfatizar a atuação dos grupos oligárquicos regionais de segunda grandeza e sua tentativa de construção de um eixo alternativo de poder. Alguns estudos têm sido produzidos nessa direção, propondo uma revisão do papel da aliança Minas-São Paulo (Fritsch, 1985; Viscardi, 2001). Ao relativizar o papel hegemônico de São Paulo, ao buscar novas explicações para a ascensão de Minas Gerais no jogo político nacional e ao rediscutir as teses que interpretam o Rio Grande do Sul como foco desestabilizador, essas contribuições permitem repensar os esquemas de funcionamento da política oligárquica.

Um fato fundamental é que desde o início o esquema de aliança entre São Paulo-Minas se mostrou instável e abriu espaço para o surgimento de conflitos no seio da classe dominante. A insatisfação dos estados de segunda grandeza diante das deformações do federalismo, que limitavam grandemente sua autonomia no campo político e subordinavam seus interesses econômico-financeiros aos interesses mineiros e paulistas, deu origem a iniciativas de contestação que não podem ser ignoradas. Embora essas iniciativas nem sempre fossem claramente delineadas e explicitadas, e se caracterizassem por uma instabilidade dos atores-estados nelas engajados, é possível identificá-las ao longo de toda a Primeira República.

Pernambuco, Bahia e Rio de Janeiro, por exemplo, eram estados que haviam ocupado posições-chave na sustentação do Estado Imperial (Carvalho, 1980). Com a proclamação da República e o agravamento da crise de suas economias, foram relegados a um papel secundário. No federalismo, ocupavam, portanto, posições equivalentes e tinham potencialmente o objetivo comum de ampliar seu poder de barganha ante os estados de Minas Gerais e São Paulo. O Rio Grande do Sul, por seu lado, embora desfrutasse de uma posição privilegiada em relação aos pernambucanos, baianos e fluminenses, ressentia-se de ter seus interesses inúmeras vezes prejudicados.

A meta das facções dominantes desses estados era assim a maior participação no sistema federalista implantado com a Constituição de 1891, o que só se tornaria viável por meio da melhor repartição do poder entre os diferentes grupos regionais. A articulação desse projeto alternativo, entretanto, não representava uma ruptura com o modelo oligárquico em vigor, e consequentemente suas propostas não extrapolavam aqueles limites. As demandas dos estados de segunda grandeza centravam-se em grande parte numa distribuição mais igualitária das benesses clientelísticas federais, embora não deixassem também de trazer embutidas algumas críticas ao modelo agrário-exportador. Quanto ao Distrito Federal, fortemente controlado pelo governo federal, sua ambição era ampliar sua autonomia política. Isso levava parte de seus segmentos sociais, em algumas ocasiões, a manifestar seu desagrado diante de aspectos do sistema político oligárquico vigente (Pinto, 1998; 2011; 2016: v. 1, p. 249-286).

A articulação desses interesses iria se concretizar de maneira mais visível em 1921, com a formação da Reação Republicana. Para se falar em Reação Republicana é preciso falar em Nilo Peçanha, líder fluminense que desde as primeiras décadas da República buscou uma projeção no cenário nacional. O período de dominação nilista no estado do Rio, que se estendeu de 1904 a 1922, é de fato caracterizado pela busca de uma maior margem de manobra para os grupos dominantes fluminenses no contexto da política dos governadores. Se é verdade que em diversas oportunidades

Nilo Peçanha firmou acordos, articulou-se e mesmo submeteu-se às oligarquias mineira e paulista, isso não impediu que sua posição e a de seu grupo divergissem das orientações traçadas pelos dois grandes estados, evidenciando tentativas de aproximação com Bahia e Pernambuco, e em alguns momentos com o Rio Grande do Sul, na busca de apoio para seu projeto político nacional.[5]

Apesar de fluminense, Nilo Peçanha também tinha uma longa experiência de militância política no Distrito Federal. Ao longo dos anos 1890 criou laços de grande proximidade com as massas cariocas, por meio do movimento jacobino. Após a derrota desse movimento, com a instauração da política dos governadores, tornou-se a principal liderança no Estado do Rio durante quase 20 anos. Ao longo desse tempo sempre buscou construir uma rede de alianças com diferentes setores cariocas, principalmente com as figuras de Maurício de Lacerda, José Eduardo de Macedo Soares, Edmundo Bittencourt e Irineu Machado. Em fins de 1921, obteve o apoio de Paulo de Frontin, senador, ex-prefeito e principal liderança política do Distrito Federal naquele momento (Freire, 1988).

As manifestações populares ocorridas por ocasião do desembarque de Nilo no Rio de Janeiro, vindo da Europa, no dia 6 de junho de 1921, demonstram a eficácia desses esforços. O evento é descrito da seguinte maneira: "A multidão comprimia-se no cais do porto, rompendo os cordões de isolamento aos gritos de 'Viva Nilo Peçanha, o futuro presidente da República!'" (Peçanha, 1969). A despeito do inegável prestígio de Nilo, existem, entretanto, indicações de que essa manifestação não era exatamente fruto do espontaneísmo da população carioca e fluminense. Na verdade, os órgãos mais expressivos da imprensa carioca, liderados pelo *Correio da Manhã* e O *Imparcial*, foram fundamentais para conformar a opinião pública a favor de Nilo. Edmundo Bittencourt, dono do *Correio da Manhã* e possuidor de inegáveis qualidades jornalísticas e de uma extraordinária capacidade de despertar o interesse popular, juntamente com o nilista José Eduardo de Macedo Soares, proprietário de *O Imparcial*, vinha desde algum tempo bombardeando a candidatura Bernardes e exaltando as qualidades políticas e pessoais do líder fluminense. Naquela conjuntura, Nilo era um dos poucos que poderiam ser lançados contra Bernardes. Além de

[5] Para o acompanhamento da trajetória e da rede de articulações de Nilo Peçanha com outras oligarquias regionais, ver Ferreira (1994).

ser um político de expressão nacional, era, juntamente com Rui Barbosa, um dos únicos líderes ainda sobreviventes dos primórdios da República, o que lhe conferia uma autoridade especial.

3. Conflito político e campanha eleitoral

No dia 24 de junho de 1921, um grupo de políticos reunidos no Centro Rio-Grandense, no Rio de Janeiro, lançou um manifesto oficializando a chapa Nilo Peçanha-J. J. Seabra e criando o movimento da Reação Republicana. Os pontos básicos do manifesto eram a crítica ao processo adotado pelos grandes estados para a escolha do candidato à presidência, a reivindicação de maior autonomia para o Legislativo ante o Executivo e a exigência de maior credibilidade para as Forças Armadas, que no último governo, de Epitácio Pessoa, haviam sido afastadas da chefia das pastas militares. Do ponto de vista econômico, o manifesto defendia princípios financeiros ortodoxos e elegia o equilíbrio do orçamento federal e o equilíbrio cambial como questões centrais (*O Estado*, 25 jun. 1921).

Colocadas de maneira vaga no manifesto de lançamento, essas ideias foram assumindo contornos mais nítidos ao longo da campanha eleitoral. Em seu primeiro discurso já como candidato, Nilo definiu a Reação Republicana como um movimento "de defesa dos princípios republicanos", organizado para que as "decisões políticas nacionais saiam do terreno das conveniências regionais para horizontes mais iluminados de crítica e liberdade, e que do choque das ideias postas a serviço da emancipação política dos estados se possa caminhar para a formação de partidos que serão a alma da República" (Peçanha, 1922:45). Partindo desses pontos de vista, Nilo aprofundava as críticas ao funcionamento do regime federalista, que beneficiava os grandes estados em detrimento dos demais, chamava a atenção para a importância da institucionalização dos partidos e já anunciava suas preocupações com a situação de desprestígio que vinham enfrentando os militares.

Entretanto, dentro dos padrões políticos vigentes na República Velha, ser candidato da oposição significava enfrentar todo tipo de dificuldade. As regras de funcionamento da política dos governadores garantiam a perpetuação das situações no poder, e a sorte das candidaturas oposicionistas parecia já estar traçada antes mesmo da disputa eleitoral. Ainda assim, as forças dissidentes acreditavam dispor de um espaço considerável para neutralizar as dificuldades. O nome de Bernardes encontrava ampla resistência em diversos setores e estados, e isso seria suficiente, na sua concepção, para quebrar a regra clássica de funcionamento da política oligárquica, que estabelecia o apoio automático às forças da situação. A Reação Republicana acreditava poder equacionar esse desafio por meio do uso de diferentes estratégias: a cooptação de chefes políticos municipais e estaduais descontentes com as forças bernardistas, a propaganda eleitoral e a busca de apoio militar.

De acordo com a avaliação feita pela Reação Republicana em junho de 1921, tomando por base uma massa eleitoral de 500 mil eleitores, os bernardistas contavam com 300 mil votos e os nilistas com 200 mil. A despeito de todas as desvantagens que enfrentava, a Reação Republicana contava poder diminuir essa diferença não só garantindo suas posições nos estados aliados, como ampliando sua influência nos estados dominados pelos bernardistas.[6] Para atingir essa previsão, a Reação Republicana pretendia desenvolver uma política de cooptação de lideranças estaduais e locais descontentes com as situações dominantes em suas áreas de atuação.

Em troca do apoio à candidatura Nilo, seriam concedidos favores e melhores posições nos estados nilistas, e privilégios futuros nos estados controlados pelas forças bernardistas.

A despeito do uso em larga escala da fraude, e das inúmeras possibilidades de manipulação do processo eleitoral, os articuladores da Reação Republicana atribuíam um papel importante à mobilização do eleitorado. Acreditando na possibilidade de reverter em seu favor as vantagens que beneficiavam o candidato mineiro, Nilo Peçanha adotou assim uma segunda estratégia, a propaganda eleitoral, procedimento até então praticamente inédito entre as práticas políticas vigentes no país.[7] O uso desse novo estilo de campanha tinha como objetivo promover uma mobilização política mais ampla que pudesse angariar o apoio de segmentos das

[6] Ver a correspondência relativa à Reação Republicana, de junho de 1921 a março de 1922, no Arquivo Nilo Peçanha.

[7] Anteriormente, os candidatos limitavam-se a apresentar sua plataforma eleitoral no Distrito Federal. A Campanha Civilista, lançada por Rui Barbosa na sucessão de 1910, apresentou alguma inovação ao promover conferências no Rio de Janeiro e na Bahia. Foi o próprio Nilo, na sucessão estadual fluminense de 1914, que inaugurou um estilo de campanha que o levou a percorrer os principais municípios fluminenses fazendo comícios eleitorais.

oligarquias secundárias, descontentes com o funcionamento do sistema oligárquico e do federalismo, bem como das populações urbanas, ansiosas por obter o direito a uma maior participação política.

Ainda que o emprego desse tipo de procedimento tivesse suas limitações reconhecidas, e não fosse ser necessariamente traduzido em votos, em virtude do caráter formal de que se revestia o processo eleitoral, havia interesse em promover por meio da propaganda a mobilização da opinião pública, um trunfo capaz de tornar menos desigual a posição das forças oposicionistas. Contando com essa mobilização, a Reação Republicana passava a dispor de um cacife que poderia ser utilizado para intimidar as forças da situação no uso da fraude e da violência política, bem como para sensibilizar as Forças Armadas a seu favor. Em última instância, os dissidentes pensavam com isso poder dispor de um meio de pressão capaz de levar à retirada da candidatura mineira, o que chegou a ser tentado em algumas ocasiões, sem, contudo, atingir os resultados desejados.

O plano de propaganda eleitoral da Reação Republicana consistiu na criação de comitês eleitorais estaduais e municipais, e na organização de uma *tournée* que percorreria grande número de estados do país, dirigindo-se diretamente ao eleitorado. A Nilo caberia visitar os estados do Amazonas, Maranhão, Pernambuco, Bahia, Espírito Santo, Distrito Federal e São Paulo, e a J. J. Seabra, Alagoas, São Paulo, Paraná e Rio Grande do Sul. Alguns estados seriam visitados por ambos.

O programa da Reação Republicana, divulgado durante a campanha, reeditava inúmeros pontos defendidos por Nilo Peçanha desde seu primeiro governo no Estado do Rio. Ao lado dos problemas locais enfatizados nos discursos proferidos em cada lugar, dois grandes temas foram desenvolvidos: a solução da crise econômica que o país atravessava e a regeneração dos costumes políticos brasileiros. Em relação ao primeiro, era colocada como ponto primordial a defesa da agricultura: "A lavoura é tudo, é o eixo em torno do qual gira o mundo dos negócios, o centro de gravitação do sistema financeiro, a força que aciona a engrenagem econômica e a retarda e a acelera, conforme o movimento da força motriz" (Peçanha, 1922:45).

A partir da defesa da agricultura, eram ressaltadas a importância da diversificação e a necessidade de autossuficiência na produção de alimentos. Como meio de atingir esses objetivos, propunha-se a redução dos fretes de transporte, a tributação dos produtos estrangeiros similares aos de produção nacional e a diminuição progressiva dos impostos sobre a produção em troca da implantação do imposto territorial. No tocante à agricultura de exportação, embora reconhecesse que "o café era a espinha dorsal da economia", Nilo Peçanha chamava a atenção para a necessidade de serem amparadas as demais culturas como o cacau, a borracha, o açúcar etc. No plano financeiro, como adepto da ortodoxia, Nilo manifestava-se contra a inflação e a favor da conversibilidade da moeda e dos orçamentos equilibrados. A despeito de seu compromisso oligárquico, criticava igualmente a estrutura administrativa marcada pelo empreguismo e pelo clientelismo.

Na esfera política, as questões abordadas referiam-se às "distorções do federalismo" e ao "imperialismo dos grandes estados". A esse respeito Nilo declarava:

> Às poderosas unidades da federação já não basta o privilégio odioso da eleição do presidente da República; elas influem até na constituição das bancadas dos estados mais fracos, ora fazendo incluir representantes seus, ora escolhendo dentre os eleitos e constantes, os delegados de sua política de avassalamento e distorção. [Peçanha, 1922]

Além das propostas voltadas para os grupos oligárquicos dissidentes, a Reação Republicana estava interessada em mobilizar as massas urbanas. Para atender a esse objetivo, a campanha se revestiu de um apelo popular, pregando a urgência "de arrancar a República das mãos de alguns para as mãos de todos". Nesse sentido, Nilo Peçanha declarava:

> O mundo não pode ser mais o domínio egoístico dos ricos, e [...] só teremos paz de verdade, e uma paz de justiça, quando nas nossas propriedades [...] e nas nossas consciências, sobretudo, forem tão legítimos os direitos do trabalho como os do capital. Não é mais possível a nenhum governo brasileiro deixar de respeitar, dentro da ordem, a liberdade, a liberdade operária, o pensamento operário. [Peçanha, 1922:7]

O destaque dado a essa questão estava ligado à intensa agitação operária que marcou os últimos anos da década de 1910 e colocou em evidência o debate acerca da questão social. Nilo advogava igualmente a extensão da instrução pública para acabar com o analfabetismo e como alternativa para ampliar a participação política dos segmentos desprivilegiados.

A despeito desse discurso progressista, nenhuma proposta concreta que propiciasse uma maior democratização foi, entretanto, apresentada. O voto secreto, por exemplo, já reivindicado por expressivos segmentos urbanos, não era objeto de discussão.

Ainda que com uma plataforma tão limitada em termos de propostas concretas para os interesses das populações urbanas, Nilo conseguiu obter uma considerável penetração nesse contingente eleitoral, em especial no Distrito Federal. O noticiário dos jornais nilistas insistia na penetração do candidato da Reação Republicana no seio do eleitorado urbano, e até mesmo as forças oposicionistas reconheciam temerosas esse fato. Um informante escrevia a Raul Soares relatando: "A recepção ao Nilo esteve muito concorrida, mas dizem todos havia 60% de curiosos, 35% de revoltados contra tudo e contra todos e apenas 5% de niilistas." A seguir alertava: "Estamos marchando para a anarquia na capital [...]. O Epitácio parece indiferente às depredações e atentados a nossos jornais."[8] Esse relato indica o nível de violência que estava contaminando o pleito.

Era inegável, naquele momento, a penetração do nome de Nilo junto às camadas urbanas do Distrito Federal. Isto pode ser explicado não só em função de suas características pessoais, pois era um excelente orador, com grande capacidade de comunicação, mas também pelas próprias características e anseios dos grupos urbanos. Numa sociedade em que esses segmentos achavam-se marginalizados da participação política, o simples fato de o discurso nilista considerá-los como interlocutores dignos de atenção já era em si uma iniciativa mobilizadora. Na verdade, enquanto no Distrito Federal e em outras capitais do país Nilo apresentava um discurso mais progressista, no seu estado natal, onde residiam suas principais bases, seu papel era o do oligarca típico, que promovia perseguições políticas, fraudava eleições, enfim, lançava mão de todas as práticas características do coronelismo.

A despeito das diferentes práticas adotadas visando a ampliação das possibilidades de vitória da chapa da Reação Republicana, o desenrolar da campanha sucessória e a aproximação do pleito evidenciavam os limites dessas estratégias. A cooptação dos elementos dissidentes não era fácil de ser efetivada, e muitas adesões esperadas não se concretizaram. As práticas políticas vigentes na Primeira República, baseadas no compromisso

[8] Carta de Lopes Martins a Raul Soares em 7/11/1922. Arquivo Raul Soares.

coronelista, implicavam uma postura de reciprocidade em que cada parte tinha algo a oferecer. No caso do candidato da oposição, poucos eram os trunfos que podiam ser usados para obter o apoio eleitoral dos oligarcas e coronéis do interior, já que a máquina federal não podia ser usada na distribuição de privilégios e favores. Por outro lado, a campanha eleitoral, por mais sucesso que obtivesse, não era capaz de definir o pleito. Ainda que sem abrir mão dessas iniciativas, tornava-se fundamental contar com alternativas mais eficazes: era preciso encontrar um novo parceiro político capaz de antepor-se às oligarquias dominantes. Os militares eram o segmento ideal.

Os conflitos entre os militares e o governo federal já haviam marcado vários momentos da política republicana. A posse de Epitácio Pessoa e a posterior escolha de civis para ocupar as pastas militares durante seu governo só fizeram acirrar as dificuldades (Carvalho, 1982). O retorno de Hermes da Fonseca da Europa em novembro de 1920 recrudesceu os antagonismos, e sua eleição para presidente do Clube Militar em 1921 abriu novas articulações em torno de seu nome, que chegou a ser cogitado para a sucessão presidencial. A não concretização de sua candidatura veio aumentar ainda mais a insatisfação dos militares, o que os tornava aliados em potencial das oligarquias dissidentes. De fato, desde o lançamento do manifesto da Reação Republicana no Rio de Janeiro, ficaram claras as preocupações de obter uma aproximação com os militares por meio da crítica à posição secundária que lhes vinha sendo atribuída pelo governo federal. Também nos estados a campanha eleitoral procurou a adesão e a simpatia dos elementos militares distribuídos pelas várias regiões.

O arquivo de Nilo Peçanha traz informações significativas acerca de suas ligações com os militares ao longo de todo o segundo semestre de 1921. São inúmeras as cartas de militares provenientes de diferentes estados do país declarando seu apoio a Nilo e relatando suas iniciativas para a criação de comitês eleitorais. A imprensa nilista também fazia questão de enfatizar o apoio dos militares ao candidato oposicionista, como o demonstra a notícia publicada em novembro de 1921 por *O Imparcial*: "Nilo Peçanha desce de bordo do Iris nos braços de um general e de um almirante — O Exército e a Armada se confraternizam com o povo para glorificar o grande líder democrático" (*O Imparcial*, 6 nov. 1921).

O ponto culminante desse processo de aproximação se deu com o episódio das chamadas "cartas falsas", supostamente enviadas por Bernardes a Raul Soares, contendo referências desrespeitosas aos militares. A publicação desses documentos pelo *Correio da Manhã* visava claramente incompatibilizar o candidato situacionista com os militares e envolvê-los definitivamente na causa dissidente. Esse episódio provocou uma guerra na imprensa e um clima de grande agitação, mas acabou esvaziado, não atingindo os objetivos planejados.

4. A eleição de Artur Bernardes, a crise político-militar e repressão política

A despeito do clima de intensa agitação política que marcou os primeiros meses de 1922, as eleições presidenciais realizaram-se na data prevista, em 1º de março. Os resultados eleitorais, controlados pela máquina oficial, deram a vitória a Bernardes, com 466 mil votos, contra 317 mil de Nilo Peçanha (Carone, 1971:345). Mais uma vez, o esquema eleitoral vigente na primeira República funcionou para garantir a posição do candidato oficial. Diferentemente dos pleitos anteriores, porém, não houve uma aceitação dos resultados eleitorais pela oposição. A Reação Republicana não reconheceu a derrota e, além de reivindicar a criação de um Tribunal de Honra que arbitrasse o processo eleitoral, desencadeou uma campanha visando, de um lado, manter a mobilização popular e, de outro, aprofundar o processo de acirramento dos ânimos militares.

Ao longo de todo o primeiro semestre de 1922, e em especial após as eleições, a imprensa pró-Nilo assumiu uma postura panfletária, denunciando diariamente as punições e transferências sofridas pelos tenentes antibernardistas. Além de denunciar as perseguições feitas pelos bernardistas aos militares, as lideranças da Reação Republicana radicalizavam suas posições, abrindo espaço para a possibilidade de intervenção armada na decisão do conflito político. A esse respeito J. J. Seabra declarava: "Se não for aceita essa solução patriótica e honrosa do Tribunal de Arbitramento, teremos a luta e a sangueira" (*O Estado*, 27 abr. 1922). Nesse clima de intensa agitação política, os militares começaram a passar do protesto à rebeldia e a intervir de fato em disputas políticas locais em favor de seus aliados civis, como aconteceu no Maranhão. Paralelamente, começavam a aparecer os primeiros sinais de tentativas de levantes no Distrito Federal e em Niterói.

As lideranças políticas de Minas e São Paulo não se deixaram, entretanto, intimidar diante das declarações alarmistas dos militares sobre a ameaça de revolta das tropas, e nem a ideia do Tribunal de Honra nem a proposta conciliadora de Epitácio foram consideradas. Às advertências militares, segundo *O Estado*, Raul Soares teria respondido: "Se as classes armadas se acham no direito de fazer a revolução, nós nos achamos no dever de debelá-la." Carlos de Campos, líder da bancada paulista na Câmara Federal, assumia posição semelhante ao declarar: "Não cogitamos de acordo, nem é possível aceitá-lo. A atitude de São Paulo é definida e definitiva" (*O Estado*, 6 mai. 1922).

Em conformidade com essa orientação, ao ser realizada em maio de 1922 a eleição para a mesa da Câmara Federal e para as diversas comissões parlamentares, foram excluídos todos os deputados dissidentes. A disposição clara das forças bernardistas de não fazer nenhum tipo de negociação conduziu a uma radicalização maior das correntes oposicionistas. Com o afastamento de seus partidários de todas as comissões da Câmara e dos trabalhos de reconhecimento eleitoral, Nilo Peçanha e J. J. Seabra lançaram um manifesto que declarava: "A dissidência retira-se do Congresso e só a este caberá a responsabilidade do que acontecer de hoje em diante" (*O Estado*, 6 mai. 1922). Totalmente marginalizadas no cenário político nacional e sem nenhuma possibilidade de acordo, as forças dissidentes não tinham alternativa senão o aprofundamento das relações com os militares.

As possibilidades de subversão da ordem e de intervenção militar tornavam-se por sua vez cada vez mais concretas. Ainda em meados de maio, Dantas Barreto, já suspeitando da crise que iria eclodir em Pernambuco, telegrafou a Nilo declarando: "Tribunal de Honra ou revolução". A rebelião eclodiu finalmente em 5 de julho de 1922 e contou com a participação das guarnições de Campo Grande, Niterói e Distrito Federal.

A tentativa de revolta fracassou desde o começo, sendo logo sufocada pelas forças federais. O movimento não obteve a adesão de segmentos militares expressivos, e as oligarquias dissidentes, que tanto haviam contribuído para acirrar os ânimos militares, não se dispuseram a um engajamento mais efetivo. Epitácio pediu imediatamente a decretação do estado de sítio no Estado do Rio e no Distrito Federal, e grande número de deputados dissidentes do Rio Grande do Sul, Bahia e Pernambuco votou a favor da medida, demonstrando um recuo das oligarquias e a desarticulação completa da Reação Republicana.

Nos meses seguintes, a repressão desencadeada pelo governo fortalecido de Epitácio determinou inúmeras prisões e instaurou vários processos. Embora arrolado no inquérito policial como envolvido na revolta, Nilo Peçanha não teve as acusações comprovadas. Entretanto, inúmeros políticos fluminenses e jornalistas foram presos e processados.

Por ocasião da posse de Bernardes, em novembro de 1922, Nilo Peçanha voltaria a se pronunciar publicamente lançando um manifesto à nação.[9] Esse documento, além de resumir os pontos básicos do programa da Reação Republicana, defendia a regeneração da República. Nilo não só retomava ideias centrais defendidas desde o começo de sua carreira política — como a diversificação da agricultura e uma política econômico-financeira ortodoxa —, mas também se engajava na defesa de novos pontos como a reforma constitucional e o voto secreto para todos os cidadãos alfabetizados. Finalmente, criticava com vigor as distorções do federalismo, advogando uma representação mais igualitária dos estados no Congresso, que atenuasse a preponderância que a antiga divisão das províncias do Império havia determinado em favor das grandes unidades, e que tornava cada dia mais precário o equilíbrio da Federação.

Contudo, qualquer que fosse sua posição naquele momento, Nilo Peçanha não iria alterar sua sorte política. A Reação Republicana já estava completamente diluída, e as oligarquias dissidentes tentavam se rearticular com a situação dominante de forma a evitar as intervenções federais. Se a posição do Rio Grande do Sul garantiu o controle do estado para o Partido Republicano Rio-Grandense de Borges de Medeiros, Bahia, Pernambuco e Rio de Janeiro sofreram alterações significativas nas suas políticas internas, com a troca dos grupos dominantes. Especialmente no Estado do Rio, esse processo de revezamento de grupos no controle do estado assumiria um caráter radical.

Passados os momentos mais agudos da crise de 1922, a recomposição do pacto oligárquico parecia completa, reinaugurando um novo momento de estabilidade. Essa possibilidade, entretanto, se mostrou pouco duradoura, e no final da década novamente a cisão interoligárquica se manifestou fortemente fazendo eclodir a Revolução de 30.

9 Nilo Peçanha, *Manifesto à nação*, em 14/11/1922. Arquivo Nilo Peçanha.

5. Conclusão

Os conflitos que marcaram a sucessão presidencial de 1922 foram resultantes da insatisfação das oligarquias de segunda grandeza ante o domínio dos grandes estados. A resistência dos estados do Rio de Janeiro, Bahia, Pernambuco, Rio Grande do Sul e do Distrito Federal não era um fenômeno novo, pois em várias ocasiões pode-se detectar uma busca de articulação entre essas oligarquias estaduais com o objetivo de aumentar seu poder de negociação ante os estados dominantes. A sucessão de 1922 foi um momento expressivo dessa luta. Não devem ser esquecidas, entretanto, as formas de articulação buscadas pelos integrantes da Reação Republicana com os setores urbanos, em especial do Distrito Federal, e com os militares.

Deve ser ressaltado também que a crise política e a Reação Republicana se constituíram em pano de fundo de todos os eventos e debates que marcaram as comemorações do Centenário da Independência do Brasil. É preciso lembrar que o Sete de Setembro aconteceu debaixo de uma situação de exceção com a decretação do estado de sítio instalado em função da revolta dos tenentes em julho daquele ano, conhecido como os 18 do Forte de Copacabana. Ao mesmo tempo que os eventos comemorativos desejavam exaltar as grandezas do país e a unidade da nação, a conjuntura política demostrava sinais de esgotamento do sistema político da Primeira República e do funcionamento do pacto oligárquico brasileiro.

Referências

APULCRO, Xisto. *A verdade histórica*: da convenção de junho de 1921 à revolução de julho de 1922. Rio de Janeiro: S.C.P. 1922.

BERNSTEIN, Serge; RUDELE, Odile (Dir.). *Le modèle républicain*: "politique d'aujourd'hui". Paris: PUF-Hachette, 1992.

____. L'historien et la culture politique. *Vingtième Siècle* — Rêvue d'Histoire, v. 3, n. 35, jul./set. 1992, p. 67-77.

CARONE, Edgar. *A República Velha (evolução política)*. São Paulo, Difel, 1971.

CARVALHO, José Murilo de. *A construção da ordem*. Rio de Janeiro: Campus, 1980.

____. As Forças Armadas na Primeira República: o poder desestabilizador. In: FAUSTO, Boris (Org.). *História geral da civilização brasileira*, tomo 3: O Brasil republicano, v. 2. São Paulo: Difel, 1982.

CASTRO, Sertório. *A República que a revolução destruiu*. Rio de Janeiro: Freitas Bastos, 1932.

CONNIFL; Michael. *Urban politics in Brazil*: the raise of populism, 1925-1945. Pittsburg: University of Pittsburg Press, 1981.

ENDERS, Armelle. *Pouvoir et fédéralisme au Brésil*: 1889-1930. Paris: Université de Paris IV Sorbonne/Institut d'Histoire, 1993.

FAUSTO, Boris. Expansão do café e política cafeeira. In: ____ (Org.). *História geral da civilização brasileira*, tomo 3: O Brasil republicano, v. 1. São Paulo: Difel, 1982.

FERREIRA, Marieta de Moraes. *Conflito regional e crise política*: a Reação Republicana no Rio de Janeiro. Rio de Janeiro: CPDOC, 1988. (Textos CPDOC).

____. *Em busca da Idade do Ouro*. As elites políticas fluminenses na primeira república. Rio de Janeiro: UFRJ, 1994.

FONSECA FILHO, Hermes da. *Marechal Hermes*. Rio de Janeiro: IBGE, 1961.

FORJAZ, Maria Cecília. *Tenentismo e política*: tenentismo e camadas médias urbanas na crise da Primeira República. Rio de Janeiro: Paz e Terra, 1977.

FRANCO, Afonso Arinos de Mello. *Um estadista da República*: Afrânio de Mello Franco e seu tempo. Rio de Janeiro: José Olympio; Edusp, 1973.

FREIRE, Américo. *A bancada federal carioca e a Reação Republicana*. IFCS/UFRJ, 1988. Mimeografado.

FRITSCH, Winston. 1924. *Pesquisa e Planejamento Econômico*, v. 10, n. 3, dez. 1980, p. 713-774.

____. *Aspectos da política econômica brasileira na Primeira República*. Tese (doutorado) — University of Cambridge, Cambridge, 1983.

____. Sobre as interpretações tradicionais da lógica da política econômica na Primeira República. *Estudos Econômicos*, São Paulo, v. 15, n. 2, 1985, p. 339-346.

GABAGLIA, Laurita Pessoa Raja. *Epitácio Pessoa*. Rio de Janeiro: José Olympio, 1951. 2 v.

LADURIE, Le Roy. Le territoire de l'historien. Paris: Gallimard, 1973.

LAGO, Mozart. *A convenção nacional de 1921*. Rio de Janeiro: Pimenta de Melo, 1921.

MAGALHÃES, Bruno de Almeida. *Artur Bernardes, um estadista da República*. Rio de Janeiro: José Olympio, 1973.

O ESTADO, 25 jun. 1921.

____, 27 abr. 1922.

O IMPARCIAL, 6 nov. 1921.

PEÇANHA, Celso. *Nilo Peçanha e a revolução brasileira*. Rio de Janeiro: Civilização Brasileira, 1969.

PEÇANHA, Nilo. *Política, economia e finanças*: campanha presidencial (1921-1922). Conferências. Rio de Janeiro: Imprensa Nacional, 1922.

PINTO, Surama Conde Sá. *A correspondência de Nilo Peçanha e a dinâmica política na Primeira República*. Rio de Janeiro: Arquivo Público do Estado do Rio de Janeiro, 1998.

____. A experiência político-partidária do Distrito Federal na Primeira República. In: VISCARDI, Cláudia; ALENCAR, José Almino (Org.). *A República revisistada*: construção e consolidação do projeto republicano brasileiro. Porto Alegre: PUCRS, 2016. v. 1, p. 249-286.

____. *Só para iniciados*: o jogo político na antiga capital federal. Rio de Janeiro: Mauad X; Faperj, 2011.

TOLENTINO, José. *Nilo Peçanha*: sua vida pública. Rio de Janeiro: Armando Martins, 1930.

VISCARDI, Claudia. *O teatro das oligarquias*: uma revisão da política do café com leite. Belo Horizonte, C/Arte, 2001.

Vista aérea da Exposição do Centenário do Brasil. Acervo digital da Biblioteca Nacional

Selo comemorativo da Exposição do Centenário impresso por Pimenta de Mello e Cia., Rio de Janeiro. Comissão Executiva da Comemoração do Centenário da Independência do Arquivo Nacional

LIVRO DE OURO

COMMEMORATIVO

DO

CENTENARIO DA INDEPENDENCIA
DO BRASIL

E DA

EXPOSIÇÃO INTERNACIONAL
DO RIO DE JANEIRO

7 DE SETEMBRO DE 1822

7 DE SETEMBRO DE 1922 – 7 DE SETEMBRO DE 1923

EDIÇÃO DO
ANNUARIO DO BRASIL
(ALMANAK LAEMMERT)
RIO DE JANEIRO

Sumário do Livro de Ouro do Centenário da Independência. Acervo digital da Biblioteca Nacional

Pavilhão de Festas da Exposição Internacional

Albert Einstein em visita ao Observatório Nacional, no Rio de Janeiro, em maio de 1925, acompanhado por membros da comunidade científica brasileira. Einstein está sentado ao centro do grupo, tendo à sua esquerda Henrique Morize, diretor do Observatório e presidente da Academia Brasileira de Ciências. Arquivo pessoal de Henrique Morize, Acervo do Arquivo de História da Ciência do Museu de Astronomia e Ciências Afins/MAST

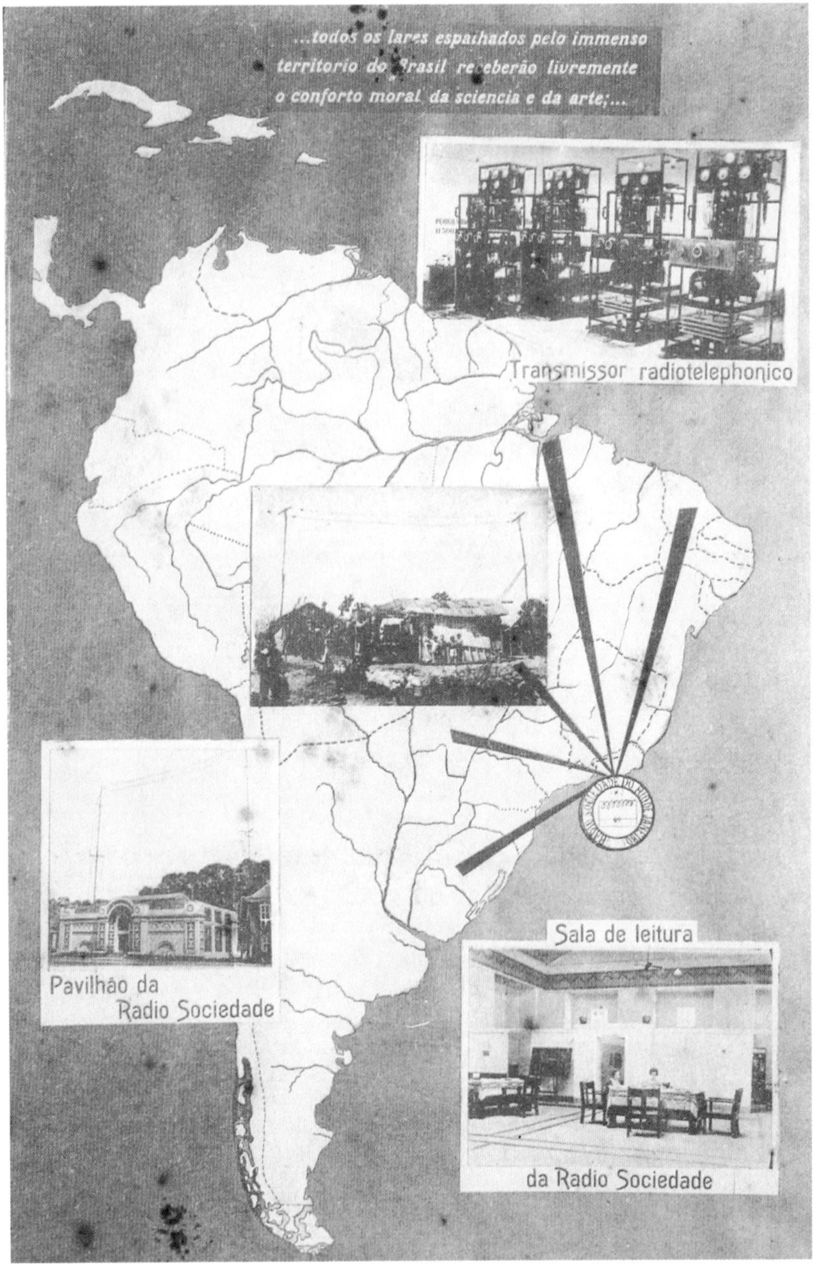

Os cientistas da ABC, que criaram a rádio educativa em 1923, acreditavam que as novas tecnologias permitiriam uma disseminação barata e rápida dos conhecimentos, alcançando numa só voz os lugares mais remotos do Brasil. Cartão postal da Rádio Sociedade do Rio de Janeiro, s.d. Acervo Roquette-Pinto, Centro de Memória da Academia Brasileira de Letras.

Diretores e sócios da Rádio Sociedade do Rio de Janeiro. Sentados: Carlos Guinle, Henrique Morize, presidente da Rádio e da Academia Brasileira de Ciências, Luiz Betim Paes Leme. Em pé, Roquette-Pinto é o 3º da esquerda para a direita. Museu de Astronomia e Ciências Afins/MCTI

Miguel Ozório de Almeida (1890-1953), médico, autor de livros sobre a situação da ciência e da educação no país, professor, representante brasileiro em comissões internacionais e membro da Academia Brasileira de Ciências. Acervo Casa de Oswaldo Cruz/Departamento de Arquivo e Documentação/Fiocruz

Manoel Amoroso Costa, engenheiro, matemático e professor da Escola Politécnica (1885-1928), um dos mais expressivos e conhecidos membros da geração que procurou mudar os rumos da ciência e da educação no Brasil no primeiro quartel do século passado. Museu de Astronomia e Ciências Afins/MCTI

Obras contra a malária. Inauguração do trecho aberto do rio Sarapuí, entre Mesquita e Engenheiro Neiva em Mesquita (RJ). Fundo Belisário Penna, COC/Fiocruz

Centro de Saúde de Bangu, RJ, década de 1920. Fundo Belisário Penna, COC/Fiocruz

Bertha Lutz na cidade de Natal, um dos locais em que fez campanha pelo voto feminino, 1928. Federação Brasileira pelo Progresso Feminino

X Congresso da Aliança Internacional pelo Sufrágio Feminino, Roma, Itália, 1923. Federação Brasileira pelo Progresso Feminino

Bertha Lutz com Julia Lopes de Almeida, no seu regresso do Congresso Internacional Feminino. *Revista da Semana*, ed. 36, 1922

Sócias da Federação Brasileira pelo Progresso Feminino em visita ao Instituto Osvaldo Cruz, Rio de Janeiro. Federação Brasileira pelo Progresso Feminino

CAPÍTULO II

1922, o Brasil passado a limpo: herança do passado, escolhas do presente e desenho do futuro[1]

Marly Motta

> Neste ano do bicentenário da independência,
> o Brasil talvez pudesse se encontrar com seu destino
> ao buscar onde ocorreram os descarrilamentos [...].
> As datas, por vezes, ajudam a repensar os fatos.
> [Almeida, 2020:3]

Ano em que se comemora o Bicentenário da Independência do Brasil, 2022 tem uma série de contas a acertar com a herança de seu passado, com as escolhas de seu presente e, sobretudo, com o desenho de seu futuro. As datas comemorativas, especialmente aquelas que foram eleitas como "datas magnas" — é o caso do Sete de Setembro —, nos obrigam a "repensar os fatos" e, por isso mesmo, ao articular passado/presente/futuro, tornam-se momentos-chave para que a nação encontre o "seu destino ao buscar onde ocorreram os descarrilamentos". Esse desejo de passar o Brasil a limpo se fez presente igualmente em 1922, quando ocorreu um claro chamamento para se refletir sobre os "descaminhos" que teriam impedido o Brasil de se inserir no "concerto das nações", como se dizia à época.

[1] Este texto se inspirou em trabalho apresentado no Seminário *A experiência da Primeira República: Portugal e Brasil*, promovido pelo Centro de Estudos Interdisciplinares do Século XX da Universidade de Coimbra e pelo CPDOC-FGV, e realizado entre 5 e 7 de maio de 2010 na Faculdade de Letras da Universidade de Coimbra. Ver Motta (2011:233-250).

O objetivo deste texto é refletir sobre a mobilização de políticos e intelectuais atuantes nos dois principais centros urbanos do país, Rio de Janeiro e São Paulo, com vistas à comemoração do Centenário da Independência do Brasil. A palavra de ordem então era identificar os "descarrilamentos" que teriam barrado o ingresso do país centenário na "modernidade do pós-guerra". Em desacordo sobre os reais motivos desse descompasso e divergindo em torno dos "descaminhos" que não haviam permitido à nação "encontrar seu destino", o que eu chamo de "geração de 1922" convergia, no entanto, na compreensão de que o centenário seria o momento certo de "passar o Brasil a limpo".[2]

Para atingir esse objetivo, tomei como objeto de análise as diferentes leituras então feitas sobre a trajetória da nação centenária em um claro processo de busca dos "descarrilamentos" e "desvios" que não teriam deixado o país encontrar o "destino certo" após 100 anos de independência. Para tanto, o capítulo está dividido em quatro partes, que se dedicam a colocar em cena o esforço empreendido pela elite política e intelectual com vistas a entender que Brasil era aquele que comemorava seu centenário. Para começar, analisaremos a avaliação da colonização portuguesa e o papel que ela teria representado na configuração da nacionalidade brasileira. Adianto que a antiga metrópole foi colocada no banco dos réus, e devidamente condenada pelo "atraso" ostentado pela ex-colônia em seu centenário. Já em relação ao período imperial, especialmente o Segundo Reinado, com o "brasileiro" d. Pedro II no trono, a percepção é positiva, refletindo certa nostalgia de uma *Idade de Ouro*[3] perdida, cujos valores de ordem e de centralização do poder deveriam ser restaurados. Quanto ao presente, eram duras as críticas em relação à trajetória da República ao longo de suas mais de três décadas de existência (1889-1922). Não era a "República dos sonhos" dos jacobinos florianistas, nem daqueles filiados ao pensamento autoritário que repudiavam o "caráter idealista da Constituição liberal de 1891". Finalmente, fecharemos com os projetos de futuro da nação centenária, expostos na Exposição Internacional do Centenário. Era o Brasil mostrando as armas capazes de garantir sua inserção no quadro da nova economia mundial do pós-guerra, quando, mais do que a

[2] Este foi o tema de minha dissertação de mestrado, defendida em 1991 junto ao Programa de Pós-Graduação em História da UFRJ, e publicada no ano seguinte. Ver Marly Silva da Motta (1992).

[3] Usamos o termo tal como proposto por Girardet (1987).

prodigalidade de recursos naturais, o que contaria, a partir de então, seria a capacidade técnica/tecnológica de explorar esses recursos, e submetê-los à lógica do progresso.

1. A herança portuguesa: entre o Sete de Setembro e o banco dos réus

> No sete de setembro, por exemplo,
> do que nós mais lembramos é de Portugal.
> O líder da nossa independência era português.
> [ex-deputado federal Aldo Rebelo,
> *Mundo Lusíada*, 21 nov. 2021]

Fruto de sua tese de doutorado, o livro do jornalista português Carlos Fino (2021) causou polêmica em torno da avaliação negativa que os brasileiros fariam sobre a herança da colonização portuguesa. Sintetizando: para Fino, os brasileiros teriam "vergonha" desse passado, a ele atribuindo boa parte de seu "fracasso" em se tornar uma nação "moderna". Em resposta ao que considera excessivas "generalização e essencialização" por parte do autor português, a historiadora Gladys Ribeiro indica que o antilusitanismo existiu, sim, no Brasil, mas não como um sentimento nacional, e sim em períodos específicos da história (Ribeiro, 2017).

O centenário de 1922 foi um desses períodos. Nas palavras do ex-deputado Aldo Rebelo, lembrar do Sete de Setembro significa lançar luz sobre o fato de que o mentor da nossa independência havia sido um "português". Como celebrar um movimento libertador conduzido por aquele colonizador que, sobre a colônia, havia exercido séculos de opressão? Como transformar o "grito do Ipiranga" no evento fundador da pátria? Como fazer do Sete de Setembro a data magna da República recém-instalada no país?

Todos nós temos na memória as comemorações do Dia da Pátria, quando desfilávamos ao som de marchas militares pelas principais avenidas do bairro onde se localizava nossa escola. No entanto, acho que nenhum Sete de Setembro será tão inesquecível quanto aquele de 2021, quando se decidiu reviver, de forma grotesca e mal-ajambrada, o grito do Ipiranga sob a forma de "o berro da Paulista". Construído como o dia quando foram rompidos os "grilhões" que nos prendiam a Portugal, o Sete de Setembro de 2021 foi (re)investido pelo presidente Bolsonaro, com calculada antecedência, de um sentido pretensamente "libertador". Só que, dessa vez, a luta não seria em prol da liberdade coletiva de um povo, como acontecera em 1822 com o grito do Ipiranga. Quase 100 anos depois, o "berro de liberdade", ecoado por milhares de pessoas na avenida Paulista, visava a romper com os "grilhões" supostamente impostos pelo Supremo Tribunal Federal que aprisionariam as "liberdades individuais" de não tomar vacina, de espalhar mentiras e notícias falsas, de desobedecer as leis e a Constituição... Um tiro na água... Felizmente, o presidente teve que retroceder, e o "berro da Paulista" de 2021 ficou na memória como uma fracassada associação com o "grito do Ipiranga" de 1822.

De fato, um dos primeiros desafios da República proclamada em 1889 foi o de lidar com o Sete de Setembro como data cívica da agora "pátria republicana". Não por acaso, uma das primeiras iniciativas dos republicanos, especialmente os positivistas, foi a de elaborar um novo calendário cívico que respondesse à necessidade do novo regime de "inventar tradições" (Hobsbawm e Ranger, 1984). A urgência de se implantar tradições republicanas como fonte indispensável de legitimação é bem expressa no Decreto nº 155-B de 14 de janeiro de 1890, que determinou um novo conjunto de datas cívicas a serem celebradas. O Sete de Setembro foi então referendado como "dia da independência do Brasil", enquanto ao 15 de novembro coube o honroso lugar de "dia da celebração da pátria brasileira".

No entanto, essa distinção conferida ao grito do Ipiranga parecia ameaçada. Em um trecho da mensagem do marechal Deodoro da Fonseca, primeiro presidente do Brasil, por ocasião da abertura do Congresso Constituinte, em 15 de novembro de 1890, fica evidente a preocupação de desligar a construção da nação republicana das "raízes monárquicas" presentes no processo de independência comandado por d. Pedro I, o imperador "português": "E para os que quiserem ver na independência alcançada em 1822 a palavra suprema de nossos anseios, apontaremos o 7 de abril de 1831, em que banimos o nosso primeiro imperador."[4] No panteão dos "heróis da independência", Tiradentes, o mártir que lutara

[4] Citado em Motta (1992:14).

contra o jugo do colonizador português no final do século XVIII, deveria tomar o lugar de d. Pedro I que, em 7 de abril de 1831, havia abdicado do trono, deixado aqui seu filho nascido no Brasil, então com cinco anos, e voltado a Portugal. É à data do "banimento do imperador português" que a mensagem de Deodoro se refere como "digno" de tomar o lugar do Sete de Setembro, e abafar o grito do Ipiranga. Afinal, a partir de 1831, depois de nove anos sob o reinado do imperador português, o Brasil havia passado às mãos de brasileiros: o príncipe-criança e os regentes. A memória de 1831 procurava, assim, tornar a República o único ideal capaz de unir toda a nação, expulsando a singularidade do processo de independência atrelado ao colonizador.

Apesar de fiel ao espírito republicano, 1831 havia sido marcado por movimentos de rua, especialmente na capital do Império, envolvendo praças e militares de baixa patente.[5] A desordem espreitava o sete de abril, e seria uma operação complicada transformá-lo em data maior de uma República que possuía "Ordem e Progresso" como lema na bandeira. Composto por políticos influentes, jornalistas e intelectuais de peso, o grupo dos monarquistas se empenhou em construir uma versão do passado que contemplava as vantagens da independência com d. Pedro I, em especial na direção de uma "liberdade sem lutas" e sem risco de "ver fragmentado em vários estados fracos esse enorme corpo que constituía o Brasil" (Motta, 1992:15). Pode-se atribuir à competência e à longevidade desses intelectuais a supremacia de uma leitura monárquica da história brasileira, principalmente no que tange ao papel do Império como garantidor da ordem e da unidade nacional; e o Sete de Setembro era o marco mais visível dessa ordem e dessa unidade.

Vitoriosa a comemoração do grito do Ipiranga — quer pela necessidade de conciliação, pela inviabilidade de outras opções, ou ainda pela maior habilidade dos monarquistas em impor o seu passado —, a saída republicana foi moldá-la aos novos tempos. Era preciso identificar o que podia ser lembrado e o que devia ser esquecido. Enquanto d. Pedro I foi execrado como um "estroina", irresponsável e oportunista, José Bonifácio foi devidamente resgatado e guindado a uma posição preponderante. Cientista, brasileiro, amante da ordem e da centralização do poder, o denominado "Patriarca da Independência" poderia representar a síntese das correntes que cons-

[5] Para uma revisão sobre o Primeiro Reinado e o 7 de abril de 1831, ver Sabina (2009).

truíram a nação brasileira. Nessa leitura do passado, Bonifácio sacrificara a possibilidade de instalação da República por ocasião da independência, é certo, mas em prol da estabilidade e mesmo da existência da pátria.

Festejado pelos monarquistas como o símbolo mais evidente da liberdade da pátria, devidamente enquadrado em uma moldura republicana, a celebração do centenário do grito do Ipiranga parecia ser o momento mais adequado para a convocação de uma *minorité agissante* (Hobsbawm, 1991:21) às voltas com o desafio de construir um novo Brasil. Mário de Andrade, Oliveira Vianna, Monteiro Lobato, Tristão de Ataíde, Lima Barreto, Vicente Licínio Cardoso, entre outros, dedicaram-se de corpo e alma a estudar o país. Tais estudos, pautados por um frenesi de reinterpretar o passado, diagnosticar o presente e projetar o futuro, respondiam à percepção, cada vez mais crescente, de que o Brasil tinha território, mas não se constituíra ainda como nação.[6] Ensaios, artigos, crônicas, charges e caricaturas constituem um vasto manancial de análise para se entender o universo de questões colocadas para a nação centenária.

A comemoração do grito do Ipiranga não significava, mecanicamente, uma avaliação positiva da herança portuguesa na formação do Brasil. Diferentemente da maioria das regiões da América submetidas à dominação colonial, onde o mito fundador da nação livre se ancora no rompimento efetivo com a antiga metrópole, no Brasil, a conciliação entre colonizador e colonizado foi o coringa do jogo. Afinal, o que se devia comemorar em Sete de Setembro de 1922? Os benefícios de uma colonização que resultou na constituição de uma nação que manteve sua unidade territorial? Ou uma herança de parasitismo e atraso de que o Brasil precisaria se livrar em direção a uma República moderna?

Seria de se esperar que esse movimento de reavaliação das várias versões sobre o papel do passado colonial na formação brasileira se acirrasse por ocasião da comemoração do Centenário da Independência. No momento em que a palavra de ordem era "descobrir" o Brasil para, a partir daí, inseri-lo no mundo moderno, a tarefa primeira seria uma análise de suas "raízes coloniais". Não por acaso, em torno desse debate sobre o "peso do passado" se colocariam em cena os impasses da Primeira República brasileira e, sobretudo, as apostas para seu futuro.

[6] Em 1915, na conferência "A unidade da pátria", Afonso Arinos de Melo Franco clamou pela urgência de "criar a nação". Semelhante preocupação marca o editorial do primeiro número da *Revista do Brasil* (jan. 1916): "Ainda não somos uma nação que se conheça...".

O discurso antilusitano tinha fortes raízes na tradição política republicana representada sobretudo pelo movimento jacobino nos primeiros anos da República, em especial durante o governo do marechal Floriano Peixoto (1891-94).[7] Estudos como o de Gladys Ribeiro mostram como, naquele momento, a disputa entre "cabras" e "pés-de-chumbo" foi decisiva para o estabelecimento de um universo específico de relações sociais e étnicas na cidade do Rio de Janeiro, então capital federal (Ribeiro, 1990). No momento em que a nação era forçada a avaliar o passado e, ao mesmo tempo, considerando-se a marcante presença dos portugueses na vida econômica da capital federal, especialmente nos setores do comércio e do aluguel de moradia, o que os colocava em situação de constante atrito com amplos segmentos da população carioca, seria previsível o recrudescimento de um forte sentimento antilusitano por ocasião da comemoração do Centenário da Independência. Ainda mais se for levado em conta o rápido aumento de preços dos alimentos e das moradias que marcou o início da década de 1920. Por isso mesmo, eram comuns as matérias de jornais e revistas alertando que, se o governo quisesse levar mesmo a sério a comemoração do centenário, não deveria deixar "a roubalheira esmagar o povo, desde o vendeiro sujo que vendia batata, até o bigodudo proprietário que alugava os cômodos" (Careta, 1921).

Foram poucos os intelectuais que avaliaram positivamente os três séculos de vida da América Portuguesa. As críticas mais ferozes ao processo de colonização residiam nas "raízes culturais" aqui deixadas pelo elemento português, "retrógrado e atrasado", as quais seriam as origens das dificuldades do país em se inserir no mundo moderno. É digno de nota o fato de que essa avaliação do "atraso" brasileiro como resultado do legado cultural português uniu intelectuais de diferentes matizes e correntes de pensamento. A missão de tornar a República "brasileira", mesmo que com "100 anos de atraso", compreendia, por exemplo, afastar das letras a influência portuguesa e romper com as formas tradicionais de expressão na gramática herdada dos descobridores. Mesmo separados por visões diferentes do que deveria ser a nação centenária, o modernista Mário de Andrade, assim como os nacionalistas jacobinos, apostava na tentativa de sistematizar a fala brasileira em uma língua própria, rejeitando, dessa forma, toda a herança colonial (Brito, 1971).

---

[7] Sobre o jacobinismo florianista, ver Queiroz (1986).

2. Em busca da Idade de ouro perdida

> Figura solene, boníssima e respeitável [...] era espectro acusador na consciência dos dirigentes da República que temiam ter, a todo momento, o passo cortado [...] pelo *fantasma do último governo honesto que o Brasil teve.*
> [Careta, 1920a, grifo nosso]

A referência elogiosa à figura do imperador Pedro II faz, de certa maneira, um contraponto à avaliação severa da herança portuguesa. Se o passado colonial era visto como um peso morto a ser carregado pela nação centenária, a memória do Segundo Reinado despertou a sensação de que se perdera uma *Idade de Ouro* que seria preciso restaurar. Não por acaso, o segundo semestre de 1920 foi marcado por um intenso debate em torno da revogação do decreto de banimento da família imperial, o que possibilitaria a volta à terra dos despojos dos imperadores Pedro II e Teresa Cristina, bem como de seus familiares vivos, como a princesa Isabel e o conde D'Eu, exilados na França (Fagundes, 2017). Em torno da bandeira do fim do banimento foi montado um discurso de tom nostálgico em relação ao regime que teria sido derrubado por um "golpe militar". Ao contrário dos "subversivos" que, nos primeiros anos de implantação do regime republicano, realizaram efetivos esforços para a volta da monarquia (Janotti, 1986), aqueles que agora exaltavam o Império jamais explicitaram a possibilidade de retorno do regime. O que não evitou a ferina observação da irreverente *Careta*: "Então não há mais receio de que os vivos sejam cada vez mais governados pelos mortos?" (Careta, 1920b).

Com a finalidade expressa de "salvar" a República, vários intelectuais que naquele momento procederam a uma revisão do papel do Império na história brasileira projetaram nele qualidades que procuravam no regime que o substituíra.[8] As principais qualidades, é fácil prever, se relacionavam com a manutenção da ordem e da paz interna que prevalecera ao longo do Império. Equilíbrio e estabilidade, tranquilidade e ordem, sob essa bandeira o Império teria conseguido desenvolver o país e lhe dar anos seguidos de uma "paz imponente".

---

8 Como exemplo dessa revisão, ver a obra conjunta organizada por Cardoso (1924).

Era preciso, no entanto, dar uma face a esse regime restaurado pela memória, que passasse, como observou Gilberto Amado, uma "impressão de respeito por esses homens, graves, honestos, movendo-se em uma atmosfera elevada em torno de um *príncipe* [d. Pedro II], que me aparece como um milagre da espécie humana" (Amado, 1924:75-76). O "milagre" pode ser lido em uma dupla nota: como Pedro II conseguira ser o que foi sendo filho de Pedro I, "cujos costumes, cuja moral, nós conhecemos"? Como o Brasil, "no meio do caos e da desordem das repúblicas sul-americanas, [foi] uma imponência de ordem"? (Amado, 1924).

3. Que República é essa? — entre Floriano e Bonifácio

> Veio a República. Veio a Democracia. Veio a Federação. E logo se levantou um sussurro de desapontamento [...] e esse desapontamento se acentuou com o tempo, numa permanente desilusão [...]. *Não era esta a República dos meus sonhos*!
>
> [Oliveira Vianna, 1924]

A verdade era que, tanto quanto o passado remoto — a colonização portuguesa e o Império —, o que clamava por uma urgente avaliação era o passado recente, corporificado no regime republicano instalado no país há pouco mais de três décadas. Uma pergunta andava nas cabeças e nas bocas: que República é essa? Se a nostalgia do Império embasava boa parte das críticas ao regime instalado em 1889, outras correntes político-intelectuais, como o jacobinismo florianista, defendiam uma República "verdadeira" — não aquela que governava o país — como a única solução para a "causa nacional". Contaminada pelos "vícios de origem", a República deveria ser "purificada", retomando suas "verdadeiras" referências, como Tiradentes e Floriano Peixoto.[9] A construção de um republicanismo "íntegro e puro" dependia, portanto, da recuperação de figuras que, no passado, se empenharam em expulsar o elemento colonizador da vida nacional. Essa seria a comemoração de fato do Centenário da Independência!

Republicanizar a República foi a palavra de ordem que comandou a comemoração do Centenário da Independência do Brasil em 1922. Por

[9] *Atas da Instalação da Propaganda Nativista*, 21 abr. 1919.

isso mesmo, a operação de montagem do panteão das grandes figuras que marcaram a história desses 100 anos era muito delicada. Ficou o Sete de Setembro; mas sem d. Pedro I, muito mais identificado com a "opressão colonial" do que com a independência. Como dito anteriormente, despontou com força a figura de José Bonifácio, já bem construída por ocasião da implantação da República. O processo que esvaziou de significado o papel de d. Pedro I sedimentou a invenção de Bonifácio como o verdadeiro mentor do Sete de Setembro, o "Patriarca da Independência". Mescla de liberal e conservador, representante único de uma tendência que buscara implantar uma política calcada em "leis científicas", Bonifácio possuiria uma visão coerente dos objetivos nacionais de longo prazo.[10] Defensor da ordem e da centralização, na direção oposta ao "idealismo liberal" que acabara vingando na Constituição republicana de 1891, a figura do "patriarca" agradava àqueles que, na década de 1920, foram responsáveis pela formação de um pensamento autoritário no país (Lamounier, 1977). Se d. Pedro era a "mentira de bronze" — referência à estátua do imperador instalada na praça Tiradentes —, o paulista Bonifácio havia sabido "conciliar a ordem com a liberdade, preservando [o país] das agitações e das lutas que ensanguentaram as repúblicas vizinhas".[11]

Pode-se assim relacionar a invenção de José Bonifácio, na condição de avalista de um regime baseado na lei e na ordem, às propostas que viam a necessidade de imposição, no Brasil centenário, da tutela de uma "elite enérgica", nos moldes da "ditadura mental que Bonifácio quis exercer" (Amado, 1924:75-76). Brasileiro de nascimento, mas formado em Coimbra na virada para o século XIX, à sombra do chamado iluminismo português, o "patriarca" possuía um cardápio restrito de opções para o país em formação, cuja "amalgamação em um corpo sólido e político" seria muito difícil, em virtude da "liga de tanto material heterogêneo como brancos, mulatos, pretos livres e escravos, índios" (Costa, 1979).

[10] José Bonifácio de Andrada e Silva nasceu em 1763, na cidade de Santos, e fez seus estudos em Coimbra, para onde partiu com 20 anos, permanecendo em Portugal até 1819. Entre outros cargos, foi professor da cadeira de metalurgia da Universidade de Coimbra; diretor do Real Laboratório da Casa da Moeda, intendente-geral das Minas e Metais do Reino. Voltando ao Brasil, teve um papel importante no desenrolar dos acontecimentos que resultaram na independência da ex-colônia portuguesa, e se tornou ministro de d. Pedro I, com quem rompeu em 1823, vindo a ser deportado do Brasil. Faleceu em 1838. Ver Costa (1979).

[11] *Revista do IHGB* (comemorativa do Centenário da Independência), citado em Costa (1979:99).

Companheiro de Bonifácio no panteão do centenário, o brasileiro d. Pedro II pertencia à dinastia de Bragança, mas havia sido bem-sucedido onde seu pai falhara. E as "falhas" de Pedro I, de certa maneira, representavam o ponto mais forte das críticas à herança portuguesa, responsabilizada pelo "fracasso da República": ignorância, impulsividade, indisciplina, falta de austeridade, um "estroina", enfim. Representante do pensamento autoritário e centralizador, Oliveira Vianna culpou a colonização portuguesa pela força dos clãs e pela falta de solidariedade que marcava o fracasso da experiência republicana no Brasil (Wehling, 1993). Crítico feroz do dito "idealismo liberal" da Primeira República, destacou o papel preeminente do imperador como elemento articulador de um Estado forte e centralizado. Se "a figura solene e boníssima" de Pedro II foi importante para alçá-lo ao panteão nacional em 1922, fundamental mesmo foi o fato de ele representar o anseio de uma parcela importante da intelectualidade em direção ao fortalecimento do poder público central.

Se antes de 1922 já se punha o dedo nas feridas que se espalhavam pelo corpo da nação, foi na perspectiva de comemorar os 100 anos de independência que se produziram novas e variadas explicações do Brasil. A própria dinâmica da celebração — o balanço obrigatório dos feitos do passado, a avaliação do presente de realizações frustradas, a perspectiva de um futuro incerto — estimulou a produção acelerada de interpretações diferenciadas sobre o peso do passado colonial e imperial, sobre os impasses da República que estava longe de ser a dos sonhos e, sobretudo, sobre a perspectiva de desenho de um futuro comprometido com o progresso e a modernidade do século XX.

4. O futuro do Brasil na Exposição Universal do Centenário

> Do que somos, do que podemos ser,
> a Exposição é a síntese mais completa.[12]

Identificadas como "vitrines do progresso" (Neves, 1986), as chamadas Exposições Universais viveram o seu apogeu na segunda metade do século XIX. Podemos destacar como elementos fundadores as motivações comer-

[12] *A Exposição de 1922*, Rio de Janeiro, 14-15 mar. 1923.

ciais, a partir da difusão do modelo industrial ocidental que se sustentava na competição entre produtos aí expostos e lançados no mercado. Sendo um fenômeno urbano, aglomerando muitos visitantes atraídos pelas novidades que prometiam, as Exposições tiveram um forte impacto sobre a infraestrutura das cidades onde se realizaram: nos transportes (metrô), nas comunicações (telefone), na construção civil, já que os pavilhões e palácios então erguidos deveriam evidenciar toda a pujança da técnica e da ciência dominada pela cidade anfitriã. O caso mais explícito foi a Exposição Internacional da Indústria, em Londres (1851), imortalizada no famoso Palácio de Cristal, monumento de aço e vidro, símbolo maior do poder econômico e do avanço técnico/tecnológico da Inglaterra. Paris não ficou atrás e, quatro anos depois, em 1855, sediou a primeira Exposição Universal, a que se seguiram as de 1889 (centenário da Revolução Francesa) e de 1900, refletindo o clima de *fin-de-siècle* em voga naquele momento.

Se a difusão dos valores da *belle époque* em nível mundial parecia ser o motor principal das Exposições, decerto teria que combinar com representações nacionais que firmassem uma identidade própria de cada país presente a essas "feiras de variedades". Por isso mesmo, elas necessariamente refletiam as construções políticas e ideológicas que suportavam essa identidade nacional e, nesse sentido, estavam associadas à comemoração de datas magnas do país, como o Centenário da Independência dos Estados Unidos, na Filadelfia (1876), o IV Centenário da Descoberta da América, em Chicago (1893), e o Centenário da Independência do Brasil, no Rio de Janeiro (1922). Apesar de celebrarem o passado, as Exposições eram guiadas pela *ideologia do progresso*, vale dizer, por uma visão otimista e surpreendente do futuro, a qual deveria ser o principal fio condutor da narrativa vitoriosa que restaria na memória dos visitantes.

A certeza oferecida pela *ideologia do progresso* de um futuro melhor do que o passado dependia, no entanto, do controle a que a matéria-prima para abastecer os novos meios de produção e consumo em massa deveria ser submetida. Vale dizer, que os ciclos da natureza deveriam ser subjugados e domesticados, não mais senhores dos destinos do ser humano. Por exemplo, a concepção do Palácio de Cristal foi de um jardineiro, que "aprisionou" pássaros e olmos dentro do prédio. Por isso mesmo, para além dos produtos expostos, importava a escolha do lugar onde seria montada a Exposição, já que se transformaria em excelente termômetro para medir a capacidade do país de empreender "realizações excepcionais", como o aterro de pântanos e a derrubada de morros. Os pavilhões e palácios da Exposição do Centenário do Brasil foram construídos sobre os escombros do morro do Castelo, marco fundamental da fundação da cidade do Rio de Janeiro, então capital federal.

Longe de significar uma proposta unitária, afinada com os interesses e a visão de mundo da "classe dominante", a derrubada do histórico morro exigiu um longo e complexo processo de decisão. Situado bem no coração do Rio, berço histórico da fundação da cidade, o morro do Castelo era reverenciado por abrigar as igrejas de São Sebastião do Castelo e de Santo Inácio. Espécie de guarda da cidade, assinalava a entrada de navios. Lá se localizavam ainda o relógio da torre e o observatório astronômico. Lugar de magia e misticismo, com a missa dos Barbadinhos às sextas-feiras pela madrugada, e com as "casas de pretos", onde a macumba ressoava, estava envolto num profundo mistério em torno dos tesouros que os jesuítas teriam escondido antes de serem expulsos no século XVIII. Além do mais, o morro abrigava uma população pobre de cerca de 5 mil pessoas, distribuídas em mais de 400 casas. Tudo isso colocava o "velho" Castelo em um lugar especialmente relevante na memória coletiva dos cariocas. Derrubá-lo não era derrubar um morro qualquer.

A polêmica sobre "arrasar ou não arrasar o Castelo" mobilizou a imprensa e a população da capital. Para muitos, *Correio da Manhã* à frente, o morro estava associado a uma tradição e a um passado que deveriam ser necessariamente abandonados em favor de um futuro sem aquela "mancha colonial", herança de um passado que fizera de nós "escravos" por mais de três séculos. Já o *Jornal do Brasil* vocalizava setores da sociedade que defendiam a manutenção do Castelo como "repertório vivo da memória da nação", e para quem destruí-lo em plena comemoração do centenário seria um verdadeiro "sacrilégio".[13]

A indicação do nome de Carlos Sampaio — engenheiro de renome e antigo dono da concessão para o arrasamento do morro — para a prefeitura do Distrito Federal era um indício seguro de que desta vez o Castelo não escapava. Com o encargo explícito de preparar a cidade para as comemorações do Centenário, o prefeito decretou a demolição do morro dois meses após a sua posse, a 17 de agosto de 1920. Moderna tecnologia de desmonte por jatos de água foi então utilizada. A pressa se justificava, pois sobre parte

[13] Sobre o debate em torno da derrubada do Morro do Castelo, ver Motta (1992).

da área conquistada ao Castelo seriam construídos os "majestosos" pavilhões da Exposição Universal. Depois de dois anos de trabalho, só uma parte do Castelo foi demolida, abrindo espaço para a construção dos prédios da Exposição, solenemente inaugurada a 7 de setembro de 1922. A expectativa em torno desse futuro parece estar resumida na revista *Careta*: "era preciso que os visitantes estrangeiros nos encontrassem com a máscara do século estampada no rosto" (A utilidade da máscara, 1922). Que país do futuro estaria desenhado nos palácios e pavilhões da Exposição? O que a "máscara" deveria estampar para nos identificar com o século XX?

A Exposição Universal do Centenário compôs-se da seção nacional, a qual, localizada no trecho entre o antigo Arsenal da Guerra e o novo mercado, ocupava parte da área conquistada ao mar com o arrasamento do Castelo. Aí se concentraram os palácios das Festas, dos Estados, das Pequenas e das Grandes Indústrias, do Distrito Federal, da Viação e Agricultura, da Caça e Pesca, de Estatística, além de pavilhões particulares: de municípios como Campinas e de empresas nacionais e estrangeiras como a Brahma e a General Eletric, além de restaurantes e bares. Já na avenida das Nações, que se estendia do antigo Arsenal até o Palácio Monroe (onde funcionava o *bureau* de informações), alinharam-se os palácios de honra das representações estrangeiras — Argentina, México, Inglaterra, Estados Unidos, França, Itália, Portugal, Dinamarca, Suécia, Tchecoslováquia, Bélgica, Noruega e Japão —, e alguns desses países ainda construíram pavilhões para a exposição de seus produtos industriais na praça Mauá (Bélgica, Portugal, Estados Unidos, França, Itália e Tchecoslováquia).

A Exposição Nacional se compôs de numerosas seções espalhadas pelos palácios e pavilhões: educação e ensino; instrumentos e processos gerais das letras, das ciências e das artes; material e processos gerais da mecânica; eletricidade; engenharia civil e meios de transporte; agricultura; horticultura e arboricultura; florestas e colheitas; indústria alimentar; indústrias extrativas de origem mineral e metalurgia; decoração e mobiliário dos edifícios públicos e das habitações; fios, tecidos e vestuários; indústria química; indústrias diversas; economia social; higiene e assistência; ensino prático, instituições econômicas e trabalho manual da mulher; comércio; economia geral; estatística; forças de terra e mar; e esportes.[14]

---

[14] Programa para a comemoração do 1º Centenário da Independência Política do Brasil. *A Exposição de 1922*, Rio de Janeiro, (1), jul. 1922.

A documentação sobre a Exposição é abundante, e especialmente representada pelas publicações oficiais destinadas à divulgação do evento.[15] O expressivo acervo iconográfico permite-nos não apenas observar o aspecto estético, representado pelos variados estilos arquitetônicos dos pavilhões e palácios — da sobriedade das linhas do pavilhão neoclássico da Inglaterra ao pesado estilo "babilônico" do palácio das Festas —, como também avaliar a natureza dos produtos expostos — dos vinhos e azeites de Portugal às sofisticadas máquinas da Bélgica e da Suécia, passando pelas rendas do Ceará e madeiras do Pará.

Sabemos que a Exposição de 1922 se abre a diferentes abordagens. Aqui estamos interessados em perceber qual imagem de modernidade ela buscou construir para o país; que futuro se procurou desenhar para o Brasil que então ingressava em seu segundo centenário de vida como nação independente. Como era constantemente ressaltado, a realização da primeira exposição universal no Brasil abria a perspectiva de "o mundo nos ver de perto", de expor o país à comunidade internacional em um momento particularmente chave de rearticulação da economia e da política em escala mundial. Como já dito anteriormente, precisávamos ter a "máscara do século estampada no rosto".

Um passeio atento pelos corredores dos pavilhões nacionais revela-nos que, embora os produtos "genuínos", e mesmo "exóticos", da natureza brasileira tivessem sido expostos com destaque, a ênfase da mostra recaiu sobre as possibilidades de exploração dos recursos naturais. Valia mais o ferro do que o ouro; valia mais a energia elétrica do que as cataratas. Como destacava o editoralista da revista oficial da Exposição, "o atestado maior da nossa capacidade de produção não está na Exposição [...]. O que os mostruários estão exibindo é apenas o potencial das nossas riquezas [...]. A implantação definitiva da indústria de ferro entre nós é apenas questão de dias...".[16]

A questão da exploração do minério de ferro e da instalação de usinas siderúrgicas no Brasil estava na ordem do dia. Isto se dava não apenas pela percepção do papel decisivo que tal indústria teve na Primeira Guerra, ao sustentar o esforço de guerra dos países vencedores, como também pela

[15] Destacaria, além de *A Exposição de 1922*, a revista oficial já citada, o *Livro de Ouro comemorativo do Centenário da Independência e da Exposição Universal* e o *Guia official da Exposição Internacional do Centenário*.

[16] *A Exposição de 1922*. Rio de Janeiro, 14-15 mar. 1923.

recente assinatura do contrato com a Itabira Iron (1920), autorizada a exportar minério e construir a nova ferrovia Vitória-Minas, bem como um porto de minério e uma usina siderúrgica.

Ao lado do ferro e do aço, a energia elétrica se afigurava como outro elemento-chave do futuro progresso econômico. Daí, em parte, o excessivo destaque dado à "feérica" iluminação que teria transformado o Rio de Janeiro em outra cidade-luz: "Toda a área da Exposição faísca, e parece emergir das águas empenumbradas como a verdadeira 'Cidade Anadyomenica', a deusa luminosa dos racontos e dos poemas. Não é possível imaginar mais lindos efeitos de luz" (Hermes Fontes apud Neves, 1986:63). Embora esse serviço de iluminação estivesse a cargo da empresa norte-americana General Eletric, buscava-se enfatizar a proficiência técnica da engenharia nacional, bem como a capacidade produtiva da indústria nacional.

Dessa maneira, se, por um lado, reforçava-se a tese das riquezas naturais do país, tradicional fonte de atração para os investimentos estrangeiros, por outro, buscava-se garantir a viabilidade da inserção do país no quadro da nova economia mundial do pós-guerra. Mais do que os produtos expostos nas vitrines e nos mostruários, os olhos dos estrangeiros deveriam ver a potencialidade do nosso progresso, cuidadosamente expressa em tabelas e gráficos que apontavam uma clara tendência de crescimento dos setores modernos da economia, baseados no ferro e na eletricidade.

Patriotismo, nacionalismo, harmonia, civismo, progresso, foram palavras que invadiram os espaços da Exposição e ocuparam corações e mentes dos visitantes, nacionais e estrangeiros. O Brasil deveria ser vivido como uma nação "coesa e una", exposta nas vitrines e nos mostruários da Exposição. Nesse sentido, negar a Exposição era negar a nação: "Devíamos nos abraçar como irmãos para celebrar o centenário da independência [...] jurando resolver pacificamente todas as nossas questões internas" (Dias de sol, 1922).

A referência da *Careta* é clara, e se dirige à grave crise política que vigorou ao longo de 1922. Apesar dos indícios e sinais de insatisfação generalizada, o pleito presidencial se realizou na data prevista, 1º de março de 1922, e a vitória coube ao candidato oficial, Artur Bernardes, com 466 mil votos contra os 317 mil dados ao oposicionista Nilo Peçanha. Ao contrário dos outros pleitos presidenciais, o de 1922 não se encerrou com a apuração das urnas. A oposição não reconheceu a derrota e detonou uma campanha de denúncia contra uma suposta fraude eleitoral, buscando manter mobilizadas as forças populares e os militares. Em plena comemoração do Centenário da Independência, quando os olhos do mundo estariam voltados para a capital federal, reinava um clima de intensa agitação política, uma vez que os militares começaram a intervir em disputas locais. A rebeldia e a possibilidade de levantes pareciam cada vez mais iminentes. Dois meses antes da inauguração da Exposição, em 5 de julho, eclodiu uma rebelião militar que contou com a participação das guarnições de Campo Grande (então Mato Grosso), Niterói e Distrito Federal. Identificado na historiografia como o batismo do *Tenentismo*, o movimento rebelde foi sufocado, as iniciativas de criar uma base de apoio para os militares revoltosos, sob o comando do ex-presidente, marechal Hermes da Fonseca, fracassaram, abandonados por segmentos expressivos das Forças Armadas e por boa parte das oligarquias dissidentes. Estas, inclusive, votaram a favor do estado de sítio decretado pelo presidente Epitácio Pessoa. Foram inúteis as negociações tendentes à suspensão dos atos de exceção por ocasião da Exposição: as liberdades públicas, inclusive de imprensa, continuaram restringidas pelo estado de sítio. A posse do novo presidente, em novembro, não trouxe a pacificação esperada por aqueles que advogavam um maior equilíbrio federativo. O governo de Artur Bernardes (1922-26) sofreu com a instabilidade política provocada por seguidos levantes militares, e precisou ser amparado por instrumentos de exceção, como a adoção de uma rígida lei de imprensa e a manutenção e extensão do estado de sítio, só abandonado no governo seguinte, de Washington Luiz (1926-30).[17]

Diante do desafio de comemorar o Centenário da Independência, o que eu chamo de "geração de 22" se mobilizou pelo desafio de compreender o país, de repensá-lo, e, principalmente, de salvá-lo. A própria dinâmica da celebração — o balanço obrigatório dos feitos do passado, a avaliação do presente de realizações frustradas, a perspectiva de um futuro incerto — estimulava a produção acelerada de significações do que fora essa nação, do que era àquela altura e do que deveria ser no futuro. Esta dinâmica comemorativa não se restringiu apenas aos festejos e eventos do Sete de Setembro

---

[17] Ver Marly Motta, A "guerra de 22": e assim se passaram cem anos (1922-2022), *[SYN] THESIS*, Rio de Janeiro, v. 14, n. 3, set./dez. 2021, p. 6-16. Cadernos do Centro de Ciências Sociais da UERJ.

— como a inauguração da Exposição Internacional do Rio de Janeiro, por si só bastante importante —, mas detonou um sentimento de urgência no afã premente de buscar novos rumos capazes de tirar o país do berço esplêndido no qual se deitara desde os tempos de América Portuguesa e de Império. Chegara a hora de a República republicanizar o Brasil.

É tentadora a sedução de comparar os dois centenários. O que acontecerá no 7 de setembro de 2022, a um mês das eleições presidenciais? Será repetido o circo do "berro da Paulista" de 2021? Historiadores(as), de modo geral, rejeitam as profecias e, nem de longe, pretendem ser "mestres da vida", no dizer de Cícero. Agora, que teremos uma eleição presidencial que se assemelhará a uma guerra, nisso todos podem apostar: irão ganhar. Significa que eu, como todos aqueles que amam as rivalidades inerentes ao jogo democrático, aposto na realização do pleito nas urnas eletrônicas, e na aceitação dos resultados quaisquer que sejam. Amém!!!

Referências

A UTILIDADE da máscara. *Careta*, Rio de Janeiro, ano XV, n. 742, 9 set. 1922.

ALMEIDA, Miguel de. Bocage e o Rio de Janeiro. *O Globo*, Rio de Janeiro, 17 jan. 2022, p. 3.

AMADO, Gilberto. As instituições políticas e o meio social no Brasil. In: CARDOSO, Vicente Licínio (Org.). *À margem da história da República*. Rio de Janeiro: Edição do Annuario do Brasil, 1924.

BRITO, Mário da Silva. *História do modernismo brasileiro*: antecedentes da Semana de Arte Moderna. Rio de Janeiro: Civilização Brasileira, 1971.

CARETA, Rio de Janeiro, n. 663, 5 mar. 1921.

CARETA, Rio de Janeiro, 27 nov. 1920a.

CARETA, Rio de Janeiro, n. 631, 24 jul. 1920b.

COSTA, Emilia Viotti da. José Bonifácio: mito e histórias. In: ____. *Da Monarquia à República*: momentos decisivos. São Paulo: Ciências Humanas, 1979.

DIAS de sol, *Careta*, ano XV, n. 734, 15 jul. 1922.

FAGUNDES, Luciana Pessanha. *Do exílio ao panteão*. D. Pedro II e seu reinado sob olhares republicanos. Rio de Janeiro: Prismas, 2017.

FINO, Carlos. *Portugal-Brasil*: raízes do estranhamento. Lisboa: Lisbon International Press, 2021.

GIRARDET, Raoul. *Mitos e mitologias políticas*. São Paulo: Companhia das Letras, 1987.

HOBSBAWM, Eric. *Nações e nacionalismo desde 1780*. Rio de Janeiro: Paz e Terra, 1991.

____; RANGER, Terence (Org.). *A invenção das tradições*. Rio de Janeiro: Paz e Terra, 1984.

JANOTTI, Maria de Lourdes M. *Os subversivos da República*. São Paulo: Brasiliense, 1986.

LAMOUNIER, Bolivar. Formação de um pensamento autoritário na I República: uma interpretação. In: FAUSTO, Boris (Org.). *História geral da civilização brasileira*, t. 3, v. 2. São Paulo: Difel, 1977.

MOTTA, Marly Silva da. *A nação faz anos*: a questão nacional no centenário da independência. Rio de Janeiro: Editora FGV, 1992.

MOTTA, Marly. 1922, o Brasil faz cem anos: a herança portuguesa em questão. In: MOURÃO, Alda; GOMES, Ângela de Castro (Org.). *A experiência da Primeira República no Brasil e em Portugal*. Rio de Janeiro: Editora FGV, 2011, p. 233-250.

____. A "guerra de 22": e assim se passaram cem anos (1922-2022). *[Syn]Thesis*, Rio de Janeiro, v. 14, n. 3, set./dez. 2021, p. 6-16 (Cadernos do Centro de Ciências Sociais da Uerj).

NEVES Margarida de Sousa. *As vitrines do progresso*. Rio de Janeiro, PUC; Finep, 1986.

OLIVEIRA VIANNA, F. O idealismo da Constituição. In: CARDOSO, Vicente Licínio (Org.). *À margem da história da República*. Rio de Janeiro: Edição do Annuario do Brasil, 1924.

QUEIROZ, Suely Robles. *Os radicais da República*. São Paulo: Brasiliense, 1986.

RIBEIRO, Gladys S. *Mata galegos*: os portugueses e os conflitos de trabalho na República Velha. São Paulo: Brasiliense, 1990.

____. O Primeiro Reinado em revisão. In: GRINBERG, Keila; SALLES, Ricardo. *O Brasil Imperial*, vol. 1 — 1808-1831. Rio de Janeiro: Civilização Brasileira, 2009.

____. *O Rio de Janeiro dos fados, minhotos e alfacinhas*: o antilusitanismo na Primeira República. Niterói: Eduff, 2017.

WEHLING, Arno. O Estado colonial na obra de Oliveira Vianna. In: RUGAI, Elide Bastos; MORAES, João Quartim de (Org.). *O pensamento de Oliveira Vianna*. Campinas: Editora da Unicamp, 1993.

CAPÍTULO II

O Centenário da Independência: exposição e museus históricos

Lucia Lippi Oliveira

Comemorar, como já foi dito, significa lembrar junto. E a lembrança ou a memória, é preciso registrar, não é um fenômeno social que acontece de forma natural, espontânea. Pessoas, instituições, conjunturas, o passar do tempo e o ensino da história atuam na construção de tais lembranças.[1]

Para ser possível explorar como a Independência do Brasil foi lembrada em 1922, temos que nos perguntar o que foi valorizado, o que havia em comum e que passou a ser lembrado à época.

Em primeiro lugar vale registrar que é impossível falar da Independência e ignorar a presença dos portugueses (descobridores/invasores/colonizadores) no Novo Mundo. As comemorações oficiais em 1922 que visavam celebrar as origens da fundação da nação tiveram que lidar com esse passado quando os portugueses conseguiram fortalecer o seu poder, a sua Colônia, ou seja, fundar uma América portuguesa no Novo Mundo.

---

[1] O 4º Centenário da Revolução Francesa desencadeou inúmeras pesquisas e publicações que marcaram a historiografia francesa e o mundo acadêmico sob sua influência. Entre elas, vale citar os textos de Jacques Le Goff que vieram a ser reunidos no livro *História e memória* (1990) e os três volumes da obra *Les lieux de mémoire* (1984; 1987; 1992) sob a direção de Pierre Nora, assim como o livro de Mona Ozouf, *La fête révolutionaire* (1976). Eu mesma já explorei tal tema no artigo "As festas que a República manda guardar". *Estudos Históricos*, v. 2, n. 4, 1989, p. 172-189.

Essa presença continua marcante no século XIX quando os monarcas portugueses, ao fugirem da metrópole diante da ameaça representada pelas tropas napoleônicas, migraram para a colônia e assumiram diretamente o seu governo, tornando-se assim protagonistas do processo de fundação de uma nação independente, o Brasil.

A independência das ex-colônias no Novo Mundo produziu pelo menos três diferentes situações. Os novos países hispano-americanos constituídos também no início do século XIX com a independência expressam uma incapacidade de vencer a fragmentação existente desde o período dos vice-reinos espanhóis. As 13 colônias inglesas, ao contrário, foram se aproximando e passam a se constituir uma unidade, uma Federação após a Revolução americana. Daí surge a primeira República dos tempos modernos, os Estados Unidos da América.

Se as colônias espanholas, como já mencionamos, foram incapazes de vencer a fragmentação já existente, a ex-colônia portuguesa venceu a fragmentação existente quando as províncias se dirigiam diretamente a Portugal. A centralização exercida pela monarquia com a criação do Reino Unido do Brasil, Portugal e Algarves e depois pelo Império garantiu a unidade do território que passou a se apresentar como a continuação da civilização europeia nos trópicos.

O destino da antiga colônia portuguesa na América seguiu assim um caminho particular ao se tornar o único regime monárquico no Novo Mundo. Tal diferença foi sempre atribuída à presença do monarca português na ex-colônia. Desse modo, a Independência significou ruptura e, ao mesmo tempo, continuidade com a permanência da dinastia dos Bragança no poder. Tal configuração não levou ao abandono da subordinação cultural ao mundo europeu. Por outro lado, havia uma questão subjacente: Espanha e Portugal não tinham "credibilidade imperial". Portugal era considerado subalterno, anacrônico, e o legado cultural ibérico passa a ser considerado retrógado, em comparação com outros modelos em competição: Inglaterra e França, mais tarde Alemanha. Se Portugal considerava primitivos os povos de suas colônias, sua população era considerada primitiva por outros países da Europa.

Vamos agora dar atenção à relação entre Portugal e Brasil para situar adiante o contexto das comemorações do centenário da Independência em 1922.

As relações Portugal/Brasil

Falar da Independência é falar das relações entre passado e presente, entre Portugal, o criador, e Brasil, a criatura. Tais relações enfrentaram sempre muitas turbulências. No início do século XX, muitos intelectuais brasileiros consideravam o passado comum valioso, era o que possibilitava a afirmação da nossa origem europeia. Para outros, o passado comum não deveria ser valorizado já que era urgente superar a experiência de se ter sido colônia portuguesa. Afirmar a identidade nacional envolvia negar a identificação com Portugal. Na década de 1910, para o Brasil era importante marcar as diferenças enquanto para Portugal importava mostrar a permanência, a continuidade, o sucesso da ex-colônia na América, o que minimizava os conflitos com as colônias portuguesas na África. Vale lembrar que o sentimento positivo de ser americano só surge por aqui a partir da República.

A presença de portugueses na colônia portuguesa e depois no Império brasileiro deriva de duas experiências históricas e sociais distintas, ou seja, da diferença entre colonização e emigração. Eduardo Lourenço, em *A nau de Ícaro* (2001), observa que os colonos partiram para uma nova terra que já consideravam sua; partiam procurando melhor sorte sempre guiados pelo desejo de regresso; chegaram ao Nordeste brasileiro e depois às Minas Gerais como senhores; partiram e agiram como se nunca tivessem saído de casa.

Já a viagem dos emigrantes tem a suposição de que existe um local, uma terra melhor do que aquela que eles estão abandonando. Tal viagem dificilmente pode assumir uma versão positiva. É um tipo de expulsão já que a sociedade de origem foi incapaz de integrá-los.

Portugal se livra dos seus pobres vindos de aldeias atrasadas, favorecidos pelo apoio comunitário dos que já tinham partido. Era mesmo uma migração transitória baseada em estratégia familiar que mantinha laços afetivos com os dois lados do Atlântico. Migravam os mais jovens e menos preparados, guiados pela ambição. Se isto produziu o envelhecimento da pirâmide populacional, por outro lado garantia a remessa de divisas para a aldeia em Portugal.

Um sonho marcava o Brasil, a antiga colônia: era a terra da promissão. Sonho semelhante ao "fazer a América" para outros pobres da Europa que emigravam para os Estados Unidos.

Os portugueses constituíam ⅔ dos imigrantes da população carioca. Em 1915, os portugueses eram 15% da população da capital. São imigrantes urbanos, ligados ao comércio como negociante e/ou como empregado/caixeiro. Em ambos os casos, trabalharam duro. Quando caixeiros, se tornavam agregados do comerciante. Quando perdiam o emprego, perdiam tudo e se somavam aos fora da lei. Alguns conseguiram vencer as barreiras da mobilidade social e se tornavam ricos, conhecidos.

Como negociantes formavam uma "elite migrante" composta por comerciantes, industriais, importadores.[2]

Essa elite organizou instituições de ajuda, recreativas, culturais, tais como o Real Gabinete de Leitura (1837) que em 1900 mudou-se para um prédio novo em estilo neomanuelino. Outras instituições do século XIX são o Liceu Literário Português, o Clube Ginástico Português, a Sociedade Portuguesa de Beneficência, entre outras.

Foi longo o processo de transformar os portugueses de Portugal (até a Independência da colônia em 1822 eram portugueses do Brasil) em simplesmente portugueses e os portugueses do Brasil em brasileiros.

Só na República, com a Constituição de 1891, que todos os estrangeiros, inclusive os portugueses residentes no país, teriam automaticamente nacionalidade brasileira, salvo sob recusa explícita. Dos portugueses, apenas 14% dos homens e 4% das mulheres aceitaram a nacionalidade brasileira (Lessa, 2002).

Por outro lado, é também com a República que cresce a campanha contra a cultura portuguesa na capital. Ela construíra um Império nos trópicos, mas uma sociedade atrasada. Desenvolve-se um antilusitanismo e desenrolam-se lutas contra lojas de comerciantes portugueses, contra donos de imóveis de aluguel, lutas essas que marcam o chamado movimento "jacobino". O papel dos portugueses na imprensa do Rio de Janeiro oferece munição ao forte sentimento antilusitano na cidade. *O cortiço* de Aluísio Azevedo fala desse tempo.

No início do século XX, a República precisou mostrar que se libertava do passado atrasado e a capital, Rio de Janeiro, precisava ficar livre das epidemias que grassavam por aqui afugentando o desembarque de pes-

[2] A história de José Francisco Correia, conde de Agrolongo, dono em empresa chamada Fumos Veado, morador do palacete Sande que viria a ser o Palácio do Ingá, hoje Museu de Artes do estado do Rio, pode ser um exemplo. Na empresa mencionada vai trabalhar Albino Souza Cruz, mais adiante fundador da Companhia de Cigarros Souza Cruz.

soas e mercadorias. Daí a campanha de vacinação de Oswaldo Cruz. Daí as reformas urbanas, os melhoramentos, o embelezamento da cidade a partir das reformas de Pereira Passos pensadas como alternativas ao caos, ao atraso em que vivia a cidade desde os tempos coloniais.

Tais políticas de saúde pública e de urbanização da capital abrem a oportunidade para que em 1908 seja inaugurada a Exposição Comemorativa do Centenário da Abertura dos Portos. A Abertura dos Portos foi então apresentada como uma certidão de independência econômica do país, acontecida mesmo antes da independência política em 1822. Tais comemorações dariam ocasião para a visita de Carlos I ao Brasil. Seu assassinato em fevereiro de 1908, entretanto, acabou com a viagem e com a monarquia portuguesa em 1910.

A Exposição de 1908 pretendeu mostrar o que o Brasil já tinha alcançado em 100 anos e o que poderia alcançar em termos de progresso futuro. Durante três meses, os pavilhões estaduais (São Paulo, Minas Gerais, Bahia e Santa Catarina) e as quatro seções — agricultura, indústria pastoril, indústrias e artes liberais — exibiram seus sucessos em prédios construídos na região entre a praia da Saudade (avenida Pasteur) e a praia Vermelha. Dos países estrangeiros, somente Portugal marcou presença. Além disso, a exposição, como as demais montadas então na Europa e na América, oferecia atividades esportivas e festivas como montanha-russa, tiro ao alvo, patinação, passeio de balão e queima de fogos. O visitante poderia também comprar cartões-postais da Exposição e assim divulgar o evento para seus amigos e familiares no Brasil e no mundo. As fotos de Augusto Malta garantiram a qualidade das imagens da exposição e as revistas *O Malho* e *Careta* foram ricas em notícias e reportagens sobre o evento (Costa, 2018).

A realização dessa exposição consagra a relevante reforma urbana da capital que simbolizava o progresso e a civilização. Assim, a Exposição de 1908 seria uma forma de exibir o progresso já alcançado.

O choque da Guerra

A Primeira Guerra Mundial levou a uma reorganização do mundo moderno. Tensões sociais então desencadeadas levam à Revolução Russa em 1917. Começam o fim do isolacionismo norte-americano e a derrocada dos impérios atrasados — russo, alemão e austro-húngaro. O Império Otomano, aliado do alemão, vai perder com o Tratado de Versalhes a Palestina, a Síria, o Líbano para França e Reino Unido e veio a se desintegrar em 1923, quando é então proclamada a República dando origem à Turquia moderna.

Os enfrentamentos militares e as péssimas condições vividas pelos soldados nas trincheiras provocaram a morte de 8 milhões de soldados e produziram cerca de 20 milhões de feridos. Com a guerra, a ideia de fraternidade internacional cedeu vez ao sentimento patriótico, ao amor pela pátria natal. As declarações de guerra, por exemplo, foram recebidas pelas populações com apoio exaltado à nação. O conflito levou a alterações nas relações sociais e nas relações familiares. As mulheres, por exemplo, assumem postos do mundo do trabalho antes só ocupados por homens e também vão se inserir no conflito atuando como enfermeiras da Cruz Vermelha.

O Brasil só veio a participar do conflito já no seu final devido aos ataques realizados por submarinos alemães a seus navios comerciais. Tais episódios produziram protestos nas ruas da capital em 1917 contra o afundamento de navios brasileiros e a favor da declaração de guerra. A guerra do outro lado do Atlântico passou então a receber maior atenção da imprensa, que também acompanhou os debates sobre a decisão de o país entrar ou não no conflito. Uma das iniciativas do governo brasileiro, além da ajuda no patrulhamento da América do Sul, foi o envio de uma missão médica militar que foi atingida pela gripe espanhola ao fazer escalas em portos da costa africana. Mesmo que limitada, tal participação permitiu ao Brasil fazer parte do Tratado de Versalhes e ter suas demandas aceitas (considerar o pagamento do café depositado antes da guerra e que foi usado pelos alemães durante o conflito e a posse de navios alemães aqui apreendidos). E assim o Brasil passa a fazer parte da recém-criada Sociedade das Nações.

O líder da Delegação Brasileira à Conferência de Paz de Versalhes em 1919 foi Epitácio Pessoa, chefe político da Paraíba que fazia parte da elite política republicana tendo sido ministro da Justiça do governo Campos Sales. Epitácio foi candidato à sucessão de Rodrigues Alves, eleito em 1918 e falecido em janeiro de 1919. Apoiado por Minas Gerais, São Paulo e Rio Grande do Sul, venceu mesmo estando ausente do Brasil. O Nordeste, região do presidente, vivenciava questões de violência com a presença de Lampião, o Rei do Cangaço, e a figura messiânica do padre Cícero. A seca condicionava a vida dos nordestinos marcada pela devastadora pobreza que levava à migração. Epitácio teve papel central no programa de obras contra as secas desenvolvido pelo Instituto de Obras Contra as Secas (Lima, 2021).

No governo, Epitácio Pessoa nomeou civis para os Ministérios da Guerra (Pandiá Calógeras) e da Marinha (Raul Soares), o que é considerado um dos condicionantes das rebeliões antioligárquicas dos tenentes acontecidas nos anos 1920, sendo a primeira o episódio dos 18 do Forte de Copacabana.

Vale lembrar que a missão brasileira em Versalhes presidida por Epitácio Pessoa teve como secretário-geral Gustavo Barroso, figura que terá papel central na Exposição de 1922 e será fundador do Museu Histórico Nacional (MHN) em 1922.

Para o universo otimista da *belle époque* que se fazia presente principalmente na capital federal, foi um choque a deflagração da Primeira Guerra Mundial em 1914, quando entram em conflito França e Alemanha, dois dos principais paradigmas do progresso, da civilização. Assim, a Primeira Guerra Mundial também dividiu a intelectualidade brasileira entre aqueles que defendiam concepções pangermanistas e os que marcavam sua francofilia que, é bom que se diga, tem longa tradição na cultura brasileira já que d. João VI, mesmo fugindo das tropas de Napoleão, favoreceu a presença cultural francesa com a Missão Artística de 1816 (Carelli, 1994).

Era o fim do período de otimismo nas realizações humanas e de confiança nas ideias liberais dominantes entre 1870 e 1914. Durante a guerra e no pós-guerra, abriu-se espaço para o aparecimento de outras ideias que questionavam os padrões do que era considerado o progresso. Os chamados movimentos de vanguarda pipocaram, com a proliferação de manifestos que procuravam mudar os padrões estabelecidos nos diversos campos da arte e da cultura.

Se a Europa tinha sido, entre 1870 e 1914, nossa maior referência, o Brasil passava a ter consciência de ser um país grande — em dimensões territoriais, em riquezas naturais, em variedade de populações —, o que forçava a se pensar como diferente de muitos países europeus, inclusive Portugal, nossa ex-metrópole. Reconhecer nossas singularidades, nossas potencialidades e também nossas dificuldades era condição para reconstruir uma nova nação.

Uma nova onda de nacionalismo antilusitano

Após a Primeira Guerra Mundial, a questão da construção da nacionalidade ressurge no panorama carioca. Álvaro Bomilcar e o movimento Propaganda Nativista fazem renascer o ideário jacobino dos republicanos com o antilusitanismo. Bomilcar publica em 1920 a obra *A política no Brasil ou o nacionalismo radical*, que aponta como um dos graves problemas o Brasil ter sido resultado da colonização portuguesa. Acusa os portugueses de terem devastado a Ásia e a África, além do Brasil. Fizeram da atividade de prear homens livres e vendê-los como escravos um ramo legal de comércio (Oliveira, 1990). A presença lusitana, segundo o autor, também se fazia presente pela nossa intolerância e hostilidade aos brasileiros que têm a infelicidade de descenderem mais proximamente dos negros e dos espoliados indígenas. Ou seja, culpa o atraso brasileiro à matriz ibérica, com a longa duração da escravidão.

Outro autor relevante na produção de um pensamento antilusitano é Manuel Bonfim. É preciso lembrar que no primeiro contexto no qual ele escreve — o fim do século XIX e início do XX, com a mudança do Império para a República —, muitos se dedicam a explicar o atraso do país. Engenheiros, médicos e educadores compõem as principais categoriais de uma nova elite que examinou os males do Brasil na virada do século XIX para o XX e produziu seus diagnósticos. Entre eles, o discurso médico ganhou grande destaque ao propor "higienizar e educar" como caminhos para vencer o atraso do país. Assim, torna-se muito comum a produção de diagnósticos e prognósticos sobre o que fazer para superar os males do Brasil.

Bonfim, cuja formação era a medicina, recusava ser a raça ou a mestiçagem, explicação dominante para o atraso à época, e produziu um discurso fazendo uso da categoria "parasitismo" para dar conta dos males da América Latina, ou seja, a exploração das colônias pelas metrópoles.

Tal visão se insere no antilusitanismo que, como já foi mencionado, teve destaque com a crise dos primeiros anos do regime republicano na virada do século, quando a colonização portuguesa passa a ser rejeitada como responsável pelo atraso do país. O português é identificado como colonizador e explorador da população brasileira e passa a ser atacado principalmente na capital da República. Assim, a visão de Bonfim encontra aceitação e pode ser aproximada no campo da literatura a Lima Barreto, quando este desenha o nacionalismo de seu personagem no livro *O triste fim de Policarpo Quaresma*.

O antirracismo, o antiamericanismo, o nacionalismo de Manuel Bonfim (e sua posição em relação à colonização portuguesa) o colocam como figura disponível a ser acessada ora por um pensamento de direita como no integralismo, ora pela esquerda que o vê como um socialista (Oliveira, 2015; Botelho, 2002).

Vamos contrapor Manuel Bonfim a Olavo Bilac em relação ao passado do Brasil. Na mesma época, o francófilo Olavo Bilac se destaca como um dos autores que reafirmam a positividade da herança do mundo português. Em sua primeira viagem à Europa, em 1890, Bilac está movido por interesses literários. Nas viagens de 1914 e 1916, seu prestígio passa a ser atrelado ao seu papel de ideólogo do nacionalismo. Foi ele um dos principais combatentes da causa nacionalista, fazendo a defesa da integridade da língua comum entre Portugal e o Brasil. Por ocasião da Primeira Guerra Mundial, vai se colocar como missão a defesa do ensino primário, a expansão do ensino profissionalizante e o serviço militar obrigatório. Bilac, de "príncipe dos poetas", se torna "operário da nação" ao se engajar em campanhas cívicas pela instrução primária e mais tarde pelo serviço militar obrigatório e pela criação da Liga de Defesa Nacional (Dimas, 2006).

Vale ressaltar que Manuel Bonfim, antilusitano, e Olavo Bilac, apoiador do mundo luso, escreveram juntos um dos mais interessantes livros para crianças. *Através do Brasil* combina ficção e história e apresenta uma "jornada educativa" na qual as personagens se formam à medida que percorrem o território do país. O livro transmite um tipo de catecismo cívico capaz de constituir um novo sentimento nacional para todos aqueles que estão sendo alfabetizados pela escola.

Manuel Bonfim e Olavo Bilac defendiam a educação como redenção do atraso. Eles estão preocupados e ocupados com a reforma moral da sociedade, com a construção da nação e com a formação dos portadores sociais do projeto de modernização. Ao definir assim seu trabalho, acabam por definir uma identidade social para os intelectuais no Brasil (Botelho, 2002).

Ou seja, a partir dos anos 1910, está acontecendo um grande debate sobre as perspectivas do país e nesse cenário a herança portuguesa está recebendo uma nova avaliação.

A Grande Guerra fez romper um culto cego à Europa e vai dar origem ao sentimento de desilusão. Como diz Compagnon (2014), desmorona a imagem da "civilização europeia". Uma ideia inicialmente dominante era que esta guerra representaria o enfrentamento entre a civilização francesa e a barbárie alemã. Vai ser substituída por outra que fala do desmoronamento de toda a civilização europeia. Perdem a validade os modelos que até então guiavam a modernidade dos latino-americanos e dos brasileiros. O otimismo radical quanto ao progresso da humanidade e a fé sem limites das virtudes civilizadoras do Velho Continente foram assim abruptamente interrompidos com a violência dos campos de batalha.

A guerra correspondeu à irrupção da tragédia de uma civilização e marcou, de fato, o fim do século XIX e o início do XX. Derrocada de uma civilização, tempos sombrios são expressões comumente usadas à época. Com o fim da guerra, com as feridas ainda abertas, o mundo enfrenta a epidemia da gripe espanhola que ceifou cerca de 19 milhões de vidas.

A Primeira Guerra Mundial, como já foi mencionado, abalou a crença no progresso e na paz como valores já assegurados do mundo moderno. O conflito produziu uma distinção entre a Europa, representante da velha civilização decadente, e a América, espaço da nova civilização e do futuro. Se a Europa estava decadente, o futuro devia estar na América, tanto na do Norte quanto na do Sul.

Se as condições climáticas e raciais do Brasil tinham sido entendidas como desfavoráveis ao progresso do país, isto se devia, disseram os reformadores e nacionalistas de então, ao fato de as elites se verem a si e ao país com uma mentalidade europeia. Com o impacto da guerra, isso começou a mudar. Os brasileiros não podiam e não deviam mais ser tributários dos decadentes valores europeus. Era preciso combater a cópia, o vício da imitação, para produzir um Brasil mais moderno e brasileiro.

Para quebrar a mentalidade sintetizada no "mimetismo", era necessário voltar a atenção para as raízes brasileiras. A plataforma da época será "repensar o Brasil". Os intelectuais se atribuíram então como tarefa encontrar a cultura autêntica do país, estivesse ela em um passado histórico ou em tempos imemoriais. Foi dentro desse espírito de reinvenção do Brasil que o povo brasileiro passou a ser visto como a origem da nacionalidade e que o popular identificado com o folclore passou a ter o lugar de destaque como fonte de nossa autenticidade cultural.

Uma figura símbolo dessa mentalidade que passou a ser tão criticada era o bacharel, visto como um "especialista em generalidades", um "copista" de legislações estrangeiras, enfim, um burocrata que emperrava a modernização. Pouco ligado ao "verdadeiro" país, o bacharel era identificado como o braço legal de um Brasil atrasado e artificial.

Nesse mesmo contexto, desenvolveu-se um grande esforço para analisar os problemas nacionais, o que deu origem a vários diagnósticos e à prescrição de terapias capazes de trazer o progresso ao país. Cada um deles foi produzido e defendido por grupos que se destacaram no panorama intelectual dos anos 1910 e 1920. Literatos, poetas, jornalistas, médicos, engenheiros eram conclamados a entrar na cruzada cujo objetivo era criar uma nova nação. Alberto Torres, Oliveira Vianna e Monteiro Lobato são alguns dos intelectuais emblemáticos que desde os meados dos anos 1910 vão denunciar, cada um à sua maneira, o Brasil arcaico, atrasado, comandado por uma política incompetente.

Cabe, por fim, lembrar que diversos movimentos nacionalistas que marcaram o entreguerras no campo político e cultural tiveram vida efêmera. Outros, ocupados com a (re)descoberta das raízes brasileiras, vieram a ter papel marcante nos anos 1920 e 1930.

A comemoração do Centenário da Independência em 1922 envolveu reconhecer o Sete de Setembro como a data da Independência, marco da ruptura com Portugal (Motta, 1992). Por outro lado, o Centenário dá ocasião a intenso debate em torno da revogação do decreto de banimento da família imperial e o retorno dos restos mortais que serão então sepultados na catedral em Petrópolis, a única cidade construída pela monarquia. A comemoração registra a um só tempo a importância do passado monarquista e o papel do grito do Ipiranga, ou seja, vai valorizar continuidade e ruptura.

Vale lembrar que a Exposição do Centenário da Independência foi montada na área conquistada ao mar pelo desmonte do morro do Castelo. As opiniões divergentes em torno do derrubar ou não o morro do Castelo se fazem presentes nas revistas e jornais da época (Motta, 1992). O empenho e a atuação do engenheiro Carlos Sampaio como prefeito (1920-22) e como presidente da Comissão da Exposição do Centenário foram fundamentais para a execução do desmonte do Castelo e na montagem da Exposição.

O nacionalismo na arquitetura

Nos anos 1910 e 1920, em São Paulo e no Rio de Janeiro, vai ter lugar um importante movimento de renascimento da arquitetura colonial que valoriza a inspiração tradicional luso-brasileira. Constitui, assim, um dos movimentos nacionalistas que vão valorizar o passado. Tal corrente, no Brasil e na América espanhola, é denominada como neocolonial e é em Portugal intitulada "Casa Portuguesa".

O livro do arquiteto e historiador Carlos Kessel, *Arquitetura neocolonial no Brasil: entre o pastiche e a modernidade* (2008), e o da arquiteta Maria Lúcia Bressan Pinheiro, *Neocolonial, modernismo e preservação do patrimônio no debate cultural dos anos 1920 no Brasil* (2011), oferecem as mais importantes análises sobre o tema e serão os principais parâmetros do que se segue.

O movimento faz a defesa das manifestações artísticas tradicionais e de elementos de constituição da arquitetura brasileira como expressões da nacionalidade. Por meio do rastreamento das origens portuguesas da cultura brasileira, o engenheiro português Ricardo Severo defendia o estudo da arte colonial para a "perfeita cristalização da nacionalidade". O culto à tradição e a exaltação das raízes culturais e étnicas portuguesas estão na base da defesa de uma arte brasileira e de um "renascimento arquitetônico", nos termos de Severo. Contrário à importação da tradição alheia, defende a reprodução da própria tradição.

Para Severo, as casas e templos brasileiros se originam em casas e templos portugueses de fundo tradicional onde se mesclam influências ibéricas, romanas e árabes. Severo se ocupa então em fazer inventário de elementos construtivos tais como telhados, beirais moçárabes, rótulas ou gelosia romana e árabe, janelas, portas. Severo estabeleceu correspondência direta entre exemplares brasileiros e lusos; fez a defesa do estilo barroco (o que não era comum), que é, assim como o gótico, para ele uma das mais belas expressões artísticas de uma época.

Quem era Ricardo Severo e qual sua posição no campo da arquitetura no Brasil? Engenheiro português interessado em história, arqueologia, etnografia e na construção da história nacional de Portugal. Participa de sociedades históricas e arqueológicas eruditas, experiência comum na Europa e na França entre os anos 1849 e 1870.

Emigra para o Brasil em 1891 e em 1892 se casa com filha de Henrique Santos Dumont, pai de Santos Dumont e um dos mais ricos fazendeiros de café. Retorna a Portugal e fica por 10 anos no Porto onde recebe a influência de Raul Lino e dirige a revista *Portugália* em período de grande agitação política naquele país.

No bojo do surgimento de sentimentos nacionalistas, tem lugar em Portugal o movimento que valoriza as habitações tradicionais e que ficou conhecido como "Casa Portuguesa". Nesse movimento se destaca o arquiteto Raul Lino, de formação inglesa e que foi fortemente influenciado pelo movimento inglês Arts & Crafts (desdobramento das ideias de John Ruskin e onde se destaca William Morris), também denominado Domestic Revival ou ainda English Free Architecture (Oliveira, 2021).

O livro de Raul Lino *A nossa casa: apontamentos sobre o bom gosto na construção das casas simples* (1918) teve grande popularidade em Portugal e também no Brasil. Ali se valoriza o conforto da casa como ambiente doméstico e acolhedor que denota o respeito aos moradores. Assim, as habitações apresentam abundantes referências, com "jeito de colagem". A casa passa a ser vista quase como um museu de pormenores e de motivos de épocas, estilos e influências nacionais distintas.

A partir de 1918, de São Paulo, Ricardo Severo vai financiar viagens com o objetivo de documentar a arquitetura colonial. Para conhecer melhor tal estilo, ele encomenda estudos a José Wasth Rodrigues, um dos poucos que se interessam à época por temas brasileiros e regionais. E também um dos primeiros a manifestar preocupação com demolições e que sugere a criação de uma fundação capaz de embargar as demolições e impedir as restaurações desrespeitosas.

Ricardo Severo toma posse no Instituto Histórico e Geográfico de São Paulo (IHGSP) em 1911, onde faz um discurso intitulado "Culto à tradição" lamentando o "descaso" por nossa tradição. Ele, por assim dizer, integra uma corrente que defende ser o neocolonial uma versão moderna do passado. O neocolonial durante a década de 1910 já se mostrava presente no Liceu de Artes e Ofícios, no Escritório Técnico Ramos de Azevedo, na Sociedade de Cultura Artística, no jornal *O Estado de S. Paulo*, na *Revista do Brasil* e no IHGSP (Kessel, 2002).

A arquitetura neocolonial que revaloriza a arquitetura tradicional era apoiada pelo então prefeito Washington Luís. Dois arquitetos, Victor Dubugras e Wasth Rodrigues, foram os responsáveis pelos monumentos construídos ao longo do Caminho do Mar encomendados por Washington Luís para a comemoração do Centenário da Independência em 1922.

Vale citar a observação de Carlos Kessel (2002) que registra ter sido neocolonial a arquitetura exibida durante a Semana de Arte Moderna realizada em fevereiro de 1922. No catálogo do evento aparece o nome de dois arquitetos, o espanhol Antonio Garcia Moya e o polonês, já radicado em São Paulo, Georg Przyrembel. Este apresenta uma maquete do projeto "Taperinha da Praia Grande", projeto de residência de veraneio de sua família na Baixada Santista. O neocolonial é então considerado expressão da ideia moderna e brasileira por figuras como Monteiro Lobato e Mário de Andrade. A arquitetura apresentada na Semana, a neocolonial, não tem repercussão. Se ela apresentava um sentido de modernidade na Semana de Arte Moderna, logo iria desaparecer e ser interpretada como "equívoco". Ou seja, em 1922, tal estilo era visto como moderno e foi muito bem classificado por Kessel como "vanguarda efêmera".

Do mesmo modo que Ricardo Severo atua em São Paulo, José Mariano, em 1924 no Rio de Janeiro, vai financiar, como presidente da Sociedade Brasileira de Belas-Artes, viagens de jovens arquitetos a Minas Gerais para registrar detalhes da arquitetura colonial. Lúcio Costa foi a Diamantina, Nestor Figueiredo foi a Ouro Preto, Nereu Sampaio, a São João del-Rei e Congonhas, e Ângelo Brunhs, a Mariana. Este talvez seja o mais importante esforço de mapeamento e de síntese da memória histórica do patrimônio artístico nacional. Lúcio Costa e também Attílio Correa Lima estiveram ligados ao movimento neocolonial no início de suas carreiras, antes de se tornarem adeptos do estilo moderno. As viagens patrocinadas por Mariano deram ocasião à solicitação para que os poderes públicos adotassem as primeiras medidas de preservação daquele passado.

Ao ser consagrado como estilo nacional, expressão das raízes brasileiras originárias da presença portuguesa no período colonial, o neocolonial recebeu apoio oficial do governo brasileiro. No Rio de Janeiro, então capital da República, o neocolonial foi o estilo de muitos pavilhões da Exposição do Centenário da Independência, em 1922.

O neocolonial na Exposição Internacional do Centenário da Independência

Muitos são os ângulos, as perspectivas de análise da Exposição do Centenário. Pergunta-se: o que a Exposição exibiu? O que a Exposição consagrou? No caso, vou retornar à questão da arquitetura neocolonial exibida em vários pavilhões brasileiros da Exposição (Pinheiro, 2011).

A valorização da estética neocolonial no Brasil teve um momento áureo por ocasião da Exposição de Centenário em 1922 já que, dos 13 pavilhões do setor brasileiro projetados por arquitetos da Escola Nacional de Belas-Artes, quatro apresentavam o estilo neocolonial. Os outros pavilhões deste setor expressavam o estilo eclético dos modelos *beaux-arts*.

Eram neocoloniais dois portais, o Portal Monumental da avenida Beira-Mar, de Adolfo Morales de los Ríos, e o Portal Monumental Norte, de Rafael Galeão. E quatro pavilhões: o Pavilhão de Viação e Agricultura, de Adolfo Morales de los Ríos; o Pavilhão de Caça e Pesca, de Eduardo Armando de Oliveira, inspirado em elementos da arquitetura rural nordestina; o Pavilhão de Pequenas Indústrias, de Celestino Severo de San Juan e Nestor Egídio de Figueiredo, inspirado no convento de São Francisco em Salvador; e o Pavilhão das Grandes Indústrias, de Francisque Cuchet e Archimedes Memória.

Este último pavilhão, o das Grandes Indústrias, resultou da restauração do conjunto arquitetônico situado na Ponta do Calabouço, com a reunião de conjunto formado pelo Forte do Calabouço, pela Casa do Trem e pelo Arsenal de Guerra, que recebeu acréscimos neocoloniais para integrar a Exposição. Esse edifício veio a abrigar o Museu Histórico Nacional que, como já foi mencionado, teve Gustavo Barroso como seu idealizador e diretor.

A festa

A "forma como um país constrói o imaginário em torno de si em uma exposição internacional" informa sobre os responsáveis pela composição de tal imaginação (Lima, 2021). Dos eventos relacionados com a Exposição e sua inauguração fazem parte parada militar, discursos do presidente, apresentação da ópera *O guarani* de Carlos Gomes no Teatro Municipal, inauguração dos pavilhões nacionais e estrangeiros que estavam prontos, banquetes oferecidos aos embaixadores e chefes de missões especiais. São mencionados também eventos simultâneos como congressos e conferências, entre estes, o Congresso Internacional de História da América (IHGB). Entre as variedades estavam festas, salões de dança, corsos, ranchos e cortejos carnavalescos e queima de fogos, além de competições esportivas, principalmente jogos de futebol realizados nas dependências do Fluminense.

Para a realização de tal evento, a capital federal também passou por reforma significativa que envolveu a segunda fase da derrubada no morro do Castelo abrindo oportunidade para a criação do espaço, a chamada Esplanada do Castelo, onde será montada a Exposição. O prefeito Carlos Sampaio teve atuação central nas obras então realizadas e também na organização da Exposição (Motta, 1992; Lima, 2021).

Durante a Exposição do Centenário de Independência, foi produzido pelo português Silvino Santos *Terra encantada*, filme que revela uma cidade moderna com amplas avenidas, pessoas elegantes nos restaurantes e nas ruas, automóveis circulando, um animado jogo de futebol. O filme também mostra alguns pavilhões e produtos da Exposição. E assim, por meio da Exposição e do Cinema, reafirma-se mais uma vez a representação da cidade do Rio de Janeiro como moderna e civilizada e perfeitamente inserida no contexto da modernidade vigente nos anos 1920 do século XX.

Entre as publicações oficiais estão a revista *A Exposição de 1922*, o álbum *A Exposição de 1922* com 48 fotos de Augusto Malta e o *Livro de ouro da Exposição do Centenário* publicado em setembro de 1923, pela casa editorial Almanak Laemmert. O *Livro de ouro* se apresenta como a "memória mais viva da Exposição" (Santos, 2010). E, ao mesmo tempo, monta uma história do Brasil que dialoga com a Exposição, mostrando o passado, o presente e as possibilidades de um futuro promissor para o Brasil.

O livro é dividido em cinco partes, sendo elas: Parte I — ocupa-se da História do Brasil com textos de diversos intelectuais brasileiros, entre eles: o historiador e jornalista José Francisco da Rocha Pombo (Notícia histórica), o professor Heitor Lyra (Como o Brasil entrou para o Concerto das nações), Ricardo Severo (Da arquitetura colonial no Brasil), Barbosa Lima Sobrinho (A imprensa na Independência), Antônio Austregésilo (A Escola Médica brasileira), A. Morales de los Ríos (Evolução da arquitetura no Brasil), Afrânio Peixoto (O ensino público no Brasil), o caricaturista Raul Pederneiras (A caricatura no Brasil), Gustavo Barroso (O Padre Cícero e o folclore) e o Conde de Afonso Celso (Noventa e cinco anos de cursos jurídicos) (Santos, 2010).

Em contraponto a tudo isso, Lima Barreto diz que a festa cívica acontece completamente distinta, separada do povo que, por sua vez, ignora totalmente as datas nacionais.

Qual passado vai ser valorizado e como isso será feito em 1922?

Ainda que a Exposição queira atrelar a identidade nacional à modernidade, ao progresso, a comemoração do Centenário da Independência recoloca na ordem do dia o passado a ser valorizado e/ou ser objeto relevante para a memória histórica.

Vale fazer uma ressalva explicitada por Carlos Lessa (2002). Segundo o autor, nos anos 1910 e 1920, há que se fazer uma diferenciação entre cariocas e paulistas. Se muitos cariocas faziam pouco de seus antepassados lusos, os paulistas vão se ocupar a exaltar os bandeirantes, junção particular do português da Renascença com o índio (Lessa, 2002).

Vamos explorar esse tema observando como se posicionaram os Museus Históricos diante da Independência. O Museu Paulista (Brefe, 2005) e o Museu Histórico Nacional no Rio de Janeiro (Abreu, 1996; 2001) exibem com clareza quais são os passados relevantes para cada um deles.[3]

De forma sintética, pode-se dizer que o Museu Histórico Nacional teve como traço fundamental a valorização da história oficial, imperial. O Museu do Ipiranga vai contribuir diretamente para a construção de outra história que destaca a participação de São Paulo, valoriza o passado paulista com a contribuição específica dos bandeirantes na formação da nação.

O que marca a leitura bandeirante toma esse movimento de penetração territorial que alargou as fronteiras brasileiras muito além do Tratado de Tordesilhas como fonte de origem do Brasil. Nos séculos XVI ao XVII, saíam da capitania de São Vicente as bandeiras cujo objetivo era aprisionar índios, buscar ouro, guerrear contra índios e negros amotinados. Tais expedições, através das vias fluviais e antigos caminhos indígenas, ligaram São Paulo à margem esquerda do rio Paraná e fizeram a penetração para o norte.

Esse movimento produziu pelo menos duas correntes: uma que valorizava o bandeirante como herói graças à grandiosidade de seu trabalho sem qualquer apoio da Coroa portuguesa e outra que o acusa de ser caçador impiedoso. É bom dizer que tais correntes se digladiam até hoje.

---

[3] Ambos os Museus mencionados publicam *Anais* onde se encontram inúmeros artigos a respeito das próprias instituições.

Capistrano de Abreu, em seu livro *Capítulos da história colonial*, de 1907, configura tal divisão como a distinção entre "história do interior" *versus* "história do litoral".

O movimento de penetração e expansão territorial da América portuguesa vai ser, no final do século XIX até os anos 1940, objeto de valorização, de reinterpretação e de construção mítica tornando os paulistas, a partir do movimento dos bandeirantes, os principais responsáveis pelo alargamento das fronteiras e pela unidade nacional.

A produção cafeeira e seu sucesso econômico levam os paulistas a recusarem o lugar subalterno que tinha São Paulo na história nacional. O Instituto Histórico e Geográfico de São Paulo (IHGSP), fundado em 1894, assim como o Museu Paulista, vai ser fundamental na construção de uma história épica, uma identidade de um povo glorioso no passado e comprometido com o futuro, e cuja tradição regional está voltada para a modernização. Foi no IHGSP onde se homenagearam personagens da história regional, aqueles que primeiro estudaram as bandeiras.

Fazem parte desse processo os livros de Afonso d'Escragnolle Taunay, *História geral das bandeiras paulistas* (v. 1, 1924; v. 11, 1950), Paulo Prado, *Paulística* (1925), Alfredo Ellis Junior, *Raça de gigantes* (1926). Tal linhagem teve continuidade com Alcântara Machado, *Vida e morte do bandeirante* (1929), Cassiano Ricardo, *Marcha para o Oeste* (1940).

A valorização do caipira segue trajeto similar. É apresentado como tipo valoroso que contribuiu para a conquista do interior. Tal figura vai ser também identificada como morador das cidades do interior paulista. Assim, o homem rústico paulista — caboclo ou caipira —, resultado da miscigenação entre o branco e o índio, é apresentado como correspondente humilde do bandeirante. Tal construção também se fez presente no IHGSP, que tinha como sócio Almeida Júnior, pintor da famosa tela *O caipira picando fumo* considerado modelo do caipira paulista.[4]

Vamos explorar agora como a elite paulista se dedicou a construir o papel dos bandeirantes, processo esse que culmina com a preparação do Museu do Ipiranga para as cerimônias de celebração do Centenário da Independência.

---

4 O Jeca Tatu de Monteiro Lobato se contrapõe a esse caipira valoroso, não vai fazer parte desse panteão e não vai ser abordado aqui.

Os museus históricos

O Museu do Ipiranga, também nomeado Museu Paulista, criado em 1894 como museu de história natural, foi sendo reorientado para se tornar um museu de história guiado pela ótica da história paulista a partir da longa gestão de 28 anos de Affonso Taunay como seu diretor, iniciada em 1917.

O Museu ficou fechado para reforma no final dos anos 1910 e vai ter em Taunay um diretor diretamente ocupado em cuidar de toda a decoração histórica para sua reinauguração em 1922. Telas históricas, estátuas, retratos de vultos da Independência são buscados por ele. Vale lembrar que todos os esforços do diretor contavam com o apoio do presidente do estado, Washington Luís, figura que participava das atividades do IHGSP e realizador de pesquisas sobre o passado paulista (Ferreira, 2002).

Sintetizando os princípios que vão ser exibidos no Museu do Ipiranga: São Paulo era o solo da pátria brasileira, e o paulista era o responsável pela ampliação do território nacional para todos os lados e, ao mesmo tempo, fora o elemento unificador.

Para exemplificar tais perspectivas, o Museu Paulista deseja exibir duas grandes estátuas, a de Antônio Raposo Tavares e o de Fernão Dias Paes Leme, simbolizando os dois ciclos das bandeiras, o da caça ao índio e a devassa do sertão; e o da busca do ouro e de pedras preciosas (Brefe, 2005:133). E montar uma grande galeria dos homens da Independência onde constam Pedro I, José Bonifácio, Antônio Feijó, Gonçalves Ledo, José Clemente Pereira, Antônio Carlos e Martim Afonso de Andrade, a imperatriz Leopoldina e a heroína baiana Maria Quitéria de Jesus.

O edifício, chamado "Monumento do Ipiranga", associava-se à topografia, a chamada "Colina Sagrada" situada no caminho de ligação de São Paulo a Santos, caminho de passagem entre o mar e o sertão. Assim, o Monumento e sua localização são simbólicos.

Tal localização também é valorizada por ser próxima ao local onde Pedro I teria dado o famoso "grito" de "Independência ou morte!", evento este imortalizado no famoso quadro de Pedro Américo pintado em 1888 a ser exibido em lugar de destaque na reinauguração do Museu. A posição de pintor Pedro Américo a partir desse quadro — com o seu carroceiro — abre caminho para a iconografia paulista que virá a ser explorada por Benedito Calixto. Pintor e historiador, membro do IHGSP, Calixto vai explorar em suas pinturas as ruas das cidades de São Paulo e de Santos, tomando como inspiração as fotografias de Militão (Alves, 2003).

Vários outros artistas se fazem presentes no Museu Paulista além de Benedito Calixto. Lá estão José Wasth Rodrigues, Belmonte, Bernardelli cujas obras vão colaborar na construção de um imaginário a respeito da epopeia paulista (Brefe, 2005).

A reabertura do Museu, assim como outras festividades do centenário, tivera como horizonte cuidar da glorificação de feitos paulistas — a proclamação da República, a instalação da "república dos paulistas e sua política dos governadores" com Prudente de Moraes e Campos Sales, a Independência com José Bonifácio de Andrada e Silva e seus irmãos e, antes, a epopeia bandeirante — na história nacional.

A reinauguração do Museu Paulista a 7 de setembro de 1922 contou com a presença de Washington Luís, presidente do estado e figura da elite paulista que acompanhou e orientou as diversas comemorações do Centenário da Independência. A *Revista do Brasil* foi pródiga em narrar os eventos e apresentar o papel central de São Paulo no passado nacional, perspectiva esta já trabalhada no IHGSP que primeiro procede à reconstituição da epopeia paulista (De Luca, 1999; Ferreira, 2002).

Washington Luís e sua comitiva seguem de trem de São Paulo para Santos onde acontecem novas celebrações tais como a inauguração do Monumento aos Andradas (José Bonifácio, Martim Francisco e Antônio Carlos), que tiveram papel determinante no processo de Independência. Segue-se a inauguração do Palácio da Bolsa Oficial do Café onde consta grande painel que apresenta a cidade de Santos da sua fundação aos anos 1920 pintado por Benedito Calixto, natural de Santos.[5]

Na volta da comitiva a São Paulo pelo Caminho do Mar, são inaugurados quatro monumentos — denominados ranchos — que visavam homenagear as diferentes etapas do desenvolvimento de São Paulo segundo o desejo e as determinações de Washington Luís. Tais ranchos representariam a evolução da história da civilização paulista.

Os ranchos, marcos erguidos à margem da estrada, remetiam a diversos ciclos e se encadeiam segundo os períodos de evolução. Cada um

[5] Sobre Benedito Calixto, ver livro de Caleb Faria Alves (2003) que lista as pinturas históricas referentes à fundação de São Vicente, à fundação da vila de Santos, entre outros episódios da história paulista que explicitam a relação entre o pintor e a construção do imaginário republicano.

deles rememora uma época e revela um estágio de civilização. São eles: "Cruzeiro quinhentista de Cubatão" referido aos bandeirantes; "Abrigo dos marcos de Lorena" referido aos tropeiros que deram continuidade ao trabalho dos bandeirantes; "Estrada da Maioridade" referido aos Andradas; e, por fim, "Paranapiacada" referido aos republicanos de 1870. Cada um deles fixava um lugar de destaque de paulistas na história nacional (Brefe, 2005:160-162).

Tais ranchos foram construídos em estilo neocolonial que, como já foi mencionado, era considerado à época a arquitetura nacionalista e mesmo modernista, e que, segundo Carlos Kessel (2002), foi o estilo apresentado como tal na Semana de Arte Moderna em fevereiro de 1922. Tais monumentos se encontram esquecidos e praticamente abandonados. São ruínas...

A realização de uma Semana de Arte Moderna em fevereiro de 1922 em São Paulo não será tratada aqui. Tal Semana deu margem a uma dicotomia onde São Paulo cultivou o moderno, o futuro, enquanto o Rio de Janeiro permaneceu atrelado ao passado, à Academia Brasileira de Letras. Foi também durante a década de 1920 que teve lugar a redescoberta das cidades coloniais, principalmente as de Minas Gerais, visitadas pelos modernistas paulistas em 1924.

Vale observar que o IHGSP fundado em 1894 e o Museu Paulista foram iniciativas imediatamente anteriores aos festejos do IV Centenário da Descoberta do Brasil em 1900. A reinauguração foi atrelada ao Centenário da Independência.

O Museu Histórico Nacional é considerado a continuidade da Exposição do Centenário da Independência. O local escolhido para sua instalação foi parte do conjunto de prédios que compunha originalmente o Arsenal de Guerra e que foi restaurado para compor o Pavilhão das Grandes Indústrias. Conjunto formado pelo Forte do Calabouço, pela Casa do Trem e pelo Arsenal de Guerra, recebeu acréscimos neocoloniais, como já mencionamos, para integrar a Exposição de 1922. Esse edifício veio a abrigar a partir de 1922 o Museu Histórico Nacional que teve Gustavo Barroso como seu idealizador e diretor.

O museu foi criado por decreto do presidente Epitácio Pessoa, que também revogou o banimento da família imperial. Seu primeiro diretor, Gustavo Barroso, como já foi mencionado, foi secretário da delegação brasileira na Conferência de Paz de 1919, em Versalhes, chefiada por Epitácio Pessoa. Advogado, folclorista, político (deputado pelo Ceará), membro da ABL, o museólogo esteve na direção do museu desde sua criação até 1930. Entre 1933 e 1938, vai ocupar lugar de destaque na Ação Integralista Brasileira. Ao retornar à direção do Museu, criou a primeira Escola de Museologia e permaneceu como diretor até sua morte em 1957. Barroso escreveu crônicas, romances, poesias; seus temas entre outros foram relacionados com história, folclore e museus. Preocupou-se em recolher objetos tais como: o trono do imperador, o capacete da Guarda Imperial de Pedro I, objetos do Museu Naval, canhões, a espada de Solano Lopez, a carruagem de Osório do Museu da Guerra.

Desde os anos 1910, Barroso vinha se envolvendo com a preservação de monumentos históricos que guardavam a matriz portuguesa, o barroco, e foi no espaço do Museu Histórico que criou a Inspetoria de Monumentos Históricos em 1933, a primeira instituição federal voltada para a preservação de tal passado.

A criação do Museu Histórico Nacional envolveu um projeto de revisão do período imperial muito atacado pelos republicanos positivistas. Gustavo Barroso em sua gestão na direção do Museu reúne objetos do passado que fazem um elo entre o passado e o presente. Quer criar um museu reunindo objetos considerados "relíquias" do nosso passado, objetos capazes de ensinar o povo a amar o passado. Objetos que testemunham, que exemplificam uma história que privilegiava o papel do Império na construção da nação. Tal vertente historiográfica teve no Instituto Histórico e Geográfico Brasileiro sua matriz (Guimarães, 1988).

Nos seus primeiros anos, o MHN vai explorar as origens da nação reunindo objetos, coleções que falam de um passado heroico, e destacar uma vertente militarista ao guardar objetos originais e autênticos que apresentam a história dos guerreiros e heróis das batalhas nas regiões platinas. Espadas, canhões, sabres, baionetas e armas assim como moedas e medalhas, louças, móveis. O acervo do Museu é informado pelos estudos de seu diretor que escreve em 1938 *A História militar do Brasil*, onde declara que a verdadeira história militar começa com a vinda da Coroa portuguesa para o Brasil e quando nos tornamos Reino Unido. Tem um papel importante ao resgatar Caxias, Osório e Tamandaré que se destacaram, entre outros momentos, na Guerra do Paraguai, segundo momento relevante da história militar do país. Nas duas situações se destacava o Estado Imperial, único capaz de unir os brasileiros (Santos, 2006).

De alguma forma, Gustavo Barroso vai se opor à República que rompe com a centralização imperial. Mesmo assim, o Museu vai dar ênfase aos documentos e objetos pertencentes a um político republicano. Então como explicar isso? Para Regina Abreu, a coleção Miguel Calmon doada ao Museu representa, mostra uma continuidade entre o Império e a chamada República dos Conselheiros.

Vamos abrir um parêntese para mencionar outra vertente do imaginário republicano que se explicita na pintura de eventos históricos relacionados com cada um dos estados da Federação. Essa nova imagem da nacionalidade fugiu dos retratos da família real, de cenas de coroação e de batalhas. Tal vertente se fez presente em prédios públicos novos ou reformados pelos novos governantes. Assim, paredes, tetos de palácios e teatros passaram a exibir imagens de um passado da fundação e de heróis do processo histórico de cada unidade da Federação. Os governos estaduais ganham maior poder no regime federal e assim a decoração de seus prédios procura registrar o período republicano como renovação e mesmo modernidade (Salgueiro, 2002).

Entre os artistas ligados aos republicanos e que exaltam o novo regime redecorando novos prédios (Teatro Municipal, Escola Nacional de Belas Artes, Biblioteca Nacional) na Capital estão Rodolfo Amoedo, Eliseu Visconti, Henrique Bernardelli. Antônio Parreiras foi o que mais e melhor se destacou na pintura de história enfatizando os heróis e mártires da luta de libertação, as rebeliões coloniais, de vários estados da Federação.

Após a Proclamação da República, além da valorização de Tiradentes, outros personagens ligados a acontecimentos regionais passaram a ser recuperados e os institutos históricos estaduais forneceram as fontes escritas para alimentar as imagens que passaram a decorar palácios de governos estaduais e prefeituras. Valéria Salgueiro trata do caso de Antônio Parreiras, examina as fontes escritas utilizadas para a concepção dos quadros, a ocasião e o contratante. Duas de suas telas, *Fundação de São Paulo* e *Instituição da Câmara Municipal de São Paulo*, foram encomendas do prefeito de São Paulo. Sua trajetória bem-sucedida como pintor de história regional, por outro lado, o faz receber críticas que o consideram mascate, oportunista que captava as ambições das oligarquias regionais e oferecia seu trabalho de ornamentar as paredes dos palácios das novas elites (Salgueiro, 2002).

Antônio Parreira foi aquele que mais recebeu encomenda de diversos governos estaduais como a que deu origem à tela *A conquista do Ama-*

zonas, feita pelo governo do Pará.[6] Tal pintura foi desenvolvida fora dos salões e concursos oficiais e recebeu, tal como a arquitetura neocolonial, o esquecimento.

Voltando ao Museu Histórico Nacional. O Museu organizou seu acervo de modo a expressar a tradição em perspectiva genealógica, ou seja, visando a busca das origens, da continuidade entre o passado remoto e o tempo presente (Abreu, 1996).

O passado que o MHN pretendeu recuperar como produtor da nacionalidade brasileira foi o passado que compreendia a vinda da família real para o Brasil e a transformação da ex-colônia em Reino Unido do Brasil, Portugal e Algarve. E cuja continuidade se manteve com o Império vencendo conflitos internos e garantindo as fronteiras do país.

A nação se confunde então com os grandes feitos e os grandes homens do Império. O passado, a tradição em curso era aquela que visava então "restaurar, conservar e legitimar" o papel do Império no processo de formação da nacionalidade.

Os objetos colecionados e exibidos falam de histórias extraordinárias, exemplares, são "objetos-relíquias" que expressam os laços entre indivíduos e a nação.

O papel do Império se expressa nas salas de exposição que seguem uma linha evolutiva: Colônia (d. João VI); Primeiro e Segundo Reinado (salas Pedro I e Pedro II); República (sala Deodoro); Marinha (sala Tamandaré); Paraguai (sala duque de Caxias).[7]

Em *A escrita do passado em museus históricos* (2006), Myrian Sepúlveda dos Santos, além de tratar do MHN, vai explorar outro museu, o Museu Imperial de Petrópolis, instalado no único prédio que o Império construiu como moradia de verão dos monarcas. Baseado originalmente nos mesmos princípios, o Museu Imperial foi criado em 1942 por Getúlio Vargas, reafirmando a noção de continuidade na história do país.

Assim, pode-se registrar que a exaltação do passado é o mesmo princípio que guia a reabertura do Museu do Ipiranga e a criação do Museu Histórico Nacional em 1922; apenas os passados a serem exaltados por um e pelo outro são distintos.

---

[6] Seleção de quadros realizados sob encomenda: *Conquista do Amazonas*; *Fundação de São Paulo*; *O primeiro passo para a Independência da Bahia*; *Proclamação da República de Piratini* (Salgueiro, 2002:10).

[7] As transformações no MHN a partir da década de 1980 não serão abordadas aqui.

Vale lembrar que o Museu Paulista, novamente fechado para reforma, vai ser reinaugurado a propósito dos festejos do Bicentenário da Independência em 2022.

Já o Museu Histórico Nacional está programando a publicação do livro *História do Brasil em 102 objetos* fazendo uso das coleções da Casa e tomando como exemplo livro anterior de Paulo Knauss (ex-diretor da MHN) e outros autores e que tratou da história do Rio de Janeiro em 45 objetos.

Ainda no Rio de Janeiro as comemorações do Bicentenário envolverão a reinauguração do Museu Nacional, que embora tenha sido a casa da família imperial, não é um museu histórico, e que sofreu tenebroso incêndio acontecido em 2018.

Referências

ABREU, Regina. Memória, história e coleção. *Anais MHN*, Rio de Janeiro, v. 28, 1996, p. 37-64.

____. O Museu Histórico Nacional e a nostalgia de um império idealizado. In: HEIZER, Alda; VIDEIRA, Antonio Augusto Passos (Org.). *Ciência, civilização e Império nos trópicos*. Rio de Janeiro: Access, 2001, p. 247-263.

ALVES, Caleb Faria. *Benedito Calixto e a construção do imaginário republicano*. Bauru, SP: Edusc, 2003.

BECHIMOL, Jaime. Reforma urbana e Revolta da Vacina na cidade do Rio de Janeiro. In: FERREIRA, Jorge; DELGADO, Lucília de Almeida Neves (Org.). *O Brasil Republicano*. O tempo do liberalismo excludente. Rio de Janeiro: Civilização Brasileira, 2003, p. 233-286.

BOTELHO, André Pereira. *Aprendizado do Brasil*: a nação em busca dos seus portadores sociais. Campinas: Unicamp, 2002.

BREFE, Ana Claudia Fonseca. *O Museu Paulista*: Affonso de Taunay e a memória nacional. São Paulo: Unesp; Museu Paulista, 2005.

CARELLI, Mario. *Brasil-França*: cinco séculos de sedução. São Paulo: Papirus, 1994.

COMPAGNON, Olivier. *O adeus à Europa*: a América Latina e a Grande Guerra. Rio de Janeiro: Rocco, 2014.

COSTA, Carla. *A Exposição Nacional de 1908 na Coleção Família Passos*. Fundação Biblioteca Nacional, A Brasiliana Fotográfica, 2018.

DE LUCA, Tânia. *A Revista do Brasil*: um diagnóstico para a (n)ação. São Paulo: Unesp, 1999.

DIMAS, Antônio. *Bilac, o jornalista*. São Paulo: Edusp, 2006. 3 v.

FERREIRA, Antonio Celso. *A epopeia bandeirante*: imaginação literária e invenção histórica (1879-1940). São Paulo: Unesp, 2002.

GUIMARÃES, Manoel Salgado. Nação e civilização nos trópicos. *Estudos Históricos*, Rio de Janeiro, v. 1, 1988, p. 5-27.

KESSEL, Carlos. *Arquitetura neocolonial no Brasil*: entre o pastiche e a modernidade. Rio de Janeiro: Jauá Editora; Faperj, 2008.

____. Vanguarda efêmera: arquitetura neocolonial na Semana de Arte Moderna de 1922. *Estudos Históricos*, Rio de Janeiro, n. 30, 2002, p. 110-128.

LESSA, Carlos. Rio, uma cidade portuguesa? In:____. *Os lusíadas na aventura do Rio moderno*. Rio de Janeiro: Record; Faperj, 2002, p. 23-61.

LEVY, Ruth Nina Vieira. *A Exposição do Centenário e o meio arquitetônico carioca no início dos anos 1920*. Tese (doutorado) — Programa de Pós-Graduação em Artes Visuais, Universidade Federal do Rio de Janeiro, Rio de Janeiro, 2003.

____. *Entre palácios e pavilhões*: a arquitetura efêmera da Exposição nacional de 1908. Dissertação (mestrado em história da arte) — Centro de Letras e Artes, Universidade Federal do Rio de Janeiro, Rio de Janeiro, 1998.

LIMA, Fernanda Torres. Sertão à beira-mar; espaço das secas na Exposição Internacional do Centenário da Independência. Dissertação (mestrado em história, política e bens culturais) — Centro de Pesquisa e Documentação de História Contemporânea do Brasil, Fundação Getulio Vargas, Rio de Janeiro, 2021.

LOURENÇO, Eduardo. *A nau de Ícaro*. São Paulo: Companhia das Letras, 2001.

MOTTA, Marly. *A nação faz cem anos*: a questão nacional no centenário da Independência. Rio de Janeiro: FGV, 1992.

NEEDELL, Jeffrey D. *Belle époque tropical*. São Paulo: Companhia das Letras, 1993.

OLIVEIRA, Lúcia Lippi. *A questão nacional na Primeira República*. São Paulo: Brasiliense; CNPq, 1990.

____. *Cidade é patrimônio*: uma viagem. Rio de Janeiro: FGV, 2021.

____. Manuel Bonfim: autor esquecido ou fora do tempo? *Sociologia &Antropologia*, Rio de Janeiro, v. 5, 2015.

____. Os italianos, os bandeirantes e os modernistas paulistas. In: ____. *Nós e eles*: relações culturais entre brasileiros e imigrantes. Rio de Janeiro: FGV, 2006, p. 43-82.

PINHEIRO, Maria Lucia Bressan. *Neocolonial, modernismo e preservação do patrimônio no debate cultural dos anos 1920 no Brasil.* São Paulo: Edusp; Fapesp, 2011.

____. Trajetória das ideias preservacionistas no Brasil: as décadas de 1920 e 1930. *Revista do Patrimônio*, n. 35, 2017, p. 13-35.

SALGUEIRO, Valéria. A arte de construir a nação: pintura de história e a Primeira República. *Estudos Históricos*, Rio de Janeiro, n. 30, 2002, p. 3-22.

SANTOS, Araci Alves. *Terra encantada*: a ciência na Exposição do Centenário da Independência do Brasil. Dissertação (mestrado em história das ciências, das técnicas e epistemologia) — Universidade Federal do Rio de Janeiro, Rio de Janeiro 2010.

SANTOS, Myriam Sepúlveda dos. *A escrita do passado em museus históricos.* Rio de Janeiro: Garamond; Minc; Iphan; Demu, 2006.

CAPÍTULO IV

Década de 1920 e os desafios da educação

Helena Bomeny

> A principal tarefa da educação moderna não é somente alfabetizar, mas humanizar criaturas.
> Cecilia Meireles

Este texto foi escrito entre abril e maio de 2022. Um século, portanto, de 1922, ano que motiva celebrações como a Semana de Arte Moderna de 22, o Bicentenário da Independência de 1822 e também, como o tema que nos envolve é educação, centenário de nascimento de Darcy Ribeiro (1922-97). O Brasil de 2022, acometido pela pandemia do Coronavírus — Covid-19, contabilizando mais de 660 mil vidas perdidas, tenta, aos solavancos, entrar em contato com a extensão das perdas humanas e sociais que marcarão o país por décadas. A educação está entre as de mais largo e profundo alcance pela extensão dos prejuízos e pela exigência de investimento sistemático e tempo para recuperação.

Na pandemia, cresceu em 66% o número de crianças analfabetas. De 1,4 milhão para 2,4 milhões é a estatística oferecida pela ONG Todos pela Educação. Maior número dos últimos 10 anos. Desde março de 2020, cerca de 48 milhões de estudantes deixaram de frequentar as atividades presenciais nas mais de 180 mil escolas de ensino básico espalhadas pelo Brasil como forma de prevenção à propagação do coronavírus. Esses dados do último censo escolar divulgado pelo Inep de 2019 foram acionados pelos pesquisadores Edson Grandisoli (IEA-USP), Pedro Roberto Jacobi

(IEE-USP) e Silvio Marchini (Esalq-USP) como pontos de reflexão sobre o retrocesso e a crise abertos na educação em função da pandemia. Um país da extensão do Brasil expõe dados gigantescos:

> Considerando-se a Rede Estadual de Educação de São Paulo, a maior do país, cerca de 3,8 milhões de estudantes e cerca de 200 mil educadores e educadoras tiveram que rapidamente se adaptar, não somente a um novo estilo de vida frente à necessidade do afastamento social, mas também a ensinar (e aprender) dentro de um novo modelo de educação mediada por tecnologia. [Grandisoli, Jacobi e Marchini, 2020]

Escolas fechadas por longos dois anos viram se deteriorar estruturas já precárias para funcionamento, e se veem desafiadas ao ensino presencial sem as condições sanitárias recomendadas para recomeço. Professores sobressaltados por uma demanda de ensino remoto, até então desconhecido, e para o qual não tiveram preparo algum, se veem no início da abertura gradativa da vida escolar entre inseguros e temerosos de novas ondas de contágio afetando sua saúde e estabilidade emocional. Junto à pandemia, o Brasil vivencia o agravamento provocado por um governo francamente adversário da educação e do desenvolvimento científico, afirmação comprovada com descontinuidades comprometedoras do investimento em ciência e educação. A simples menção à troca dos ministros da Educação em três anos de governo é ilustrativa do lugar que ocupa nas prioridades da presidência Jair Bolsonaro.[1] Educação e saúde vulnerabilizados no Brasil da década de 2020 do século XXI.

Este cenário, superficialmente descrito, é só um pretexto para falarmos do que nos propusemos com este texto: o que é possível recuperar no Brasil de 1922, um século atrás, quando o assunto é educação? No ano do centenário de 1922 em suas múltiplas feições comemorativas, educação, em par com a saúde, ocupou espaço primordial. Voltemos a 1922!

---

[1] Ricardo Vélez Rodríguez (janeiro a abril de 2019); Abraham Weintraub (abril de 2019 e junho de 2020); Antonio Paulo Vogel (interino); Carlos Decotelli, anunciado, mas não empossado (junho de 2020); Milton Ribeiro (junho de 2020 a março de 2022); Victor Godoy (abril 2022 -).

Nação marcada pela metáfora da doença

> ¾ dos brasileiros vegetam miseravelmente nos latifúndios e nas favelas das cidades, pobres párias que, no país do nascimento, perambulam como mendigos estranhos, expatriados na própria pátria, quais aves de arribação de região em região, de cidade em cidade, de fazenda em fazenda, desnutridos, esfarrapados, famintos, ferreteados com a preguiça verminótica, e anemia palustre, as mutilações da lepra, das deformações do bócio endêmico, as devastações da tuberculose, dos mates venéreos e da cachaça, a inconsciência da ignorância, a cegueira do tracoma, as podridões da bouba, da leishmaniose, das úlceras fragedêmicas, difundindo sem peias esses males. [Belisário Penna, 1912, apud Britto, 1992]

A Primeira República, período compreendido entre 1889 e 1930, tem merecido dos historiadores revisões importantes em favor do conhecimento. Uma das mais notáveis talvez seja a consagração de alteração da nomenclatura: Primeira República em vez de "República Velha". A adjetivação "velha" foi atribuição conferida pelos vitoriosos de 1930 em estratégia deliberada de referência negativa ao período que antecedeu o governo de Getúlio Vargas. Haveria na estratégia política a intenção proposital de estabelecer 1930 como marco zero da modernização republicana, atribuindo às três décadas anteriores a pecha do coronelismo, do atraso, da manipulação política, dos desvios em detrimento dos avanços que a República prometera e ainda não realizara.

Um dos grandes pontos nas décadas iniciais da República esteve concentrado no que se convencionou como a doença do país: o analfabetismo em escala continental.

Tabela 1
Analfabetismo no Brasil — Primeira República

Unidades Políticas	Sabem ler e escrever	Não sabem ler e escrever
Distrito Federal	61,3%	38,7%
Alagoas	14,8%	85,2%
Amazonas	26,6%	73,4%
Baía	18,4%	81,7%
Ceará	18,6%	81,4%
Espírito Santo	23,6%	76,4%
Goiás	15,3%	84,7%
Maranhão	15,8%	84,2%
Mato Grosso	29,1%	70,9%
Minas Gerais	20,7%	79,3%
Pará	29,3%	70,7%
Paraíba	13,2%	86,8%
Paraná	28,2%	71,8%
Pernambuco	17,8%	82,2%
Piauí	12,0%	88,0%
Rio de Janeiro	24,7%	75,3%
Rio Grande do Norte	17,8%	82,1%
Rio Grande do Sul	38,8%	61,2%
Santa Catarina	29,5%	70,5%
São Paulo	29,8%	70,2%
Sergipe	16,7%	83,3%
Território do Acre	29,8%	70,2%

Fonte: Elaboração da autora.

Ou ainda, esta distribuição por faixa etária:

Gráfico 1

Distribuição da população por faixa etária — Brasil, 1920

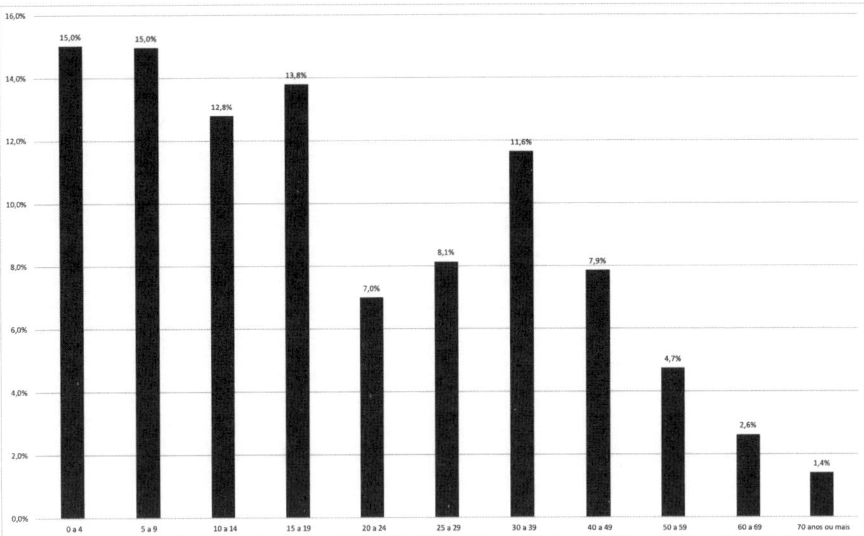

Fonte: IBGE. Diretoria de Pesquisas. Departamento de População e Indicadores Sociais. Censo Demográfico. Tabela extraída de: Anuário estatístico do Brasil 1995 (1995).

A primeira tabela é esclarecedora da situação educacional da República proclamada em 1889. Os números ficam ainda mais impactantes se consideramos o gráfico 2 com a distribuição da população brasileira nos anos 1920: a maioria da população está concentrada na faixa até 39 anos, o que sinaliza a gravidade da situação educacional apontada na tabela 1. Um país jovem e analfabeto. Com exceção do Distrito Federal (Rio de Janeiro, então capital do país), todos os estados orbitam na faixa entre 70 e 80% de analfabetos, alguns, como o Piauí, chegando aos 90%. O que isso significava em uma sociedade que havia, há apenas 30 anos, abolido a escravidão de quase quatro séculos? Uma sociedade que começava a se urbanizar e a demandar habilidades que são incorporadas nos processos básicos de socialização, entre eles, a escolarização. A referência de países centrais tornava mais aguda a situação. A França, por exemplo, no final do século XIX, havia demonstrado ser possível o projeto de escolarização pública e obrigatória como responsabilidade do Estado.

O quadro brasileiro pós-República, de tão desolador, provocava a imaginação e a reação de atores expressivos da sociedade civil. Em texto publicado em 1993, eu chamava a atenção para o que mais se salientava quando o que tínhamos em mente era a década de 1920:

> A década de 20 no Brasil também poderia ser conhecida como a "década dos viajantes". Descortinando um país desconhecido, encontramos nossos modernistas em busca da autêntica nacionalidade e da cultura original brasileira; cruzando o país, os profissionais da ciência, em verdadeira caravana pela saúde, confrontam-se com a doença no "imenso hospital" em que se transformara o Brasil, na expressão de Miguel Pereira; buscando os novos cidadãos, os indivíduos brasileiros, chega a vez dos educadores, espalhados pelos estados com seus experimentos empíricos, um verdadeiro laboratório de reformas, ideias e projetos, inspirados, em sua grande maioria, em modelos estrangeiros... [Bomeny, 1993:24]

Viajantes à procura da sociedade liberta formalmente do peso da escravidão, mas assolada pelos hábitos perniciosos que um regime escravocrata produz na formação da nacionalidade. Entre os viajantes, encontramos os modernistas, como Mário de Andrade (1893-1945), em busca da originalidade brasileira, do que faz do Brasil um espaço cultural particular e apto a integrar o "concerto das nações", como gostava de se referir aos países desenvolvidos. Esforço hercúleo de busca do que é nacional, brasileiro, local, como condição ao ingresso no rol dos países civilizados. Um esforço que não contrapunha civilização a nacionalidade: o local era acionado como passaporte ao universal.

Outros viajantes engrossaram o coro dos apóstolos pelo progresso nacional. Oswaldo Cruz (1872-1917), Belisário Penna (1868-1939), Artur Neiva (1880-1943), Ezequiel Dias (1880-1922) — os "cientistas da saúde" — movimentavam-se em caravanas pelo país esquadrinhando, coletando informações, agindo para enfrentamento das doenças provocadas pela falta de saneamento, pelas condições precárias de habitação, insalubridade, pobreza e abandono vigentes nos mais recônditos destinos do imenso território, mas também na própria capital do país. E outro grupo de viajantes se destacou nesse movimentar-se pelo desenvolvimento republicano: "os cientistas da pedagogia". Anísio Teixeira (1900-71), Lourenço Filho (1897-1970), Fernando de Azevedo (1894-1974), Francisco Campos (1891-1968), mas também Cecília Meireles (1901-64), Antônio Carneiro Leão (1887-1966), entre outros, que completaram os 26 educadores e intelectuais que mais adiante, em 1932, foram signatários do Manifesto dos Pioneiros da Educação Nova, documento que coroou toda uma movimentação das décadas de 1910 e 1920.

De comum a todos os viajantes, o reconhecimento de que o Brasil republicano estava por ser constituído, quer em sua dimensão cultural, como apostou obsessivamente Mário de Andrade, quer em suas necessidades de saúde e educação, como fortemente apontavam os cientistas da saúde e da pedagogia. Mas também dos protagonistas do mercado alertando sobre o despreparo da população para o trabalho. As décadas de 1910 e 1920 foram pródigas em propostas renovadoras. Diagnósticos pesados motivavam projetos de alcance público. Não escapava às lideranças a convicção sobre motivos do atraso brasileiro com relação à educação. O passivo da escravidão de séculos era, indubitavelmente, a causa definitiva da distorção societária. Uma sociedade, como tanto insistiu mais tarde Darcy Ribeiro, que naturalizou a desigualdade, a ideia de que pessoas recebem seletivamente benefícios ou são condenadas à privação como parte constitutiva da construção societária. A tradição oligárquica fortalecia a cultura de benefícios exclusivos à parcela mínima da sociedade, e dificultava a construção de projeto republicano de alcance maior. No início do século XX, a abolição da escravatura se contrapôs de forma incisiva a um tipo de relação, senhor e escravo. Mas esta quebra não rompeu de maneira profunda com as experiências vivenciadas pelos escravos. Os limites do liberalismo, das iniciativas de ampliação dos direitos à educação, por exemplo, ficam logo visíveis quando se contabiliza os que são incluídos no projeto e os que ficaram de fora: a maior parcela da população.

A participação política no Império que se fazia por critérios econômicos, selecionando as pessoas por sua renda, passou na República a ter a instrução como critério principal para ser eleitor. A Lei Saraiva de 1881, como veremos adiante, restringirá o direito ao voto aos alfabetizados, o que se seguiu na República logo depois, até a Constituição de 1988. Os republicanos históricos operavam com a mentalidade de democracia e progresso vinculados à instrução, utilizando-a como meio de educar e instruir a população. Assim, a instrução tornou-se pré-requisito para a participação política na República. A extensão desta participação ampliaria de forma menos controlável o escopo dos que poderiam votar, participar da comunidade política. Desenha-se, assim, simultaneamente, o esforço de ampliação dos que seriam convidados ou autorizados à participação e o temor consequente do que tal mobilização poderia causar. Os anos 1920 foram palco expressivo de toda essa agitação com disputas, avanços e limitações ao ideário republicano.

Dando forma ao movimentar-se

Embora educação e saúde tenham se constituído em seara de preocupação comum a mobilizar atores os mais diversos e iniciativas institucionais novas — a ponto de, por exemplo, em 1930 ter sido criado um Ministério da Educação e Saúde Pública[2] —, é importante estabelecermos algumas distinções não triviais. A década de 1920 ficou marcada no Brasil pela eclosão de propostas e projetos liberais em áreas distintas de atuação político-social. A área da educação foi um palco onde tais propostas concorreram de modo expressivo a ponto, como veremos, de terem sido alvos de reações não menos contundentes. Estava em questão nas primeiras décadas da República de 1889 a ideia de construção da nação brasileira. Os séculos de escravidão pesavam sobre qualquer diagnóstico mais consequente de formação de uma nação republicana com ideais de cidadania, igualdade, acesso a direitos fundamentais. Tal diagnóstico não escapava aos intelectuais que se punham no cenário público com propostas e iniciativas de enfrentamento às questões postas.

Embora tenhamos claro o equívoco sociológico de atribuir resultados de projetos coletivos à ação de uma ou outra liderança intelectual, desconhecendo o peso de processos e interesses articulados em direções diferentes, é inevitável na recuperação de conjunturas específicas a menção a personagens ilustres que deixaram suas marcas nas proposições em disputa. Esses personagens acabaram dando corpo a um movimento pela educação que ficou conhecido como Movimento dos Pioneiros da Educação Nova. Intelectuais como Anísio Teixeira, Fernando de Azevedo, Lourenço Filho e Francisco Campos, por exemplo, terão suas digitais não apenas nas reformas educacionais levadas a cabo na década de 1920, mas em outros projetos de alcance nacional de décadas posteriores.[3] Projetos que se prolongaram em instituições (caso da criação do Inep-MEC, por exemplo, em 1937, tendo Anísio Teixeira na liderança), em documentos

[2] Decreto 19.402, 14 de novembro de 1930, institui o Ministério da Educação e Saúde Pública.

[3] A historiografia tem matizado a importância e os efeitos inovadores do Movimento da Escola Nova. Um amplo debate tem se apresentado em revisões cuidadosas, com dados provenientes de novas fontes documentais e novos recortes de pesquisa. O objetivo deste texto escapa de tais revisões, embora a autora reconheça sua importância para mapeamento mais detalhado do que avançou ou foi interrompido na sinuosa trajetória da educação brasileira.

oficiais norteadores de políticas nacionais, como a Reforma de 1931 formulada por Francisco Campos que teve vigência até os anos 1960, e um Departamento de Sociologia na Universidade de São Paulo, tido como referência à institucionalização de um campo de saber no Brasil sob a liderança de Fernando de Azevedo. São atores relevantes associados a movimentos significativos. O que trazia de novo o Movimento dos Pioneiros da Educação Nova?

Quando ciência informa projetos públicos

> Estamos em cheio na atmosfera que devia dominar a Europa em 1848. A busca ainda de liberdades políticas e liberdades civis! Quando veremos que o problema de *organização*, e não o problema político, é o que realmente importa? Preparem-se os homens. Criem-se os técnicos. Eles *organizarão*. Da organização virá a riqueza. E tudo mais — política sã, liberdades etc. etc. — virá de acréscimo.
> [Teixeira, 1986:56]

O comentário de Anísio Teixeira traz linhas fundamentais do que estava em curso. Um diagnóstico crítico da situação brasileira marcada pelo tradicionalismo, pelo impressionismo no trato das políticas públicas. Um país heterogêneo, manchado pelo analfabetismo, pelos séculos de escravidão, entrando no processo de urbanização. Um país fundamentalmente rural se mostrava carente de balizas técnicas no trato da coisa pública. A desconfiança a respeito dos processos políticos tinha seu fundamento na visão dos intelectuais sobre a própria tradição brasileira. A Constituição de 1891 produziu uma alteração importante no campo da educação ao instituir a laicidade do ensino.

> [...] no momento em que a Igreja Católica se separava do Estado no Brasil, o ensino religioso foi retirado dos currículos das escolas públicas. Isso significou um golpe no poder da igreja, que não se conformou com a perda e lutou contra ela com razoável sucesso nas décadas que se seguiram. [Gomes, 2002:389]

O ensino religioso não fora proibido nas escolas particulares. Elas teriam liberdade para o incluir ou não em sua grade disciplinar. A Constituição atribuía também aos estados da Federação a responsabilidade pelo ensino primário e pela saúde no Brasil. A desigualdade regional poderia imprimir dinâmicas distintas no atendimento a essas políticas obrigatórias. A força das oligarquias regionais e a desigualdade entre as regiões provocavam desconfiança fundada a respeito do atendimento à educação e à saúde. Argumentar em favor de uma administração federal central para educação e saúde era uma forma de reagir contra os desmandos do poder local e os vícios de uma estrutura personalista que vigorou na tradição do coronelismo brasileiro da Primeira República. O apelo a uma intervenção federal em favor da educação não deixava de se constituir em reação interessante vinda de um liberal, como Anísio Teixeira, contra o que foi considerado por ele vício ou efeito perverso de nossa Constituição mais liberal, a de 1891: o fato de se deixar aos vícios privados o que tinha que ser tratado como virtudes públicas. Defender uma administração federal central para educação e saúde era a forma de reagir contra os desmandos do poder local e dos vícios que impediam a formulação e execução de políticas universalistas e permanentes. No centro da argumentação, o contraste entre política e ciência com acentuada defesa da ciência como norteadora das ações necessárias à administração pública. Critérios de eficiência técnica para provimento de cargos públicos, valorização dos "especialistas" na condução dos afazeres administrativos soavam como mantra na possibilidade de acesso do país à modernização necessária e urgente diante do quadro de enfermidade em que o país se encontrava.

Entre os esforços de organização, encontramos em 1924, na cidade do Rio de Janeiro, a criação da Associação Brasileira de Educação, conhecida pela sigla ABE. Uma entidade civil que reunia numerosos educadores, publicamente conhecidos e respeitados. Mas contou com participação de outros representantes da sociedade civil: médicos, engenheiros, jornalistas, mas também professores de vários estados do país.

> A ABE funcionou na Escola Politécnica do Rio de Janeiro, organizando-se por estados e tendo seções especializadas: ensino primário e normal; ensino secundário; ensino técnico e superior; ensino profissional e artístico; educação física e higiene; educação moral e cívica, e cooperação de família. A associação congregava uma pluralidade de pessoas e visões em torno de

algumas convergências básicas que se mantiveram no decorrer da década de 1920, mas que se desfizeram no início dos anos 1930. [Gomes, 2002:408]

A ABE transformou-se em fórum de discussão sobre o direito à educação pública, gratuita e laica, proposição com acentuada atuação e ressonância no país — bandeira do ideal democrático, republicano e moderno que inspirou o Movimento dos Pioneiros. Ficou conhecida na história da educação a participação de personagens que, oriundos de outros campos de conhecimento, abraçaram a causa da educação. Foi o caso do médico Miguel Couto (1865-1934), convidado por Fernando de Magalhães, presidente da ABE, para proferir a conferência de abertura, em 1927, identificando-o como "expoente máximo da ciência brasileira". Seria o cientista convidado para expor na ABE sua visão a respeito da educação no país. A conferência ficou célebre, e o título a ela atribuído pelo conferencista percorreu debates estimulados ao longo de décadas — "no Brasil só há um grande problema nacional: a educação do Povo". (Bomeny, 2015). Miguel Couto compõe a galeria dos *intelectuais-cientistas*, na classificação feliz de Micael Herschmann, que se notabilizaram pela defesa de uma educação moral e higienista com vistas à sociedade do trabalho, diversificada, povoada de ocupações exigindo habilidades e adestramentos distintos daqueles que atendiam às precárias exigências do Brasil predominantemente rural. Os anos 1920 pautaram as virtudes, mas também as dificuldades que o país tinha para ingressar no universo urbano da competição, das habilitações, da modernização. A conferência proferida na ABE ficou célebre, permanecendo como símbolo ao longo de décadas. Incensados pelo positivismo, tais intelectuais, e os médicos em particular, se atribuíram a responsabilidade de ordenação da nação, assinando e reiterando diagnósticos sociais propícios ao desenvolvimento de doenças e interferindo no campo do planejamento urbano com ações de tratamento coletivo e controle da saúde pela higiene. Na famosa conferência, Miguel Couto foi implacável:

> A ignorância é uma calamidade pública como a guerra, a peste, os cataclismos, e não só uma calamidade, como a maior de todas, porque as outras devastam e passam, como tempestades seguidas de céu bonança; mas a ignorância é qual o câncer, que tem a volúpia da tortura no corroer célula a célula, fibra por fibra, inexoravelmente o organismo; dos cataclismos, das pestes e das guerras se erguem os povos para as bênçãos da paz e do

trabalho; na ignorância se afundam cada vez mais para a subalternidade e a degenerescência... [Miguel Couto, 1927]

As conferências educacionais, no Brasil dos anos de 1920, foram marcadas por sua dimensão pedagógica e política. Concorriam ali propostas, diagnósticos, disposições de soluções para o que era considerado impasse ao desenvolvimento nacional. Eram espaços vitais de discussões e de disputas entre matrizes distintas, quando não conflitantes, de propostas republicanas. Permeavam esse cenário sentimento de insegurança e pessimismo com relação ao futuro e ao progresso do país. As iniciativas levadas a cabo no país carregavam o propósito de, pela mobilização, incorporar avanços ensaiados com sucesso em países mais avançados.[4]

Os membros da ABE integraram, desde o início dos anos 1920, o movimento mais amplo e conhecido com o nome ora Escola Nova, ora como Pioneiros da Educação Nova ou Movimento dos Pioneiros. Uma referência indiscutível na década de 1920 quando o tema é educação. A ciência moderna deveria ser seu baluarte como movimento e como balizadora de suas ações. E a ênfase dada por Anísio Teixeira na *organização* como suposto e condição ao bom desenvolvimento da educação tinha na ciência o suporte conceitual necessário ao planejamento, adequação de metas e recursos disponíveis, avaliação de resultados etc.[5]

O que da ciência moderna seria incorporado para a educação?

O *escolanovismo* — outra denominação para o movimento da Escola Nova — foi uma espécie de despertar internacional para as limitações

[4] Conferência Interestadual do Ensino Primário (Rio de Janeiro, 1921); Congresso de Ensino Primário e Normal (Paraná, 1926); Primeiro Congresso de Instrução Primária (Minas Gerais, 1927); Primeira Conferência Estadual do Ensino Primário (Santa Catarina, 1927); Primeira Conferência Nacional de Educação, promovida por intermédio da ABE (Curitiba, 1927).

[5] A tese de Ana Cristina Santos Matos Rocha, *Experiências norte-americanas e projetos de educação no Distrito Federal e em São Paulo (1927-1935): Anísio Teixeira, Noemi Silveira, Isaías Alves e Lourenço Filho* [Prêmio Capes de Tese 2017 área de História], defendida no Programa de Pós-Graduação em História das Ciências e da Saúde da Casa de Oswaldo Cruz (PPGHCS-COC/Fiocruz) sob orientação de Robert Wegner, é referência obrigatória no cruzamento de ciência e educação por esses intelectuais que com Anísio Teixeira compunham o movimento em prol da educação no país dos anos 1920.

do que viria a ser reconhecido como tradicionalismo. Novos métodos de ensino foram preconizados ganhando força com o desenvolvimento de estudos e experiências de reformas educacionais sob novas inspirações beneficiadas pelo desenvolvimento da psicologia experimental, sociologia e biologia que marcaram o período após a Primeira Guerra Mundial. Descobertas que alteravam substantivamente concepções sobre a aprendizagem dos estudantes. Com foco nos próprios indivíduos, em suas capacidades intrínsecas de reagir ao ensinamento de matérias específicas, chegou-se mesmo a nomear tal movimento como uma inversão: do aluno ao processo de transmissão de conhecimentos. Tal inversão no ponto de partida acabou sendo aclamada como "revolução copernicana" na educação. Inclinações, motivações, intuições, tudo isso passa a compor o cardápio recomendado ao desenvolvimento do que seria o método moderno de transmissão de conhecimento com ativa participação dos estudantes, alvos de toda a estratégia. Também chamada "Escola Ativa", a Escola Nova valorizava o "aprender a fazer, fazendo", em grande medida pela estratégia de mobilizar os estudantes para o centro da atividade pedagógica.

O movimento da Escola Nova está longe de simbolizar homogeneidade ou uniformidade entre seus membros. Inspirações distintas fundamentavam orientações igualmente diferenciadas. O reconhecimento internacional da necessidade de modernização da educação diante dos avanços da ciência moderna produziu experiências particulares nos diversos países, constituindo-se em capítulos distintos de orientação político-pedagógica. O centro de referência poderia ser os Estados Unidos da América do Norte — francamente defendido por Anísio Teixeira. Mas não só. Em certa medida, foi dos mais conhecidos no Brasil nas várias propostas de reformas ensaiadas na década de 1920.[6]

As iniciativas de modernização entre nós ficaram conhecidas no repertório de reformas educacionais na década de 1920. Em São Paulo, a tentativa de aceleração da alfabetização e da escolarização em massa com a Reforma Sampaio Dória em 1920 foi palco tanto de entusiasmo como de crítica contundente pelo reconhecimento de que a aceleração não responderia por eficácia na luta contra o analfabetismo. Simplista e equivocada foram termos atribuídos à iniciativa não levada a termo com a

---

[6] O próprio Lourenço Filho (1930) escreveu um dos livros sobre o movimento e seu significado.

referida proposta. A questão era mais complexa para os historiadores da educação — nos informa Angela Gomes —: "[...] e aqueles que desejassem realmente realizar uma reforma na educação deveriam abandonar o investimento numa 'escola alfabetizadora' e passar a acreditar no poder da 'escola civilizadora'. Esse diagnóstico fundamentava toda uma crítica ao ensino que então se praticava, considerado enciclopédico e desinteressante para as crianças" (Gomes, 2002:410). Como estado mais urbanizado da Federação, São Paulo sentia os efeitos do despreparo para o mundo do trabalho, para a sociedade competitiva e de ocupações que se multiplicavam. Resolver o problema de uma tacada parecia ser um remédio eficaz. Não foi.

Outras iniciativas ficaram mais bem documentadas em suas consequências. Em Minas, Francisco Campos (secretário dos Negócios do Interior) e Mário Casassanta (inspetor-geral da Instrução Pública) promoveram a reforma que atingiu o ensino primário e o normal entre 1927 e 1929. Uma missão pedagógica da Europa veio ao Brasil e um grupo de professoras foi enviado ao Teacher's College da Universidade de Columbia. Francisco Campos liderou uma das reformas mais importantes em Minas Gerais, na trilha por onde havia passado antes João Pinheiro, em 1906, e movido por convicção da necessidade de fomentar a educação em Minas Gerais. Na agenda daquele republicano histórico do início do século, o liberalismo se mostrava capaz de viabilizar estruturas mais modernas. Crença no trabalho livre, na liberdade de pensamento, na aposta no progresso, na iniciativa individual, na modernização e na civilização. Constavam da agenda de Pinheiro a democratização da justiça e a preparação do lavrador para o cultivo moderno, extinção do trabalho escravo e preparação do trabalhador. Em seu projeto educacional, a inclusão do ensino primário técnico, o ensino secundário técnico-profissional, ministrado nas escolas públicas, de modo concreto, sem teorias, paralelamente ao ensino da leitura, da escrita e da aritmética. Inspiração de João Pinheiro, à frente do governo em Minas, era a experiência norte-americana, de onde retirava exemplos, modelos e sugestões de funcionamento (Bomeny, 1994). Europa e Estados Unidos como referências à alteração dos destinos da educação representados pelos projetos de reforma.[7] Outros exemplos

[7] "[...] os objetivos das reformas eram difundir a escola primária no estado, bem como visualizar e possibilitar o controle social, fundamental à formação da 'cidadania controlada', ou seja, dentro do ideário das elites republicanas. Portanto, compreender o significado

ocorreram na Bahia, em 1926 com Anísio Teixeira — diretor-geral da Instrução Pública —, e no Distrito Federal (Rio de Janeiro), entre 1927 e 1930, com Fernando de Azevedo. Como capital do país, o Rio já experimentara antes com Carneiro Leão, entre 1922 e 1926 e no pós-1930, na prefeitura de Pedro Ernesto com Anísio Teixeira, entre 1931 e 1935, contando esta última com a participação de Lourenço Filho.

A bandeira do movimento escolanovista que inspirou boa parte das reformas é conhecida: ensino público, laico, obrigatório e gratuito. Gratuidade e obrigatoriedade do ensino já estavam previstas na Constituição de 1891. O que talvez tenha dado musculatura ao movimento tenha sido a defesa de ampliação do direito à educação. Para termos noção do significado dessa última sugestão, vale a lembrança de que apenas no final da década de 1990 o Brasil tenha conseguido universalizar o direito à educação básica, com todos os problemas e deficiências que ainda acompanham a universalização. O modelo inspirador, no caso de Anísio Teixeira, era indiscutivelmente a América do Norte, a experiência de democracia largamente defendida em um país gigantesco como o Brasil, que viu na obrigatoriedade e gratuidade da educação básica o móvel fundamental do desenvolvimento e da prosperidade material e moral.

Uma grande inspiração desse movimento vem do filósofo norte-americano John Dewey. Entre nós, Anísio Teixeira teve seu nome definitivamente associado a tal inspiração. Seu encantamento com Dewey e com a experiência dos americanos do norte na definição de uma filosofia educacional foi registrado em muitos de seus esforços de divulgação da filosofia educacional de Dewey no Brasil. Anísio Teixeira foi quem traduziu os principais livros de Dewey para o português, além de ter ele próprio escrito seus livros referenciando-se explicitamente no grande filósofo do pragmatismo norte-americano.

O liberalismo de inspiração norte-americana encontraria seus adversários em nossa República. Entre os atores mais resistentes, encontraremos a Igreja Católica que disputava espaço para manutenção de toda uma

---

das reformas é, por exemplo, entender o sentido dos grupos escolares à época como escolas da 'República para a República', que pudessem contribuir para o 'processo civilizatório' da sociedade mineira, pois sua 'missão' visava criar/recriar novos sujeitos para o contexto social urbano, principalmente no âmbito da escola primária, portadora de novos conteúdos, métodos de ensino e práticas pedagógicas, que emergiram a partir das reformas educacionais" Carvalho (2013).

rede escolar. A crítica ao projeto liberal se localizava no que foi considerado pernicioso à vida social: o individualismo norte-americano como princípio ordenador do contrato social. Esta dimensão política de democratização do acesso ao direito à educação foi marca importante na intervenção de Anísio. As três décadas de abolição da escravatura não tinham propiciado um cenário de libertação. No primeiro momento, na década final do século XIX, o racismo impregnava negativamente qualquer esforço de integração dos recém-libertos à sociedade produtiva. O movimento migratório viria como solução à absorção de mão de obra para o trabalho, deixando os negros fora da competição.[8]

Nos anos 1920 a discussão estava posta em termos distintos. Era preciso um sistema educacional capaz de ampliar a população educada para responder aos desafios de uma sociedade aberta à disputa de muitos. Os obstáculos agora viriam com roupagem distinta: o que significava ampliar o direito ao voto com eleitores alfabetizados? A luta se daria entre uma atmosfera urbana, reivindicativa, mais impessoal e diversificada e as tradicionais oligarquias rurais que, se algum interesse demonstravam na educação do povo, era exatamente para controlar sua participação. O coronelismo da República das oligarquias foi muito favorecido pela extensão do analfabetismo no Brasil. Controla-se com mais facilidade o voto daqueles que não têm acesso à informação e daqueles que, isolados em comunidades mais fechadas, no ambiente rural, estão constrangidos a aceitar que o exercício de poder de mando de alguns confunde-se com autorização para viver dos demais. O princípio de exclusão do voto do analfabeto já estava previsto na Lei Saraiva (Decreto nº 3.029, de 9 de janeiro de 1881, cuja redação final coube a Rui Barbosa) que instituiu pela primeira vez o Título de Eleitor. Pelo decreto, proibiu-se o voto de analfabetos e adotou-se eleições diretas para todos os cargos eletivos do Império brasileiro — senadores, deputados, à Assembleia Geral, membros das Assembleias legislativas Provinciais, vereadores e juízes de paz. Desnecessário acentuar a restrição da participação popular se consideramos o índice de analfabetismo de então. Mais de um século depois, com a Constituição de 1988, os analfabetos se tornavam aptos a exercer o direito do voto com a Emenda Constitucional nº 25, de 1985. Antes da Lei Saraiva, as

[8] A referência clássica na sociologia brasileira sobre a não incorporação dos negros à ordem social está em Florestan Fernandes (2021).

restrições ao direito ao voto haviam sido vinculadas à ordem econômica (renda) ou social (interdição ao voto de mulheres, por exemplo), mas não de instrução. Uma antecipação de interdição à participação política pré-republicana. A Lei já garantia as limitações a possíveis arroubos republicanos... Ao fim e ao cabo, como já nos ensinou Otaíza Romanelli (1998), havia equilíbrio entre a baixa demanda social de educação e o número restrito de escolas no país. Não há fracasso quando não se quer ganhar.

Mas a luta pela universalização do direito à educação pública teria que se defrontar com outra força contrária e de muito vigor. Os ideais dos pioneiros para uma educação laica, pública, gratuita e obrigatória tornaram-se plataforma de objeção de fortes lideranças católicas que percebiam não apenas a perda do lugar espiritual para disseminação dos valores religiosos nos processos básicos de socialização pela escola, mas a perda de poder como gestores da educação privada pelas escolas confessionais em uma rede de atendimento não desprezível. Os argumentos variavam em escala que ia desde a crítica ao individualismo norte-americano a inspirar a política educacional de acesso à educação até a liberdade das famílias de escolher o espaço mais adequado para a educação dos filhos, em clara referência às escolas confessionais. As três Constituições Brasileiras (1891, 1934 e 1937) em seus artigos 72, 153 e 183, ilustram a pressão da Igreja Católica na orientação dos rumos da educação. Na Constituição de 1891, definiu-se que seria leigo o ensino ministrado nos estabelecimentos públicos. Na Constituição de 1934, a menção ao ensino religioso é feita com uma alteração em favor da Igreja: seria facultativo e de acordo com a confissão de fé, manifestada pelos pais ou responsáveis, constituindo matéria dos horários nas escolas públicas primárias, secundárias, profissionais e normais. A Constituição de 1937 determinou que o ensino religioso poderia ser contemplado com matéria de curso ordinário das escolas primárias, normais e secundárias: não poderia se constituir objeto de obrigação dos mestres ou professores, nem de frequência compulsória por parte dos alunos. Romanelli desenha o quadro com nitidez:

> É evidente que, na ordem social oligárquico-aristocrática, na qual a educação escolar se constituía em privilégio das elites, carecia de sentido a ação estatal, com vistas a fazer expandir o ensino público e gratuito. A elite pagava a sua educação e a Igreja exercia um quase monopólio do ensino. [Romanelli, 1998:43]

A laicidade do ensino público foi sempre matéria controversa e constante no percurso histórico da educação no Brasil. Luiz Antônio Cunha tem sido referência no mapeamento analítico dessa relação conflituosa no estabelecimento de um Estado laico, republicano, separado das igrejas. O acompanhamento histórico dessa relação convulsiva tem sido objeto de atenção do pesquisador há décadas, em períodos históricos distintos, do final do século XIX até mesmo na conjuntura atual dos anos 2020. Em texto recente, Cunha chama a atenção para a força do apelo religioso nas disputas políticas que se avolumam no ano eleitoral de 2022. Suas observações dão a dimensão histórica da relação tensa, mas permanente, em nossa história republicana:

> Será que, na conjuntura que se descortina, o limite possível para os candidatos a presidente, governador, senador e deputado é fazer crer no Estado laico sinônimo de um harmonioso condomínio religioso, como se a laicidade fosse igual a ecumenismo? Parece que o futuro nos reserva a retomada da Constituição de 1934, na qual a Liga Eleitoral Católica, que teve o apoio de 70% dos constituintes, conseguiu inserir na Carta Magna a totalidade de sua plataforma. Inclusive a ressalva de que a proibição de aliança ou dependência do Estado com igrejas e cultos não impedia a colaboração recíproca em prol do interesse coletivo. Se isso acontecer, estaremos dando um passo atrás na concepção adotada pela maioria do STF e em setores da intelectualidade e da política brasileiras. E dando razão a Millôr Fernandes, que disse ter o Brasil *um grande passado à sua frente.* [Cunha, 2021]

O passado a ser digerido teve na década de 1920 um momento de grande expressão. Se os embates foram anunciados a cada movimento na direção do ensino público, gratuito, obrigatório e laico, a década seguinte foi decisiva. As pressões da Igreja Católica foram intensas em todo o período de 1930-45. A gestão Gustavo Capanema no Ministério da Educação e Saúde (1934-45) teve que dialogar e negociar com as lideranças católicas ao longo de todo o período de 11 anos de atuação ministerial. A intervenção não se restringiu a um determinado ramo do ensino, mas a todo o projeto, afetando, inclusive, a reforma universitária, a nomeação dos dirigentes de secretarias de educação etc. O confronto dos renovadores com a liderança católica deu-se no campo do debate entre correntes de pensamento com fundamentos muito distintos. Os liberais, aos quais os pioneiros da Escola Nova querem ser identificados, reivindicavam os direitos do foro íntimo diante das pretensões de todas as igrejas estabelecidas. Foi conflituosa a relação entre liberais e autoridades religiosas. Para os liberais, o Estado deveria abster-se de colocar seu braço secular à disposição de uma ortodoxia, seja ela política ou religiosa. Estabelecer a obrigatoriedade do ensino religioso na rede escolar é uma dessas heresias contra a qual a matriz de pensamento liberal se rebelou. Ao contrário da crença liberal de que a sociedade se constrói pelo resultado do contrato estabelecido por indivíduos livres e autônomos, a Igreja compartilhava a crença de que a sociedade marcada pelo individualismo se torna vulnerável à desagregação. Os setores conservadores mais influentes da Igreja Católica, na década de 1930, viam no liberalismo individualista a mesma ameaça de desagregação que atribuíam ao comunismo. Os pioneiros foram acusados de serem partidários de doutrinas contrárias ao interesse nacional. Foram acusados de comunistas. O episódio do fechamento da Universidade do Distrito Federal (UDF), em 1939, ilustra, de forma exemplar, a interferência da Igreja Católica no alinhamento ideológico do Ministério Capanema. Anísio Teixeira era reitor da UDF à época. O curioso é que, paradoxalmente, os pioneiros, acusados de comunistas, pretendiam ser identificados com o florescimento de uma sociedade capitalista, liberal e de livre mercado no Brasil...

Lições da década de 1920: avanços e permanências

Ao final desta conversa, alguns alertas são necessários em favor da reflexão mais consequente. Recuperações sofrem sempre com artimanhas de memória: o que se dispõe a valorizar; o que se pretende omitir; o que ainda não foi devidamente escrutinado. Os anos 1920 não fogem a este enunciado. Alessandra Schueler e Ana Magaldi engrossam a corrente da história da educação disposta a relativizar postulações reificadoras da ação republicana, pela qual, afirmam as autoras, "[...] a Primeira República foi tomada como *marco zero*, lugar de origem da escolarização elementar e das políticas de institucionalização, disseminação e democratização da educação escolar no Brasil" (Schueler e Magaldi, 2009:33).

Ao lado de tal postulado, o seu oposto: a representação concorrente segundo a qual se acentua *uma República que não foi*, devedora da extensão de direitos, ficando aquém da promessa de realização do ideal de *res publica, uma coisa de todos*, tendo no governo a expressão formal de atenção a todos com a esperada política inclusiva. São embates de memória que nos auxiliam no esforço de acompanhar trajetórias sempre inconclusas de políticas em favor da sociedade como um todo.

As atribuições políticas a momento anterior ao presente que se pretende enaltecer podem ser devastadoras a ponto de impedir contato com iniciativas que mais reclamariam continuidade e aperfeiçoamento do que propriamente interrupção. "Zombando do passado" — prosseguem Schueler e Magaldi —, "as escolas imperiais foram lidas, nos anos finais do século XIX, sob o signo do atraso, da precariedade, da sujeita, da escassez e do 'mofo' [...] Casas de escolas foram identificadas a pocilgas, pardieiros, estalagens, escolas de improviso — impróprias, pobres, incompletas, ineficazes..." (Schueler e Magaldi, 2009:35). A invenção republicana se empenhou no esquecimento da experiência do Império. Qualquer semelhança à atribuição do adjetivo "velha" para se referir à Primeira República não é mera coincidência...

O alerta das autoras, em certa medida, nos orientou na escrita deste texto. Estiveram aqui contempladas tanto iniciativas anteriores ao que seria *marco zero* das décadas iniciais da República como pautas efetivamente expostas por agentes individuais e coletivos indicando quebra de um padrão excludente que se manteve ao longo da história da educação brasileira até então. A incorporação das propostas dos pioneiros no início do governo Vargas, inclusive das lideranças do movimento da Escola Nova em espaços consagrados às políticas de educação, e as reações adversas ao projeto liberal nos anos que se seguiram são comprovações das dificuldades que a tradição política brasileira expõe diante de iniciativas mais democráticas de ampliação de direitos fundamentais, entre os quais, se destaca a educação. A trajetória de Anísio Teixeira com sucessivas interdições a ele impostas é exemplar da sinuosidade na valorização, entre nós, de experimentos que abram espaço à participação dos que não são autorizados a participar e usufruir dos bens da civilização.

Em políticas públicas, e na educação, em particular, descontinuidades são fatais. Recomeços constantes provenientes do fazer tábula rasa do legado anterior são indicadores dos prejuízos contabilizáveis no campo de intervenção pública. Atribuem como justificativa obsolescência prematura ao experimento anterior e excessiva novidade no que se propõe no momento. A renovação contemporânea da historiografia tem sido de grande ajuda na recuperação de questões que são permanentes no debate educacional exigindo sempre depuração e análise crítica: relações entre família/escola; religião/escola; gênero/ambiente escolar; currículo/questões contemporâneas etc.

As primeiras décadas do século XXI — como descrevemos na abertura — nos desafiam uma vez mais aos dois movimentos simultâneos que nos obrigam a atenção. Não perder o duramente conquistado e avançar no que ainda nos empobrece e apequena, não apenas diante do mundo civilizado, mas, sobretudo, diante de nós mesmos.

Referências

ANUÁRIO estatístico do Brasil 1995, Rio de Janeiro, v. 55, 1995.

BOMENY, Helena. *Darcy Ribeiro*. Sociologia de um indisciplinado. Belo Horizonte: Editora UFMG, 2001.

____. *Guardiães da razão*. Modernistas mineiros. Rio de Janeiro: Editora UFRJ; Tempo Brasileiro, 1994.

____. Intelectuais da educação. Rio de Janeiro: Jorge Zahar Editor, 2001 (Série Descobrindo o Brasil).

____. Miguel Couto: "O árbitro moral do Brasil". In: HOCHMAN, Gilberto; LIMA, Nísia Trindade (Org.). *Médicos intérpretes do Brasil*. São Paulo: Hucitec, 2015, p. 27-52.

____. Novos talentos, vícios antigos: os renovadores e a política educacional. *Estudos Históricos*, Rio de Janeiro, v. 6, n. 11, 1993, p. 24-39.

BRITTO, Nara. *Oswaldo Cruz*: a construção de um mito da ciência brasileira. Dissertação (mestrado em sociologia) — Instituto de Filosofia e Ciências Humanas, Universidade Federal do Rio de Janeiro, Rio de Janeiro, 1992.

CARVALHO, Carlos Henrique de. Modernizar e civilizar: reformas educacionais em Minas Gerais no final do século XIX e princípio do XX (1982-1928). In: SIMPÓSIO NACIONAL DE HISTÓRIA, jul. 2013, Natal (RN).

CARVALHO, Marta Maria Chagas. *Molde nacional e fôrma cívica*: higiene, moral e trabalho no projeto da Associação Brasileira de Educação (1924-1931). Bragança Paulista, SP: Edusf, 1998.

COUTO, Miguel. *No Brasil só há um problema nacional: a educação do povo*. Conferência proferida em 2 de julho de 1927 na Associação Brasileira de Educação (ABE). Tipografia do Jornal do Comércio, 1927.

CUNHA, Luiz Antônio. A laicidade do Estado na pandemia que segue retrospectiva 2021. Disponível em: www.luizantoniocunha.pro.br/uploads/independente/Retrospectiva2020.pdf. Acesso em: 15 abr. 2022.

FERNANDES, Florestan. *A integração do negro na sociedade de classes*. 6. ed. São Paulo: Contracorrente, 2021.

GAZOLA, Kênia Cássia Pinto et al. (Org.). *Educação e nação no Bicentenário da Independência*. Belo Horizonte: KMA, 2022.

GOMES, Angela. A escola republicana: entre luzes e sombras. In: ____ et al. (Coord.). *A República no Brasil*. Rio de Janeiro: Nova Fronteira; CPDOC, 2002, p. 384-437.

GRANDISOLI, Edson, JACOBI, Pedro Roberto, MARCHINI, Silvio. Educação e pandemia: desafios e perspectivas. São Paulo, 12 ago. 2020. Disponível em: https://jornal.usp.br/?p=345146. Acesso em: 16 abr. 2022.

HERSCHMANN, Micael; KROPF, Simone Petraglia; NUNES, Clarice. *Missionários do progresso*. Médicos, engenheiros e educadores no Rio de Janeiro. 1870-1937. Rio de Janeiro: Diadorim, 1996.

HOELLER, Solange Aparecida de Oliveira. *As conferências educacionais*: projetos para a nação e modernidade pedagógica nos anos de 1920 — Brasil. Tese (doutorado) — Centro de Ciências da Educação, Programa de Pós-Graduação em Educação, Universidade Federal de Santa Catarina, Florianópolis, 2014.

LIMA, Nísia Trindade; HOCHMAN, Gilberto. Condenado pela raça. Absolvido pela medicina: o Brasil descoberto pelo movimento sanitarista da Primeira República. In: MAIO, Marcos Chor; SANTOS, Ricardo V. (Org.). *Raça, ciência e sociedade*. Rio de Janeiro: Ed. Fiocruz, 1998, p. 23-40.

LOURENÇO FILHO, Manuel Bergström. *Introducção ao estudo da Escola Nova*. São Paulo: Cia. Melhoramentos, 1930 (Bibliotheca da Educação, v. XI).

ROCHA, Ana Cristina Santos Matos. *Experiências norte-americanas e projetos de educação no Distrito Federal e em São Paulo (1927-1935)*: Anísio Teixeira, Noemi Silveira, Isaías Alves e Lourenço Filho. Tese (doutorado) — Programa de Pós-Graduação em História das Ciências e da Saúde, Casa de Oswaldo Cruz, Rio de Janeiro, 2017.

ROCHA, Marlos Bessa Mendes. *Matrizes da modernidade republicana*. Cultura política e pensamento educacional no Brasil. Campinas, SP; Brasília, DF: Autores Associados; Plano, 2004.

ROMANELLI, Otaíza de Oliveira. *História da educação no Brasil (1930-1973)*. 20. ed. Petrópolis: Vozes, 1998.

SCHARTZMAN, Simon; BOMENY, Helena; COSTA, Vanda Maria Ribeiro. *Tempos de Capanema*. Rio de Janeiro; São Paulo: Paz e Terra; Edusp, 1984.

SCHUELER, Alessandra Frota Martinez de; MAGALDI, Ana Maria Bandeira de Mello. Educação escolar na Primeira República: memória, história e perspectivas de pesquisa. *Tempo*, Niterói, v. 13, n. 26, 2009, p. 32-55.

TEIXEIRA, Anísio. *Conversa entre amigos*: correspondência escolhida entre Anísio Teixeira e Monteiro Lobato. Organização de Aurélio Vianna e Priscila Fraiz. Salvador; Rio de Janeiro: Fundação Cultural do Estado da Bahia; Fundação Getulio Vargas/CPDOC, 1986.

CAPÍTULO V

O valor social da ciência e o debate sobre a nação na década de 1920

Simone Petraglia Kropf
Dominichi Miranda de Sá

Introdução

> A ciência pura, desinteressada, da qual nasceram as aplicações práticas, tal como da semente resultam a planta e os frutos, é a base da riqueza nacional.
> [Henrique Morize, s.d.]

No dia 19 de setembro de 1922, a Academia Brasileira de Ciências (ABC) realizou sessão pública em comemoração ao Centenário da Independência do país. Henrique Morize, presidente da associação e diretor do Observatório Nacional, teceu loas à "evolução da capacidade científica nacional" desde Pedro I até aqueles dias. José Bonifácio foi o grande homenageado, mas não pelos motivos habituais. Na reunião solene, ocorrida na sala da congregação da Escola Politécnica, no centro do Rio de Janeiro, o patriarca foi lembrado não por seu papel político na Independência, mas como "homem de ciência", que trouxe aos trópicos as "luzes" de saberes úteis ao "progresso" da jovem nação. Aos presentes, o gabinete de mineralogia da Politécnica exibiu um mostruário com os 12 minerais descobertos por ele. A sessão conferiu destaque também a Albert Einstein, que na época personificava a ciência que se distinguia não por aplicações imediatas, mas por seu valor intrínseco como atividade voltada a expandir as fronteiras do conhecimento (*O Paiz*, 1922). A defesa da "ciência pura", "desinteressada", como se dizia à época, era uma das principais bandeiras da associação, criada em 1916 como Sociedade Brasileira de Ciências e que, em 1921, transformou-se em Academia Brasileira de Ciências (Videira, 2003; Sá, 2006; Carvalho e Moreira, 2017).

O debate sobre o valor da ciência para o "progresso nacional" balizou o percurso histórico de demarcação social, institucional e profissional da atividade científica no Brasil desde as últimas décadas do século XIX. Na década de 1920, esses temas assumiram contornos particularmente importantes, pois os cientistas reivindicaram o papel de elite dirigente, "condutores da nação". O objetivo deste capítulo é analisar as propostas de transformação do trabalho científico e os ideais de reforma social pela ciência tendo como foco a atuação dos fundadores e primeiros membros da ABC.

Como já mostrou amplamente a historiografia, foram intensos os debates sobre o Brasil em 1922. Se, por um lado, os grandiosos pavilhões da Exposição Internacional do Centenário da Independência exibiam, na capital federal, uma nação que se pretendia moderna, por outro lado, levantavam-se vozes dissonantes à ordem social, política e cultural da República oligárquica. A revolta tenentista dos 18 do Forte de Copacabana, a criação do Partido Comunista do Brasil e a Semana de Arte Moderna foram alguns dos episódios marcantes dos tensionamentos ocorridos naquele ano e que marcariam toda a década.

Nesse contexto, os cientistas também se viram às voltas com reflexões sobre sua inserção na sociedade, seus compromissos com o Brasil e as práticas e valores a partir dos quais deveriam cumpri-los. Cientes de que, como qualquer grupo social, eles não agiram ou pensaram de modo unívoco, pretendemos destacar três dimensões de sua atuação coletiva em busca de legitimidade para sua própria identidade como cientistas: a reivindicação por espaços institucionais para a ciência como atividade especializada, à qual caberia papel relevante na construção da nação e na vida pública; a produção de novos canais para a difusão da ciência junto à sociedade; e a inserção no debate internacional sobre o valor da ciência no pós-Primeira Guerra Mundial. Esperamos que esse exercício de historicização da ciência brasileira, ao qual somos convocados pela efeméride do Bicentenário da Independência, contribua para a reflexão sobre os desafios que essas mesmas questões assumem no tempo presente.

Ciência para especialistas

A natureza americana era importante objeto de estudo para os "homens de ciência" desde o período colonial, quando apresentavam as mais diversas formações e tipos de atuação: eram cosmógrafos, teólogos, filósofos naturais, médicos, literatos e homens de Estado. Foi na passagem do século XIX ao XX que se deu a conformação da figura do "cientista" como categoria socioprofissional diferenciada de outros intelectuais e dedicada a temas de pesquisa específicos. Sob os preceitos do positivismo e outras teorias cientificistas, a ciência e a técnica passaram a ser exaltadas como fontes de um saber objetivo e eficaz sobre a realidade que, contrapondo-se a uma cultura livresca, apontaria os caminhos "seguros" para o bem-estar moral e material da sociedade (Sá, 2006). Ao mesmo tempo que se afirmavam no cenário nacional, os cientistas brasileiros buscavam inserção num mapa-múndi intelectual heterogêneo e multicêntrico segundo distintos campos disciplinares, num contexto de crescente circulação de pessoas e ideias, por meio dos primeiros congressos internacionais e dos periódicos científicos que se multiplicavam em áreas diversas. A despeito das assimetrias perante seus pares no Velho Mundo, não pretendiam ser meros consumidores de conhecimentos importados dos centros europeus, mas contribuir ativamente para as trocas entre as comunidades científicas dos diferentes países, a partir de práticas de pesquisa, conceitos, protocolos e metodologias compartilhadas. A especialização dos saberes foi vista como necessidade inexorável da própria ciência diante das transformações tecnológicas vertiginosas do mundo moderno e foi valorizada como credencial para o pertencimento a equipes colaborativas de *experts* em múltiplas áreas do conhecimento. Essa nova configuração das relações do trabalho científico exigia a reforma ou mesmo a criação de novas instituições (Sá, 2006).

Antes mesmo da criação das universidades, o Brasil viveu importante movimento de diversificação de seus espaços de ciência, com a criação e ampliação de comissões e viagens de exploração, institutos, museus, periódicos, escolas superiores e laboratórios (Dantes, 2001). No campo das ciências biomédicas e da saúde, destaque deve ser dado ao Instituto Soroterápico Federal (Instituto Oswaldo Cruz a partir de 1908, origem da atual Fiocruz), inaugurado em 1900 no Rio de Janeiro. Criado como resposta às epidemias que assolavam a capital federal, constituiria importante marco na institucionalização da ciência no país, uma vez que, desde o início, seu projeto foi o de ir além da produção de imunobiológicos apenas para atender a emergências sanitárias, firmando-se como centro de pesquisa e ensino em medicina experimental (Stepan, 1976; Kropf e Hochman, 2011).[1]

A discussão sobre mudanças nas condições da produção e da formação científicas estava associada ao debate sobre o papel que os cientistas deveriam assumir no projeto de modernização republicana com vistas à superação do atraso do país. Políticas públicas cientificamente fundamentadas, especialmente nas áreas de saúde e educação, passaram a ser por eles reivindicadas como instrumento efetivo para as reformas percebidas como necessárias à "redenção" do Brasil e sua qualificação como nação "civilizada" (Lima e Hochman, 1996). Tratava-se, em suma, não apenas da reforma da pesquisa e do ensino científicos, mas do país.

Essa foi a agenda a que se dedicou o grupo de fundadores e primeiros membros da Sociedade Brasileira de Ciências a partir de 1916, composto por cientistas que vinham se destacando em distintas áreas do conhecimento, principalmente no Museu Nacional, Instituto Oswaldo Cruz, Escola Politécnica, Jardim Botânico e Observatório Nacional: Henrique Morize, Manuel Amoroso Costa, Edgard Roquette-Pinto, Alberto Betim Paes Leme, Miguel Ozório de Almeida, Carlos Chagas, Henrique Aragão, Álvaro Ozório de Almeida, Bruno Lobo, Cândido de Mello Leitão, Alberto Sampaio, Frederico Carlos Hoehne, Alberto Childe, Alípio de Miranda Ribeiro, Everardo Backheuser, Arthur Moses, Juliano Moreira, Euzébio de Oliveira e Licínio Cardoso, entre outros. Numa sociedade profundamente marcada por desigualdades de gênero, não é de se surpreender que todos os membros fundadores da ABC fossem homens.[2]

A nova associação foi muito mais do que um espaço formal de representação e de sociabilidade para os cientistas. Ela cumpriria papel fundamental na condução do próprio movimento de especialização e institucio-

[1] Para um panorama da história das ciências no Brasil desde o século XIX, ver: Schwartzman (2001); Heizer e Videira (2001; 2010).

[2] Marie Curie foi a primeira mulher a ser recebida como membro da ABC, em 1926, seguida, no mesmo ano, de Emilia Snethlage (naturalista alemã que trabalhou no Museu Paraense Emilio Goeldi e no Museu Nacional). Dez anos depois, a paleontóloga norte-americana/brasileira Carlota Joaquina de Paiva Maury também ingressaria na associação (Melo e Casemiro, 2003:14). Em 2022, a Academia elegeu a primeira mulher para sua presidência, a professora Helena Nader. No entanto, apenas 18% dos membros da ABC são mulheres (Academia Brasileira de Ciências, 2022).

nalização do trabalho científico e de legitimação da categoria profissional do cientista no país. Eixo central de sua atuação foi a mobilização para valorizar e viabilizar a prática da "ciência pura" ("ciência básica", como se diria posteriormente), em contraposição aos que, na tradição do pragmatismo iluminista e do positivismo, conferiam legitimidade à ciência fundamentalmente por sua utilidade e aplicação prática. Não se tratava, deve-se ressaltar, de negar a intervenção da ciência na sociedade. A "busca desinteressada pela verdade" era, para os membros da ABC, justamente o caminho pelo qual a ciência brasileira, ao produzir conhecimentos originais "livres de quaisquer constrangimentos", teria melhores condições inclusive para cumprir seu compromisso de atender às demandas do país. Para eles, conferir legitimidade pública à ciência por seu valor intrínseco era fundamental para garantir-lhe a autonomia institucional e o apoio/financiamento necessários para sobreviver a dinâmicas e expectativas conjunturais (Stepan, 1976; Schwartzman, 2001).

Instalada na Escola Politécnica do Rio de Janeiro e subdividida, inicialmente, em seções de ciências matemáticas, ciências físico-químicas e ciências biológicas (seguindo o modelo da Academia Francesa de Ciências), a ABC incluía nas suas atividades a organização de cursos e conferências de especialização científica, e assumiu como prioridade, desde sua fundação, a criação de um periódico para reunir os trabalhos dos associados.[3] A instituição de prêmios e recompensas para trabalhos originais explicitava a intenção de distinguir a produção científica que não se restringia ao recurso a conhecimentos já estabelecidos. Não à toa, um desses prêmios foi instituído por ocasião da presença de Albert Einstein, cuja visita ao país, em maio de 1925, se tornou um marco na trajetória da ABC. Recebido e homenageado em várias instituições científicas no Rio de Janeiro, ele fez breve comunicação na Academia (publicada na revista em 1926) e foi agraciado com o título de membro correspondente. A despeito das contestações e dúvidas lançadas à teoria da relatividade na época (vista por alguns como especulações abstratas), o cientista alemão, que havia sido laureado com o Nobel de Física em 1922, foi enaltecido publicamente, e a

[3] O primeiro volume da *Revista da Sociedade Brasileira Ciências* foi publicado em 1917, sendo seguido de mais dois volumes em 1918 e 1919. Transformou-se em *Revista de Ciências* em 1920 e, em 1926, em *Revista da Academia Brasileira de Ciências*. A regularidade de sua publicação só aconteceu a partir de 1929, quando se tornou *Anais da Academia Brasileira de Ciências*.

repercussão de sua presença reforçou a identidade da ABC como promotora da renovação científica no país (Tolmasquim, 1996).

Outro eixo do engajamento da ABC em fomentar a pesquisa científica no país estava referido à percepção da necessidade de suprir uma carência histórica: a criação de universidades no Brasil era proibida por lei no período colonial e as elites luso-brasileiras se dirigiam a universidades europeias, com destaque para Coimbra, para realizar seus cursos superiores, especialmente em medicina e direito. Com a transferência da Corte portuguesa em 1808 e depois da Independência, escolas de engenharia e faculdades de direito e medicina foram criadas, mas estavam muito longe de atender, na perspectiva de época, aos objetivos que só seriam cumpridos por uma universidade: divisão disciplinar entre áreas do conhecimento e formação educacional que permitisse o exercício profissional exclusivo da ciência (Carvalho, 2006; Cunha, 2007).

A Universidade do Rio de Janeiro, a primeira universidade federal do país, foi criada em 1920 pelo governo federal, por meio do Decreto nº 14.343 de 7 de setembro. Era configurada pela reunião da Escola Politécnica, da Faculdade de Medicina e da Faculdade de Direito. Inicialmente, os membros da ABC consideraram sua fundação um coroamento dos seus esforços desde 1916. Dali em diante, acreditavam, o treinamento científico não estaria mais disperso em diferentes institutos, sociedades e academias de caráter geral, mas reunido em uma só instituição de ensino e formação em pesquisa, com um único sistema pedagógico e didático. No entanto, não havia uma faculdade de ciências na sua estrutura, e a universidade operava como um mero conglomerado das três escolas, sem nenhuma articulação entre si, e sem qualquer alteração curricular e nos seus modos de funcionamento derivada da integração no formato universitário (Mendonça, 2000).

Por essas razões, a Universidade do Rio de Janeiro passou a ser criticada pela ABC, especialmente por meio da Associação Brasileira de Educação (ABE), de cuja fundação, em 1924, vários de seus membros participaram. Sob forte influência do movimento da Escola Nova e sob a liderança de intelectuais como Anísio Teixeira, Fernando de Azevedo e Manuel Lourenço Filho, a ABE se tornou um espaço efervescente de debates e de proposição de reformas educacionais que seriam decisivas para a formação de cientistas no Brasil. Um aspecto a se destacar nesta associação foi a importante participação de mulheres, como as educadoras e cientistas

Isabel Lacombe, Branca Fialho, Bertha Lutz, Armanda Álvaro Alberto, Alice Carvalho de Mendonça e Jerônima Mesquita.[4]

A universidade idealizada pelas duas associações deveria promover a iniciação e a formação técnico-científica e a realização de "pesquisas científicas originais" em temas nacionais. Suas seções de ensino e pesquisa teriam que ser especializadas, divididas em ciências matemáticas, físicas, químicas, biológicas e sociais, e seu plano pedagógico e didático deveria ser dirigido pela ABC e pela ABE. A Universidade de 1920 não atendia a nenhum desses requisitos, conforme o demonstram as discussões nas sessões da ABC naqueles anos (Sá, 2006).

Em reação à Universidade do Rio de Janeiro, novos projetos de faculdades de ciências e universidades foram discutidos e propostos pela ABC na década de 1920 (Carvalho e Moreira, 2017). Na falta da oferta sistemática de formação especializada em ciências, a Seção de Ensino Técnico e Superior da ABE (presidida por Ferdinando Laboriau) organizou, com apoio da ABC, cursos de "Alta Cultura" e de especialização, iniciados em 1926. A iniciativa obteve excelente público e, em 1927, teve nova edição, sob a organização de Amoroso Costa. Esses cursos eram realizados no anfiteatro de física da Escola Politécnica, seus professores eram cientistas membros da ABC e seus participantes eram alunos da Escola Politécnica, da Faculdade de Medicina do Rio de Janeiro e funcionários do Museu Nacional (Sá, 2006).

O projeto da universidade como espaço para a pesquisa científica viria a se concretizar apenas na década seguinte, com a criação da Universidade de São Paulo em 1934, da Universidade do Distrito Federal em 1935 e da Universidade do Brasil em 1937. No entanto, as iniciativas e debates conduzidos nos anos de 1920 foram de grande relevância para delinear os caminhos posteriores, marcados, muitas vezes, por disputas e tensões.

No caso da Faculdade de Medicina do Rio de Janeiro, por exemplo, a inserção de especialidades associadas à pesquisa científica esbarrou, em alguns momentos, em concepções e fronteiras socioprofissionais já estabelecidas. Foi o caso da medicina tropical, carro-chefe da produção científica do Instituto Oswaldo Cruz. A criação de uma cátedra nessa área (a exemplo do que ocorria na Europa) enfrentava resistências desde o início

[4] Sobre a importância das reformas educacionais da década de 1920 para o ingresso de mulheres na carreira científica, ver Azevedo e Ferreira (2006).

do século. Muitos professores daquela escola recusavam a ideia de doenças "peculiares" aos trópicos e, consequentemente, a necessidade de uma disciplina específica para abordá-las. Quando a cadeira foi instituída, no âmbito da reforma do ensino de 1925, tais resistências se intensificaram pelo fato de ter sido ela outorgada, sem concurso, a Carlos Chagas, pesquisador do IOC notabilizado na área e então diretor desse instituto e do Departamento Nacional de Saúde Pública.[5] A medida foi questionada como ingerência externa na Faculdade, qualificada por alguns, inclusive, como oportunismo político (Kropf, 2009).

Projetos de criação institucional, ensino universitário e reforma educacional em sentido amplo foram, portanto, temas candentes na época e a Academia Brasileira de Ciências foi ator decisivo nesse processo. E se da ABC decorreram debates e propostas para a fundação de universidades no Brasil, ela assumiu protagonismo também ao elaborar um plano inovador para o enfrentamento dos altos índices de analfabetismo do Brasil e para a ampliação do acesso à educação na década de 1920: a primeira estação de rádio do país.

Ciência para o público

No Brasil, a defesa da especialização científica teve como correlato imediato a promoção de iniciativas voltadas à "vulgarização" dos conhecimentos junto à sociedade.[6] A divulgação científica foi assumida pelos membros da Academia Brasileira de Ciências como parte inseparável de sua mobilização pública para angariar e fortalecer o reconhecimento social da ciência. Em 20 de abril de 1923, na sede da ABC na Escola Politécnica, foi fundada a Rádio Sociedade do Rio de Janeiro (transformada em Rádio Ministério da Educação em 1936 e, posteriormente, Rádio MEC). Ela foi projetada para ser uma verdadeira "escola". Consi-

[5] Em sua aula inaugural, em 1926, Carlos Chagas fez questão de enfatizar que a formação médica deveria contemplar o treinamento na pesquisa científica, inclusive como meio de produzir novos conhecimentos sobre os problemas de saúde da população, a exemplo do que ele e seus colegas do Instituto Oswaldo Cruz faziam no estudo da doença que leva seu nome e de outras endemias rurais (Kropf, 2009).

[6] O termo "vulgarização" da ciência, cunhado no século XIX, ainda era usado na década de 1920, sendo progressivamente substituído por "divulgação científica".

derando que mais de 70% da população era analfabeta (conforme Censo de 1920), a nova tecnologia do rádio foi vista como um meio simples e barato de propagar a cultura e a ciência para além dos círculos letrados das capitais, atingindo, inclusive, os lugares mais remotos de um país essencialmente rural. Era mantida por sócios que incluíam cientistas e intelectuais do período; daí o seu nome de "Sociedade". Tinha como presidente Henrique Morize, também presidente da ABC, e como secretário-geral o antropólogo Edgard Roquette-Pinto, outro membro ativo da ABC (Sá, 2006; Moreira e Massarani, 2002).

Os próprios cientistas da Academia de Ciências escreviam, montavam e apresentavam os programas, que abrangiam grande diversidade de temas, públicos (incluindo o infantil) e áreas do conhecimento. Muitos cursos tinham seus resumos publicados na revista *Radio — Revista de Divulgação Científica Geral*, órgão oficial da Rádio Sociedade, também criada em 1923, e na revista *Electron*, de 1926, publicada com apoio da Rádio.

O estabelecimento desse novo e inovador espaço institucional para a ciência brasileira ocorreu logo em seguida à festa do Centenário da Independência. A Rádio Sociedade foi criada meses depois da primeira emissão radiofônica oficial no Brasil, quando os visitantes da Exposição Internacional ouviram, em setembro de 1922, o discurso do presidente Epitácio Pessoa transmitido por meio de antena instalada no morro do Corcovado. A emissão alcançou receptores em Niterói, Petrópolis e São Paulo. A Rádio Sociedade, a seguir as estimativas de Roquette-Pinto, tinha alcance social muito maior:

> Creio que o Brasil tem hoje cerca de 30 mil lares providos de aparelhos receptores. Cada receptor serve, em média, a meia dúzia de pessoas. Porque, no interior, pelas provas que possuo, cada alto-falante é rodeado pela população da vila ou da fazenda. Há, portanto, umas 150 mil pessoas que ouvem diariamente as nossas lições, conferências, música, História do Brasil, higiene, conselhos úteis à agricultura, notícias cambiais e comerciais, notas de ciência etc. Se muitos dos ouvintes são pessoas cultas para as quais aquilo é passatempo, alguns milheiros são homens e mulheres do povo que, sem saber ler, vão aprendendo um pouco. Temos tudo feito? Que esperança! Estamos apenas no início do começo... [Roquette-Pinto, 1927:236]

O envolvimento dos membros da ABC com a divulgação da ciência pode ser explicado também pela formação positivista de vários deles, incutindo-lhe confiança na força transformadora do conhecimento. Além da convicção na ciência como guia moral, outra premissa básica do positivismo era a da puerilidade do "povo". Para os positivistas, as aspirações populares não se desenvolveriam sem auxílio e direção; na verdade, elas deveriam ser criadas e incentivadas por intermédio da exposição de modelos. Guiando o povo e indicando-lhe o que consideravam ser o "bom caminho", acreditavam contribuir de sua parte para o engrandecimento moral da sociedade (Lima e Sá, 2008).

Quanto a isso, vale destacar a importância do ideário universalista dos positivistas casado às suas propostas de reforma social (Barros, 1986; Ferreira, 2008). Para os positivistas, era imperativo que o Brasil vencesse o atraso e estivesse "no nível do século". Essa historicização tensionava os determinismos que haviam constituído importantes chaves de leitura da questão nacional no século XIX, abrindo caminho assim para interpretações da realidade brasileira que gerassem propostas concretas de resolução de seus problemas (Lima, 2013). E se, na leitura positivista, era urgente a atualização da sociedade brasileira com os ditos "padrões civilizados e modernos", seu papel, nesse caso, era o de forçar a marcha da história pela ação e intervenção sociais. Seu instrumento privilegiado? A ciência.[7]

Na órbita da ciência como fator de reforma social, meio indispensável ao "progresso" e base para a ação política, girava ainda a convicção na precedência do "bem coletivo" na vida pública e na promoção da ordem e da harmonia social pela expansão do acesso à educação. Por isso a crença de que as ideias científicas não deveriam permanecer sendo privilégio de poucos, mas estar "ao alcance de todos".[8] Além da ABC e da Rádio Sociedade, o Museu Nacional (MN) foi outro ator fundamental das iniciativas de divulgação científica e de aproximação entre cientistas e sociedade na

[7] A campanha que, na década de 1910, reuniu cientistas, intelectuais e políticos em prol de políticas públicas para o saneamento rural do país (que seriam implementadas na década de 1920) expressou essa ciência que reivindicava a capacidade de superar determinismos e "redimir" a nação de seus "males" (Lima e Hochman, 1996).

[8] A perspectiva de inclusão do "povo" nos circuitos de circulação da ciência era, por certo, marcada por uma relação hierarquizada. As assimetrias e desigualdades eram ainda mais evidentes quando se tratava do universo daqueles que poderiam não só *receber*, mas efetivamente *fazer* ciência.

década de 1920. A missão educativa assumiu lugar central na agenda da instituição, que confeccionou e distribuiu nas escolas pôsteres didáticos que resumiam tópicos das suas exposições para serem usados pelos professores em salas de aula. Apoiava e incentivava as próprias escolas a montar seus gabinetes locais de história natural, promovendo a publicação de guias de coleta, tratamento, classificação e desenho para a formação de coleções científicas básicas. Naturalistas do MN, como Bertha Lutz, percorreram, na década de 1920, escolas da capital e do interior do Rio de Janeiro e Minas Gerais para acompanhar e ajudar a implementação dessas iniciativas. Em 1927, o apoio às escolas foi ampliado com a criação do Serviço de Assistência ao Ensino e, em 1928, inaugurou-se, no MN, um auditório equipado para aulas de história natural, com projetor de *slides* e de filmes, onde ocorriam cursos e conferências. O Museu também vendia coleções de *slides* para as escolas que desejassem reproduzir nas aulas as projeções veiculadas no seu auditório (Duarte, 2010).

A capilarização das ações do Museu nas escolas contava com o concurso da ABE. A Associação era responsável pelo levantamento e indicação das escolas que gostariam de frequentar as exposições do Museu e também promovia visitas das escolas ao Jardim Botânico e à Escola de Belas-Artes. Na década de 1920, entre os principais objetivos da ABE estava o estímulo à educação popular e à instrução profissional, especialmente dos professores. Estes eram vistos como instrumentos fundamentais em ações de divulgação da ciência, pois seriam uma espécie de correia de transmissão, mediadores do conhecimento científico entre os especialistas, as crianças, seus familiares e as comunidades.

Os cientistas também consideravam que, nas escolas, um dos conteúdos mais importantes seria a "pedagogia da natureza" (Duarte, 2010), ou seja, a promoção de uma nova consciência em relação ao mundo natural. Do seu ponto de vista, a construção do Brasil moderno dependia da superação dos problemas de saúde e do analfabetismo, mas também da contenção da destruição das riquezas naturais do país e de sua valorização como verdadeiro patrimônio nacional. Nesta década, os saberes sobre a natureza ganhavam *status* de conhecimento indispensável à nação (Duarte, 2010). Em suas atividades de divulgação científica, como palestras, cursos e emissões radiofônicas, essa geração também defendia a proteção governamental aos recursos naturais, criticava o desmatamento, requeria uma reforma agrícola para modernização das lavouras e ações para dar fim às queimadas, e a elaboração de leis florestais (Franco e Drummond, 2009).[9]

Para os que se mobilizavam em demarcar valores, práticas e espaços para a pesquisa científica, a "vulgarização" da ciência nas escolas e outros espaços públicos contribuiria para despertar vocações científicas e, assim, reforçar o valor social conferido à carreira científica. Além disso, faria circular na arena pública as perspectivas de intervenção na sociedade que a ciência reivindicava em sua *missão* de conduzir a nação como *intelligentsia* acima das "turbulências" da conjuntura política. É necessário ressaltar, todavia, que aquele não era um grupo homogêneo. Não só porque assumiram perfis e inserções disciplinares e sociais diversas, mas porque em muitas situações foram dissonantes em suas perspectivas, valores e projetos de Brasil. Se havia a confiança de que o progresso nacional poderia ser alcançado por reformas na saúde e na educação, suas visões eram atravessadas, também de modo polissêmico, pelas ideias eugênicas que marcavam o campo intelectual da época, em especial quanto se tratava da composição racial da população (Souza, 2008).

Novamente, podemos citar a pesquisa em medicina tropical como exemplo das dissonâncias da época quanto às formas de se relacionar ciência e visões/projetos de Brasil. Em 1922, a sociedade acompanhou, por meio de ampla cobertura na imprensa, a polêmica em torno da doença de Chagas, cuja descoberta em 1909 havia sido festejada como grande feito da ciência brasileira. Carlos Chagas personificava o cientista que se destacava não apenas pelo reconhecimento acadêmico no Brasil e no exterior, mas por sua atuação no debate público sobre a nação. Para ele, a medicina tropical brasileira, além de colocar a ciência nacional "ao nível" da ciência internacional, propiciava conhecimentos e soluções para as "doenças do Brasil" (Kropf, 2009). Esse entendimento, no entanto, estava longe de ser consensual. Em acalorada contenda na prestigiada Academia Nacional de Medicina, o médico e literato Júlio Afrânio Peixoto lançou dúvidas sobre alguns aspectos técnicos da pesquisa sobre a doença e, sobretudo, confrontou a caracterização do Brasil como "vasto hospital", ex-

[9] Além da atuação na ABC, na ABE e no MN, esses cientistas estiveram envolvidos em atividades de proteção do mundo natural na Sociedade de Amigos das Árvores, no Centro Excursionista Brasileiro, na Federação Brasileira para o Progresso Feminino, na Sociedade de Amigos de Alberto Torres, na Sociedade de Geografia do Rio de Janeiro e na Sociedade dos Amigos da Flora Brasílica (Franco e Drummond, 2009).

pressão cunhada em 1916 pelo médico Miguel Pereira e propagada por Carlos Chagas e outros adeptos do movimento pelo saneamento rural (Sá, 2009). Peixoto considerava essa visão exagerada e antipatriótica. Para ele, a especialidade da medicina tropical reforçava estereótipos europeus e prejudicava a imagem do país no exterior, além de ser desnecessária diante dos conhecimentos propiciados pela higiene, disciplina da qual era catedrático na Faculdade de Medicina do Rio de Janeiro. Além de disputas de poder e rivalidades internas ao campo médico e da saúde da época, o caso revela os múltiplos significados pelos quais o nacionalismo atravessava o discurso científico e o lugar social reivindicado pelos cientistas em sua intervenção pública (Kropf, 2009).

Ciência para o mundo

O processo de legitimação social e profissional da ciência brasileira na década de 1920 transcorreu numa conjuntura em que o valor do conhecimento estava no centro do debate internacional. A Primeira Guerra Mundial havia imposto uma trágica sombra no horizonte dos que acreditavam viver um tempo ordenado pela lógica e pelos valores do progresso e da modernidade, dos quais a Europa se orgulhava de ser berço e centro irradiador para o "resto do mundo". O cenário se tornou ainda mais devastado pelos efeitos da pandemia de gripe espanhola que irrompeu justo no ano em que se pôs fim ao conflito. Eram muitos, portanto, os desafios para a reconstrução de uma "nova ordem mundial".

Às ciências foi atribuído protagonismo nesse caminho, especialmente pela expectativa de superação de uma "crise da razão" que, para muitos, havia marcado o período da guerra. A percepção das consequências da exacerbação dos nacionalismos fez da cooperação entre os países uma baliza estratégica para a reconfiguração geopolítica global. No âmbito do movimento internacionalista, a cooperação intelectual e científica passou a ser tratada como elemento valioso para a promoção da paz e da solidariedade entre os povos. Esta foi uma das frentes de atuação da Liga das Nações, criada em 1919, e no âmbito da qual se criou, em 1921, a Comissão Internacional de Cooperação Intelectual (Cici). O objetivo da Cici era promover reflexões sobre o papel dos intelectuais e cientistas na sociedade e os meios concretos para financiar suas atividades, de modo que a "vida do espírito", como diziam, não fosse desprestigiada e prejudicada diante das demandas de ordem material emergentes da guerra (Souza, 2015).

A partir de 1922, a Comissão passou a se encontrar anualmente em Genebra, reunindo um seleto grupo de intelectuais e cientistas (entre os quais Albert Einstein e Marie Curie), do qual o único sul-americano era o médico brasileiro Aloysio de Castro. Seguindo a tradição de médicos-literatos (como seu pai, Francisco de Castro), o então diretor da Faculdade de Medicina da Universidade do Rio de Janeiro tinha grande prestígio no círculo intelectual da Academia Brasileira de Letras, de cuja diretoria fazia parte naquele momento. Em 1923, Castro assumiu a presidência da então criada Comissão Nacional Brasileira, estabelecida por um grupo de intelectuais que se reuniam na Academia Brasileira de Letras com o objetivo de contribuir para os projetos da Cici.[10] Sua atuação nesses fóruns estaria particularmente marcada pelo tema da educação. Assumindo a direção geral do Departamento Nacional de Ensino em 1927, Castro integrou a subcomissão de relações universitárias da Cici (Souza, 2015; Pumar, 2015; Dummont-Quessard, 2012).

O internacionalismo na década de 1920 ia muito além da interação de Estados, governos ou instituições diplomáticas. Era protagonizado por grupos e indivíduos motivados por suas trocas acadêmicas específicas (que se intensificavam pelas dinâmicas transnacionais da ciência) e que, como vimos, engajavam-se na demarcação de sua própria identidade como intelectuais e/ou cientistas. Se, no contexto intelectual brasileiro, esse processo esteve diretamente articulado ao debate sobre os desafios próprios à nação, o *éthos* internacionalista valorizava a "universalidade" pela qual a atividade científica e intelectual deveria se sobrepor aos particularismos próprios à política e às fronteiras geográficas e culturais das nações. Para um país periférico como o Brasil, a inserção nesse universo e a adesão a essas bandeiras e valores fortaleciam os que se mobilizavam pela criação das universidades e outros espaços de profissionalização da carreira científica, bem como por ações concretas por parte do poder público para seu financiamento. A defesa da "neutralidade" da ciência como corolário de sua dimensão universalista vinha, assim, ao encontro dos que pretendiam angariar legitimidade — e autonomia — na cena pública como *intelligentsia* comprometida em construir o lugar do Brasil no "concerto das nações" (Souza, 2015; Pumar, 2015).

[10] A Comissão seria presidida por Edgard Roquette-Pinto entre 1932 e 1935 e, a partir de então, por Miguel Ozório de Almeida, que em 1937 reformou-a e transformou-a na Comissão Brasileira de Cooperação Intelectual, com sede no Itamaraty (Souza, 2015:178).

A conjuntura internacional do período contribuiu para a afirmação e institucionalização da ciência brasileira também por fortalecer os já tradicionais intercâmbios intelectuais e científicos entre Brasil e França (Hamburger et al., 1996). O centenário da Independência deu visibilidade a esses laços e, em 1923, fundou-se no Rio de Janeiro o Instituto Franco-Brasileiro de Alta Cultura, resultado de acordo entre o governo brasileiro e a missão diplomática francesa envolvida com a Exposição Internacional de 1922. O Instituto ficaria vinculado à Universidade do Rio de Janeiro e promoveria intercâmbios de professores. No campo das ciências biomédicas, tais trocas ganharam impulso com a criação, no Rio de Janeiro, também em 1923, de uma filial da Société de Biologie de Paris, sob a presidência do fisiologista Miguel Ozório de Almeida, um dos principais promotores da cooperação intelectual entre Brasil e França (Sá e Viana, 2010). Membro da ABC e pesquisador do Instituto Oswaldo Cruz, Almeida personificava o intelectual cientista mobilizado na defesa da "ciência desinteressada" e na reivindicação de espaços institucionais que garantissem sua prática.[11] A participação do Brasil em organismos internacionais na década de 1920 era, portanto, resultado de redes de colaboração científica que já vinham sendo tecidas nas distintas áreas de pesquisa, e, ao mesmo tempo, contribuía para consolidá-las.

Se os cientistas e intelectuais brasileiros veiculavam, a partir da ABC e da ABE, a ideia de que a ciência deveria ser reconhecida e profissionalizada como pilar de uma nação moderna, esse reconhecimento se fortalecia, portanto, mediante a capacidade dessa ciência de mostrar sua inserção na agenda científica internacional e seu pertencimento a uma ordem intelectual cosmopolita.

Conclusão

Conforme vem mostrando a historiografia, a atividade científica constitui atividade social que ganha contornos, em temporalidades específi-

[11] A partir da década de 1930, Almeida assumiria importantes posições em organismos de cooperação intelectual no Brasil e no exterior. Sobre sua trajetória científica, ver Souza (2015) e Pumar (2015). A diplomacia cultural francesa seria fundamental para o projeto das universidades na década de 1930, mediante sobretudo a circulação e intercâmbio de professores (Hamburger et al., 1996).

cas, a partir de atores, lugares e práticas concretas. Não foi nossa intenção aqui, por suposto, dar conta da multiplicidade e complexidade que caracterizaram tal atividade na década de 1920. Buscamos apontar, em linhas gerais, os caminhos que, nesse período, nortearam o processo de legitimação social e institucionalização da ciência como prática profissional diferenciada.[12]

Dimensão fundamental desse processo foi a criação, no Brasil, de instituições que historicamente constituíram espaços importantes para a identidade e a sociabilidade dos cientistas: as sociedades e academias. Remontando às associações criadas no contexto da chamada revolução científica do século XVII, como a Royal Society inglesa, estes são lugares institucionais relevantes tanto para a vocalização de demandas e pautas dos cientistas quanto para a promoção de valores comuns e a consolidação dos vínculos de pertencimento a esse coletivo. São também espaços decisivos para a construção e consolidação da imagem da ciência como prática dotada de credibilidade social (Philips, 2016). Como procuramos salientar neste capítulo, a Academia Brasileira de Ciências, que tanto destaque assumiu no campo intelectual dos anos de 1920, cumpriu precisamente esse papel, a partir das especificidades da sociedade brasileira. Ao levantarem a bandeira do conhecimento "desinteressado" e das universidades como espaços para a pesquisa, seus fundadores colocaram na agenda do debate público um novo entendimento sobre como a ciência poderia servir ao progresso material e espiritual da nação cuja "independência" se comemorava naquele momento.

Outra linha de atuação da ABC que buscamos ressaltar foi a promoção de ações de divulgação científica. A construção de uma relação com o público leigo sempre foi um dos elementos distintivos dessas associações. Elas foram e continuam sendo um espaço essencial, inclusive, para a própria construção da ideia de "público", mediante o duplo movimento pelo qual o conhecimento científico é valorizado como bem coletivo e como algo que deve beneficiar e ser apropriado pela sociedade como um todo. Ainda que as ações de divulgação estivessem incontornavelmente

[12] Os caminhos traçados na década de 1920 se ampliariam nas décadas seguintes — inclusive com a participação de muitos dos que atuaram na ABC e na ABE — com a criação das universidades, das agências de fomento à ciência (como o CNPq e a Capes, em 1951) e de outros espaços de representação dos cientistas, como a Sociedade Brasileira para o Progresso da Ciência, em 1948.

marcadas, em sua natureza e em seu alcance, pelas desigualdades que qualificavam essa audiência, o que nos interessa ressaltar é o movimento, historicamente situado, de construção de uma legitimidade com duas faces: o especialista e o público que o reconhece como tal. O recurso à nova tecnologia do rádio foi um exemplo significativo desse processo que, nos termos de hoje, chamamos de popularização da ciência.

Por fim, procuramos acompanhar outro movimento relevante pelo qual a ciência brasileira buscou reconhecimento no período: a participação em fóruns internacionais criados para propagar o valor da ciência e a cooperação intelectual como instrumento de harmonia entre as nações. Se, no contexto brasileiro, os ventos do nacionalismo impulsionavam projetos de afirmação social da ciência, tais projetos também se beneficiavam das novas rotas e espaços de circulação transnacional criados pelo internacionalismo do pós-Primeira Guerra.

No bicentenário da Independência, contexto marcado pelos efeitos dramáticos da pandemia de Covid-19 e da expansão de movimentos e governos de extrema-direita, a reflexão sobre a historicidade da ciência brasileira ganha novos sentidos. Trata-se menos, é claro, de pensar as "lições da história", mas de enfatizar que a ciência, como qualquer atividade social, traz a marca de seu tempo e se pauta pelos desafios que este lhe impõe. O valor do conhecimento, o compromisso com a sociedade, a importância de investimentos e espaços que lhe garantam autonomia, a defesa das instituições de pesquisa e da carreira científica, a inserção na agenda e nos debates da ciência internacional: esses temas mobilizaram os intelectuais cientistas que pensaram a nação brasileira nos anos de 1920 e continuam a mobilizar os que hoje se engajam na defesa da ciência como corolário da democracia, entre eles os historiadores.

Historicizar a ciência nos leva a examinar não apenas o que se quer preservar, mas sobretudo o que se quer transformar. A ciência que pensou e interveio sobre o Brasil nos anos de 1920 foi profundamente atravessada pelas hierarquias impostas pela ordem política e social de uma República oligárquica. Mesmo quando formulou ações de reforma da sociedade em prol da melhoria das condições de saúde e de educação da população, o fez de modo hierarquizado e tutelar, muitas vezes autoritário. A ciência que, hoje, pensa e quer intervir sobre o Brasil não pode abrir mão de enfrentar suas profundas e estruturais desigualdades. Mesmo porque setores sociais até então excluídos da academia — em seu sentido amplo — se fizeram, concretamente, sujeitos de sua agenda e práticas, num movimento que cabe ser aprofundado. Como vêm reivindicando as intelectuais feministas, que analisam a produção do conhecimento da perspectiva dos grupos subalternizados, a promoção de uma ciência diversa e inclusiva é justamente o que a fortalece, não apenas em sua relação com a sociedade, mas em seu estatuto epistemológico (Oreskes, 2019). Num momento em que a defesa da ciência e a sobrevivência das instituições científicas exigem mobilização nos mais distintos espaços públicos, a reflexão sobre qual ciência fizemos, fazemos e principalmente sobre qual ciência queremos fazer, com quais aliados e a partir de quais valores, é um empreendimento a um só tempo acadêmico e político.

Referências

ACADEMIA BRASILEIRA DE CIÊNCIAS. Helena Nader fala sobre representatividade, cortes de gastos e os desafios da ciência brasileira. *Academia Brasileira de Ciências. Categoria: mulheres na ciência.* 25 abr. 2022. Disponível em: www.abc.org.br/category/mulheres-na-ciencia/. Acesso em: 7 mai. 2022.

AZEVEDO, Nara; FERREIRA, Luiz Otávio. Modernização, políticas públicas e sistema de gênero no Brasil: educação e profissionalização feminina entre as décadas de 1920 e 1940. *Cadernos Pagu*, Campinas, v. 27, jul./dez. 2006, p. 213-254.

BARROS, Roque Spencer Maciel de. *A ilustração brasileira e a ideia de universidade.* São Paulo: Convívio; Edusp, 1986.

CARVALHO, José Murilo de. *A construção da ordem: a elite política imperial; Teatro de Sombras: a política imperial.* 2. ed. Rio de Janeiro: Editora UFRJ; Relume-Dumará, 2006.

____; MOREIRA, Ildeu de Castro (Org.). *Ciência no Brasil*: 100 anos da Academia Brasileira de Ciências. Rio de Janeiro: Academia Brasileira de Ciências, 2017.

CARVALHO, Marta Maria Chagas. *Molde nacional e forma cívica*: higiene, moral e trabalho no Projeto da Associação Brasileira de Educação (1924-1931). Tese (doutorado) —Universidade de São Paulo, São Paulo, 1986.

CUNHA, Luiz Antônio. *A universidade crítica*: o ensino superior na república populista. São Paulo: Editora Unesp, 2007.

DANTES, Maria Amélia M. (Org.). *Espaços da ciência no Brasil*: 1800-1930. Rio de Janeiro: Editora Fiocruz, 2001.

DUARTE, Regina Horta. *A biologia militante: o Museu Nacional, especialização científica, divulgação do conhecimento e práticas políticas no Brasil, 1926-1945*. Belo Horizonte: Editora UFMG, 2010.

DUMMONT-QUESSARD, Juliette. O Brasil no Instituto Internacional de Cooperação Intelectual (1924-1946): primeiro passo na construção de uma diplomacia cultural. In: SUPPO, Hugo Rogelio; LESSA, Mônica Leite (Org.). *A quarta dimensão das relações internacionais*: a dimensão cultural. Rio de Janeiro, Contracapa, 2012, p. 45-64.

FERREIRA, Luiz Otávio. O ethos positivista e a institucionalização das ciências no Brasil. In: LIMA, Nísia Trindade; SÁ, Dominichi Miranda de. (Org.). *Antropologia brasiliana*: ciência e educação na obra de Edgard Roquette-Pinto. Belo Horizonte: Editora UFMG, 2008, p. 87-98.

FRANCO, José Luiz de Andrade; DRUMMOND, José Augusto. *Proteção à natureza e identidade nacional no Brasil, anos 1920-1940*. Rio de Janeiro: Editora Fiocruz, 2009.

HAMBURGER, Amélia et al. (Org.). *A ciência nas relações Brasil-França (1850-1950)*. São Paulo: EdUSP, 1996.

HEIZER, Alda; VIDEIRA, Antonio Augusto Passos (Org.). *Ciência, civilização e Império nos trópicos*. Rio de Janeiro: Access, 2001.

____; ____ (Org.). *Ciência, civilização e República nos trópicos*. Rio de Janeiro: MauadX; Faperj, 2010.

KROPF, Simone Petraglia. *Doença de Chagas, doença do Brasil*: ciência, saúde e nação (1909-1962). Rio de Janeiro: Editora Fiocruz, 2009.

____; HOCHMAN, Gilberto. From the begginings: debates on the history of science in Brazil. *The Hispanic American Historical Review*, v. 91, 2011, p. 391-408.

LIMA, Nísia Trindade. *Um sertão chamado Brasil*. Intelectuais e representação geográfica da identidade nacional. 2. ed. São Paulo: Hucitec, 2013.

____; HOCHMAN, Gilberto. Condenado pela raça, absolvido pela medicina: o Brasil redescoberto pelo movimento sanitarista da Primeira República, In: MAIO, Marcos Chor; SANTOS, Ricardo Ventura (Org.). *Raça, ciência e sociedade*. Rio de Janeiro: Fiocruz; Centro Cultural Banco do Brasil, 1996.

____; SÁ, Dominichi Miranda de. Roquette-Pinto e sua geração na república das letras e da ciência. In: ____; ____ (Org.). *Antropologia brasiliana*:

ciência e educação na obra de Edgard Roquette-Pinto. Belo Horizonte; Rio de Janeiro: Editora da UFMG; Editora Fiocruz, 2008, p. 57-84.

MELO, Hildete Pereira de; CASEMIRO, Maria Carolina Pereira. A ciência no feminino: uma análise da Academia Nacional de Medicina e da Academia Brasileira de Ciências. *Revista Rio de Janeiro*, n. 11, set./dez. 2003, p. 1-24.

MENDONÇA, Ana Waleska Pollo Campos. A universidade no Brasil. *Revista Brasileira de Educação*, v. 14, 2000, p. 131-150.

MOREIRA, Ildeu de Castro; MASSARANI, Luisa. Aspectos históricos da divulgação científica no Brasil. In: ____; ____; BRITO, Fatima (Org.). *Ciência e público*. Caminhos da divulgação científica no Brasil. Rio de Janeiro: Centro Cultural de Ciência e Tecnologia da Universidade Federal do Rio de Janeiro, 2002, p. 43-64.

MORIZE, Henrique. Alocução pronunciada pelo professor Henrique Morize no almoço bimensal em que se reúnem os membros do Círculo de Professores e que se realizou no dia 15 do corrente. [S.d.]. Datilografado. Arquivo Henrique Morize. HM.T.3.007. Museu de Astronomia e Ciências Afins (Mast)/MCTI.

O PAIZ. Academia Brasileira de Sciencias. *O Paiz*, Rio de Janeiro, 19 set. 1922, p. 2.

ORESKES, Naomi. *Why trust science?* Princeton; Oxford: Princeton University Press, 2019.

PHILIPS, Denise. Academies and societies. In: LIGHTMAN, Bernard (Ed.). *A Companion to the history of science*. Nova York: John Wiley & Sons, 2016, p. 224-237.

PUMAR, Leticia. Between national and international science and education. Miguel Ozório de Almeida and the League of Nations' Intellectual Cooperation Project. In: MCPHERSON, Allan; WEHRLI, Yannick (Ed.). *Beyond geopolitics*. New histories of Latin America at the League of Nations. Albuquerque: University of New Mexico Press, 2015, p. 169-184.

ROQUETTE-PINTO, Edgard. *Seixos rolados*. Rio de Janeiro: Sussekind & Mendonça, Machado & Cia, 1927.

SÁ, Dominichi Miranda de. *A ciência como profissão*: médicos, bacharéis e cientistas no Brasil (1895-1935). Rio de Janeiro: Editora Fiocruz, 2006.

____. A voz do Brasil: Miguel Pereira e o discurso sobre o "imenso hospital". *História, Ciências, Saúde — Manguinhos*, Rio de Janeiro, v. 16, 2009, p. 333-348.

SÁ, Magali Romero; VIANA, Larissa M. La science médicale entre la France et le Brésil: stratégies d'échange scientifique dans la période de l entre-deux guerres. *Cahiers des Amériques Latines*, Paris, v. 65, 2010, p. 65-88.

SCHWARTZMAN, Simon. *Um* espaço *para ciência*: a formação da comunidade científica no Brasil. Brasília: MCT; CEE, 2001.

SOUZA, Leticia Pumar Alves de. A ciência e seus fins: internacionalismo, universalismo e autonomia na trajetória do fisiologista Miguel Ozório de Almeida (1890-1953). Tese (doutorado) — Programa de Pós-Graduação em História das Ciências e da Saúde, Fiocruz, Rio de Janeiro, 2015.

SOUZA, Vanderlei Sebastião de. Por uma nação eugênica: higiene, raça e identidade nacional no movimento eugênico brasileiro dos anos 1910 e 1920. *Revista Brasileira de História da Ciência*, Rio de Janeiro, v. 1, n. 2,2008, p. 146-166.

STEPAN, Nancy Leys. *Gênese e evolução da ciência brasileira*: Oswaldo Cruz e a política de investigação científica e médica. Rio de Janeiro: Artenova; Fundação Oswaldo Cruz, 1976.

VIDEIRA, Antonio Augusto Passos. *Henrique Morize e o ideal de ciência pura na República Velha*. Rio de Janeiro: Ed. FGV, 2003.

TOLMASQUIM, Alfredo Tiomno. Constituição e diferenciação do meio científico brasileiro no contexto da visita de Einstein em 1925. *Estudos Interdisciplinarios de America Latina y el Caribe*, v. 7, 1996. Disponível em: www.tau.ac.il/eial/VII_2/tolmasquim.htm. Acesso em: 17 jul. 2022.

CAPÍTULO VI

Ciência e universidade no Rio de Janeiro na década de 1920

Antonio Augusto Passos Videira[1]

Introdução

O processo de institucionalização da ciência no Brasil sempre deixou a desejar, segundo seus próprios protagonistas: cientistas e professores das escolas de ensino superior e faculdades. As reformas promovidas, como a criação de escolas de medicina e engenharia, por exemplo, entre 1808 e 1810, pelo então príncipe regente e futuro rei de Portugal, d. João VI, aconteceram em meio a sentimento de atraso com relação a outros países. As modificações foram elaboradas e aplicadas para nos tirar do atraso e nos colocar no mesmo plano que os países considerados cientificamente desenvolvidos. Em geral, as reformas ligadas ao universo da ciência, da pesquisa e do ensino superior foram tentadas a partir de inspiração colhida diretamente em centros vistos como mais avançados, quase sempre na Europa do Norte.

Desde o século XIX até o final da primeira metade do século passado, quando cedeu lugar para os Estados Unidos, a França frequentemente serviu como um desses modelos a serem copiados. Uma característica sempre atribuída às nossas instituições científico-pedagógicas ao longo

---

[1] Trabalho apoiado por uma bolsa de pesquisa do CNPq (nº 306612/2018-6) e pelo programa Prociência/Uerj. A ortografia dos trabalhos de Morize, Ozorio de Almeida, e dos outros autores citados foi atualizada. Gostaria de deixar registrados os meus agradecimentos aos comentários feitos pelo meu amigo, Carlos Fils Puig.

do século XIX foi seu caráter técnico e voltado principalmente para a formação de engenheiros, médicos e funcionários para a administração. Isso provavelmente se deu porque essas instituições eram promovidas porque os governantes acreditavam que era necessário contar com pessoas com conhecimentos específicos e especializados para que o Estado funcionasse. A partir do início do século passado, algumas vozes começaram a se pronunciar publicamente contra essa visão utilitarista do conhecimento. Afirmava-se que, devido à preferência por um conhecimento mais voltado para a aplicação — ou resolução imediata de problemas —, raramente teria havido real interesse por outro tipo de conhecimento que não gera imediatamente nenhuma aplicação ou não resolve problema específico da sociedade. O conhecimento que se interessa só pelo funcionamento dos fenômenos naturais parece ter sido marginalizado.

No início do século XX, alguns professores da Escola Politécnica e da Faculdade de Medicina, entre outras instituições, quase todas sediadas na cidade do Rio de Janeiro, começaram a tentar reverter esse quadro de desamparo à ciência pura — expressão que eles usavam para caracterizar o tipo de conhecimento que julgavam ser importante. Reconhecendo a inadequação da situação institucional então vigente, professores e cientistas como Henrique Morize (1860-1930), Manoel Amoroso Costa (1885-1928), Miguel Ozorio de Almeida (1890-1953) e Álvaro Ozorio de Almeida (1882-1952), Edgar Roquette-Pinto (1884-1954) e Heloísa Alberto Torres (1895-1977), entre outros, iniciaram um movimento em favor da reforma ou da criação das instituições adequadas para a existência e a consolidação de um conhecimento visto como desinteressado e cuja existência seria explicada basicamente pela curiosidade de seu(ua) descobridor(a). Nas palavras de Miguel Ozorio de Almeida, a ciência pura pode ser assim caracterizada — devendo-se notar, na definição, a preocupação com a relação estreita entre ciência pura e aplicada, porque esta última deve, na opinião daquele cientista, sua existência à primeira: "A ciência pura, isto é, a ciência feita pelo prazer de encontrar coisas novas, com o fim de conhecer melhor um determinado canto do universo, a todo momento fornece às aplicações práticas elementos do mais alto valor" (Ozorio de Almeida, 1925:156).

Pode-se afirmar que esse espírito motivou a busca desse desenvolvimento institucional a partir de então, e podemos compreender melhor a história das principais instituições científicas brasileiras a partir dessa ótica.

Em 1916, ocorreram dois importantes eventos na cidade do Rio de Janeiro. O primeiro foi a fundação da Sociedade Brasileira de Ciências, transformada, em 1921, em Academia Brasileira de Ciências. O segundo foi a criação da hoje extinta Faculdade de Filosofia e Letras do Instituto Histórico e Geográfico Brasileiro (IHGB), que começou seus trabalhos como Academia de Altos Estudos, e que deveria mudar a perspectiva com a qual o ensino superior era praticado no país, ainda impregnado de concepções positivistas. Tanto a Sociedade Brasileira de Ciências quanto a breve Faculdade de Filosofia e Letras procuravam reagir ao lugar que o sistema filosófico criado por Auguste Comte (1798-1857) ocupava entre aqueles que eram influentes. A presença das ideias de Comte entre nós começara em meados do século XIX, na Escola Politécnica no largo de São Francisco, também na cidade do Rio de Janeiro. Como ilustração da influência comteana em nossa sociedade ao final do século, tivemos, com a formação da República, nossa bandeira ilustrada pelo lema positivista "ordem e progresso". A Sociedade Brasileira de Ciências e a Faculdade de Filosofia e Letras deveriam transformar o cenário acadêmico, científico e intelectual do país a partir de suas atividades na então Capital Federal, justamente porque dariam abrigo à ciência pura. Para os defensores do positivismo, não haveria espaço para as universidades como centro de produção de conhecimento científico, como veremos a seguir (Ferreira, 1993, Alves, 2001).

Os positivistas se opuseram à criação das universidades porque, entre outras razões, o conhecimento já estaria praticamente pronto, não restando nada de fundamental a ser descoberto. Uma segunda razão contrária era a desconfiança profunda que nutriam com relação aos aspectos especulativos da ciência. Em outros termos, os positivistas nutriam profunda desconfiança com relação às investigações teóricas, que já começam a se tornar frequentes em domínios como a física e a matemática. O positivismo, no Brasil, apesar de ter sido incorporado entre nós, principalmente pelos engenheiros, como um elemento renovador, o era por meio do privilégio dado às ideias de Comte sobre as pesquisas empíricas e sobre a técnica. Com o passar do tempo, esse privilégio enrijeceu e acabou por se transformar em dogma, a ponto de ser praticamente impossível toda e qualquer crítica àquele ideário, mesmo quando o conteúdo era eminentemente científico.

A situação favorável ao positivismo começou a mudar nos últimos anos do século XIX, quando o matemático e professor da Escola Politécnica do Rio de Janeiro, Otto de Alencar (1874-1912), atacou publicamente ideias matemáticas do filósofo francês. Suas críticas foram lembradas por anos, inspirando alunos, como foi o caso de Manoel Amoroso Costa (1885-1928). Em 1925, numa conferência na cidade do Rio de Janeiro intitulada "A alta cultura e sua organização", Miguel Ozorio de Almeida, notabilizado tanto por seus trabalhos em fisiologia quanto por livros em prol da ciência pura, da promoção do ensino universal e da divulgação da ciência — assim se pronunciava sobre o tipo de ensino de sua época — observe-se que "alta cultura" seria sinônimo de ciência pura:

> Entre nós sempre se confundiu ensino superior com ensino técnico e profissional. Ora, na Escola Politécnica formam-se engenheiros, nas Faculdades de Medicina fazem-se médicos [...] O ensino em cada uma dessas escolas destina-se a preparar para uma profissão ou para um ofício, e por mais interessantes que sejam, essas profissões e esses ofícios não constituem meio de chegar à alta cultura. As ciências fundamentais, aquelas justamente que poderiam concorrer para a grande cultura do espírito, são, e não poderiam deixar de o ser, muito resumidamente e muito elementarmente estudadas nessas escolas. A Escola Politécnica não pode formar matemáticos. A Matemática aí se estuda em vista de certas aplicações práticas de modo simples e reduzido [...] Precisamos, quanto antes em nosso país, fornecer meios de estudo superior aos que por suas tendências, sua inteligência, e capacidade desejam atingir a um alto grau de cultura [...] É indispensável criar não somente faculdades ou escolas superiores de ciências, como também faculdades ou escolas superiores de letras. [Ozorio de Almeida, 1931:158]

A opinião desse grupo de homens e mulheres, reunidos em torno do ideal da ciência pura, era radical a ponto de alcançar o plano da ética. O privilégio dado à resolução de problemas práticos corresponderia, segundo eles, à preferência por valores ligados à esfera da eficiência, do dinheiro e do poder material. A crítica aos valores existentes em torno da técnica era feita com cuidado, como podemos perceber nas palavras de Miguel Ozorio de Almeida sobre seu colega nas lutas em favor da melhoria de nosso ambiente científico e educacional, Amoroso Costa, que era matemático, filósofo das ciências, engenheiro e professor de astronomia e geodésia da Escola Politécnica carioca — tratava-se de ganhar aliados e não de conquistar inimigos:

> O sr. Amoroso Costa não é um intransigente. Ele não foi aos extremos e reconhece a necessidade, cada vez mais premente, do desenvolvimento do ensino propriamente profissional. Mas o que ele reclama, e nisso eu o acompanho sem reservas, é a criação de um ensino, ainda mais elevado, mais alto, que dê a grande cultura. [Ozorio de Almeida, 1925:130]

O mesmo diagnóstico sobre a situação do ensino superior e da pesquisa no Brasil havia sido incorporado por outro ativo membro do grupo, Theodoro Ramos (1895-1937), que era engenheiro, matemático e um dos primeiros responsáveis pela introdução de novas ideias científicas ligadas à física moderna (relatividade restrita e física quântica). Para Ramos, o ensino no Brasil era muito prático. Ele já havia tido, também na década de 1910, reação contrária ao conservadorismo no ensino da matemática em nosso país — marcado pelas ideias de Comte — em sua tese de doutorado, apresentada à Escola Politécnica do Rio de Janeiro em 1918. Para Ramos, a situação do ensino e da pesquisa no Brasil poderia ser modificada, desde que os seguintes princípios fossem respeitados:

> A organização universitária ideal seria aquela que, a par da manutenção de cursos visando à educação de profissionais capazes nas especialidades respectivas, estabelecesse institutos convenientemente aparelhados onde as formas mais elevadas e mais aperfeiçoadas das ciências fossem cultivadas e ministradas ao grupo de selecionados que se destinassem ao professorado e às pesquisas originais. Em nosso país um sério obstáculo se opõe inicialmente à criação de institutos universitários de alta cultura; refiro-me à dificuldade que apresenta a formação do respectivo corpo de professores. Para resolver problema tão relevante e delicado, dever-se-ia cuidar sem demora do aperfeiçoamento de elementos nacionais de comprovado valor intelectual, quer organizando alguns cursos científicos dirigidos por professores estrangeiros contratados, quer então, e esta solução talvez seja preferível, enviando aos centros de grande cultura tais elementos com determinados programas de estudos a seguir. [Ramos, 1933:16]

A segunda instituição, que aqui nos interessa, a Faculdade de Filosofia e Letras do IHGB, existiu somente entre 1916 e 1921. À frente desse projeto estava basicamente o mesmo grupo que fundara a Sociedade Brasileira de Ciências, mas que também se fazia presente nas sessões do IHGB. Segundo descrição da historiadora Lúcia Pascoal Guimarães, essa faculdade procurava se diferenciar de instituições de ensino superior não só no plano pedagógico, mas também em sua organização:

> O recém-criado estabelecimento de ensino superior possuía uma estrutura administrativa ágil. Poucos funcionários, direcionados exclusivamente para as atividades de registro escolar e tarefas afins. Os vínculos com a entidade mantenedora, entretanto, ficavam assegurados por meio da presença na sua Congregação tanto do presidente, quanto do secretário perpétuo do IHGB, a quem estavam reservados os cargos de diretor e de secretário da Faculdade. A cobrança de taxas e mensalidades, cujos valores estavam fixados no próprio regulamento, deveria garantir a sua autossuficiência financeira. Sem negligenciar dos propósitos da antiga Academia [de Alta Cultura], ou seja, de formar pessoal para a administração pública, a Faculdade dedicava um cuidado especial no preparo de quadros para o magistério secundário. Inspirada no modelo da Escola Normal Superior de Paris. [Guimarães, 2000:6]

Ainda segundo Guimarães (2000), uma das razões parece ter sido a concorrência que a faculdade começou a sofrer por parte dos defensores do Colégio Pedro II, bem como daqueles que queriam que os egressos do Curso Normal Superior tivessem preferência nos concursos públicos. No entanto, esse fracasso esmoreceria o grupo em prol da ciência pura. Em 1924, seus membros criaram a Associação Brasileira de Educação (ABE), que deu continuidade, pela incorporação do mesmo ideário, à luta iniciada na década anterior, e que defendia que, sem reforma profunda de nossas instituições de ensino, principalmente daquelas voltadas para a formação de profissionais especialistas em campos do saber que começavam a ser considerados fundamentais, o Brasil seria incapaz da superação de seu secular atraso. Compreender o modo como isso se deu parece ser de profundo valor para compreender não só o desenvolvimento, como o funcionamento hodierno das instituições científicas.

No período que estamos aqui considerando, os discursos oficiais da época quase nunca faziam referência à ciência. Quando lembrada, essa atividade era aquela capaz de contribuir para o avanço econômico e civilizatório do país. Henrique Morize e seus companheiros tentaram, com todos os meios de que dispunham, mostrar que apenas a ciência aplicada não seria importante para o desenvolvimento do Brasil ou de qualquer outro país. Eles, como que remando contra a maré, defendiam a necessidade de implantação e valorização da ciência pura. Segundo eles, ela era fundamental não apenas por proporcionar novos conhecimentos sobre a natureza, mas também por ter se transformado na base sem a qual a ciência aplicada não poderia existir nem se desenvolver. A ciência pura seria, assim, uma condição necessária para a ciência aplicada. Todo e qualquer país, verdadeiramente interessado em aumentar suas riquezas, teria obrigatoriamente que investir em ciência pura:

> A ciência pura, desinteressada, da qual nasceram as aplicações práticas, tal como da semente resultam a planta e o fruto, é a base da riqueza nacional, e as nações que a abandonam, fiadas no benefício provável das pesquisas feitas em países que melhor compreendem os interesses seus e da humanidade, ficarão condenadas a serem países de 2ª classe, qualquer que possa ser a riqueza ostentada em certa fase. [Morize, 1918:6-7]

Morize costumava afirmar que o estabelecimento da ciência pura em nosso meio só seria possível caso outras transformações acontecessem — a mais importante delas relacionava-se à modificação da realidade vivida pela educação brasileira, em particular pela educação de nível superior. Assim, Morize e colegas não apenas defenderam a causa da ciência pura, mas também lutavam, a partir da Associação Brasileira de Educação, por reformas profundas nas escolas e nas faculdades de então. Segundo Fernando de Azevedo, contemporâneo de muitos desses movimentos e defensor da chamada Escola Nova, a República Velha pouco prestara atenção para a educação. São essas as palavras que Azevedo usou, na década de 1960, para descrever a situação predominante nas duas ou mesmo três primeiras décadas do século XX, quando o regime republicano

> nem contemplou nem optou por fazer uma mudança radical no sistema educacional, para promover a renovação intelectual das elites culturais e políticas necessária dentro das novas instituições democráticas. Mantendo seu caráter quase puramente profissional, a educação superior brasileira não se fortaleceu com a criação de institutos culturais como escolas de filosofia e letras ou de ciências, que pudessem associar a pesquisa teórica ao ensino. Como também não houve qualquer esforço para promover um

espírito científico, criando novas bases para reorientar a educação secundária, base sobre a qual normalmente repousa a superestrutura da educação superior — aplicada ou não, profissional ou não. [Azevedo apud Schwartzman, 2001:98][2]

A declaração de Fernando de Azevedo expressa a principal ideia que alimentava os pensamentos de cientistas e educadores dos anos de 1920: o espírito científico deveria ser consagrado como o elemento mais importante das ações do governo, em particular daquelas relacionadas com educação e saúde, domínios em que, mais facilmente, podia-se, então, atingir a nação como um todo. Ainda que restrito aos poucos homens e mulheres que se interessavam por essas reformas, o grau de unanimidade em torno desse ideal era grande na época, como podemos perceber nas palavras de Morize:

> É forçoso confessar que estamos muito longe desse ideal [cultivar a ciência pura], e que, por vários motivos que não posso estudar, o estado científico do país muito deixa a desejar, e é nosso dever auxiliar sua lenta evolução. A esta amistosa associação [Clube dos Professores], que nos junta em volta desta mesa, e que reúne notável grupo de lutadores dispostos a acelerar o progresso real do país, cabe a obrigação moral de agir junto dos poderes públicos e também nas massas profundas da população, a fim de que melhorem as condições do ensino superior. Temos desde alguns anos uma Universidade nesta capital, mas coisa alguma se fez no sentido de dar-lhe realização; é um nome que nada representa de real e um exemplo geral [da] ausência de espírito científico, o qual não se contenta com as aparências e exige a verdade. As nossas escolas superiores lutam com todas as dificuldades, de organização, de pessoal, de recursos, e estão neste instante dependentes de uma reforma que permanece como enorme incógnita. [Morize, 1918:7]

As dificuldades para introduzir a ciência pura no meio acadêmico-cultural brasileiro do início do século XX levaram alguns cientistas a fazerem declarações relativas à capacidade de o brasileiro se dedicar à ciência. Um

[2] Julgamento de Fernando de Azevedo da situação do ensino superior durante a República Velha.

exemplo desse questionamento é o trecho seguinte, retirado de um artigo de Miguel Ozorio de Almeida, "A mentalidade científica":

> O nosso problema consiste, de fato, em saber se a forma da inteligência do brasileiro se adapta à pesquisa científica. São as tendências, os traços predominantes do espírito, que devem ser analisados. Ora, essas tendências não se evidenciam com todos os seus caracteres quando o espírito escolhe livremente os problemas sobre os quais exerce sua atividade. Quando se nos apresenta estudar um problema prático, inadiável e indispensável, não temos a liberdade de manifestar predileções. Sua resolução se impõe, e se não somos capazes de a ela chegar, recorremos a quem tenha essa capacidade.
>
> Mas, quando um homem, sem uma obrigação preestabelecida, se atira à solução de um problema já existente, ou estabelece questões ainda não anteriormente conhecidas, as modalidades de sua inteligência se mostram mais claramente. O conjunto dessas modalidades constitui uma vocação. [Ozorio de Almeida, 1925:206]

Para Miguel Ozorio de Almeida, o que estava em jogo não era a capacidade intelectual individual do brasileiro, ou seja, sua competência, mas, sim, se ele sabia respeitar a ciência pura, entendendo que ela integra completamente a sua vida:

> A grande massa do Brasil, e nessa expressão também se incluem as classes que, pelo poder ou por seus meios, são capazes de ter as iniciativas fecundas, ainda não compreendeu de todo que a cultura científica não é só um atestado da raça. Na época atual, sendo todos os atos da vida diária dependentes da melhor utilização dos valores existentes ao alcance do homem, a ciência representa um papel ativo de criação. É ela que tem a seu cargo a descoberta dos meios de maior e mais completo aproveitamento das energias apresentadas pela natureza. Ela se encontra assim na base dos trabalhos de indústria e de todas as atividades que procuram aumentar nossos bens. [Ozorio de Almeida, 1925:206-207]

Novamente, deparamo-nos com a principal queixa dos cientistas companheiros de Morize: a falta de respeito e de compreensão pela importância da ciência, por parte de toda a sociedade brasileira e não apenas de suas elites dirigentes. No Brasil, segundo Miguel Ozorio de Almeida, a situação era dramática, muito pior do que a enfrentada por países que, após o fim da Primeira Guerra Mundial, demonstraram grande ceticismo com relação ao valor da ciência. Estes ainda tinham a seu favor um passado favorável e acolhedor à ciência. Em nosso país, "o problema é diferente; não se trata de evitar a decadência de uma ideia, mas de criá-la, a partir, por assim dizer, do nada" (Ozorio de Almeida, 1925:130).

Para melhor avaliar as palavras de Miguel Ozorio de Almeida, é importante lembrar as transformações sofridas pelo ambiente científico-cultural brasileiro da época. Aos poucos, a visão utilitarista de ciência começava a mostrar suas debilidades, principalmente porque o nível de desenvolvimento econômico-industrial então alcançado estava aquém do desejado e do prometido pelos primeiros governos republicanos. À medida que se tornavam mais e mais evidentes as fraquezas da política econômica, cultural e pedagógica da República Velha, eram intensificados os esforços feitos por Morize e seus colegas em prol da ciência pura. Em muitas ocasiões, essa luta tornava-se pública, por meio de discursos. Fica evidente, nos pronunciamentos de Morize, Miguel Ozorio de Almeida e Manoel Amoroso Costa, entre outros, a consciência que tinham das dificuldades que deveriam enfrentar. Um dos exemplos flagrantes disso diz respeito à ideia de criar uma faculdade de ciências no Brasil, como vimos.

Os princípios que dirigiram a atuação de Morize nesse período — no que ele foi acompanhado por seus colegas da Academia Brasileira de Ciências — parecem corroborar a seguinte tese de Roque Spencer Maciel de Barros:

> A república viria como coroamento dos triunfos liberais, aos quais, aliás, não era pessoalmente infenso o monarca. Viria em 1889, como poderia ter vindo antes ou depois, mas sempre como corolário de todo o amplo movimento de ideias que se agitavam depois de 1870. Pois bem: realizada a República, na filosofia, na literatura, na pedagogia, na política, não se rompe o círculo de ideias do fim do império: cremos que até 1914 — apenas para ter a referência de uma data — prolonga-se o mesmo movimento intelectual. No máximo, podemos dizer que de 1870 a 1889, esse movimento ganha toda a sua consistência: é a sua juventude, a fase de plena confiança, a crença em que as novas ideias transformarão radicalmente o país, depois é o arrastar-se desse movimento, as primeiras reações sérias

> contra ele, até que a guerra de 1914 abrisse os olhos da humanidade — e com os dela, até certo ponto, os do Brasil, para novos problemas, novas realidades. [Barros, 1986:8]

Para outros autores, entre os quais José Murilo de Carvalho (1997) e Nicolau Sevcenko (1983), a Primeira República não pôde — ou não quis — realizar os sonhos de transformação de vários segmentos da sociedade brasileira da época, entre os quais se sobressaíam dois setores diametralmente opostos no espectro social: os intelectuais e aqueles que se encontravam à margem da sociedade. Esse descontentamento com os rumos da república brasileira levou muitos desses cientistas e professores a criticarem as políticas dos presidentes militares e oriundos das oligarquias da época. A saída vislumbrada por esse grupo de cientistas foi a de se reunir em torno de uma agremiação para tentar mostrar o valor e a utilidade do tipo de ciência ao qual gostariam de poder dedicar suas vidas. Assim, lutaram por reformas em todos os setores em que tinham interesse: a criação de faculdades de ciências, bem como a tentativa de influenciar nas decisões do governo relacionadas com o desenvolvimento do país.

A década de 1910 deu a Henrique Morize a oportunidade de discursar diante das mais altas autoridades do país, incluindo-se o presidente da República. Em 1913, por exemplo, no lançamento da pedra fundamental do novo edifício do Observatório Nacional, Morize defendeu a seguinte tese: a ciência pura, aquela que produz conhecimentos teóricos, ou seja, o que é perseguido e desenvolvido sem que haja por parte do cientista, que o cria, um compromisso com utilidades materiais ou práticas, é o mais alto e importante valor a que podem aspirar as nações. Contudo, Morize sabia que era preciso adequar as palavras ao seu auditório, caso quisesse se fazer entender. Para isso, usou termos que soariam melhor aos ouvidos dos altos dignatários da República — deve ser lembrado que o presidente do Brasil era um marechal: "Confesso-me imensamente grato pelo interesse manifestado por SS. Exas. em prol do desenvolvimento científico, que constitui o mais elevado critério pelo qual se pode apreciar o grau de civilização alcançado por uma nacionalidade" (Morize, 1913:3).

Ao associar desenvolvimento científico à civilização e à nação, Morize repetia uma tese conhecida desde o século XIX e que ganhou força à medida que este passava: a ciência e a técnica seriam elementos fundamentais para o progresso; todo e qualquer país que desejasse integrar o conjunto dos países civilizados deveria promover a ciência. Nesse ponto, portanto, Morize não foi original, mesmo para o contexto brasileiro. No entanto, o restante do seu discurso representou uma modificação importante, pois Morize passou a defender, sem meias-palavras, que a ciência não era una, sendo constituída de dois elementos, a ciência pura e a ciência aplicada ou técnica. Como fez em ocasiões posteriores, Morize enfatizou a necessidade de se perceber que os "trabalhos teóricos" são a principal fonte de riqueza de toda e qualquer nação:

> Penso o contrário, meus Senhores, e escudado por muitos ilustres pensadores, não trepido em afirmar que todos os estudos, mesmo os mais abstratos, são de transcendente utilidade que infelizmente escapa àqueles que não possuem cultura suficiente. Pode-se, sem receio, asseverar que quase todos os progressos positivos, materiais até, e suscetíveis de serem avaliados em moeda, derivam de trabalhos puramente teóricos, empreendidos por pesquisadores desinteressados, que se consideravam suficientemente recompensados de seus esforços pelo descobrimento de alguma verdade nova. [Morize, 1913:6]

Anos depois, e diante dos seus colegas da Sociedade Brasileira de Ciências (a antecessora da Academia Brasileira de Ciências), Morize foi ainda mais enfático e não escondeu seu pensamento sobre a existência de uma hierarquia entre os dois elementos que compõem a ciência:

> O proclamar que a ciência abstrata deve ter a primazia sobre a aplicada não significa de forma alguma que seja esta destituída de valor. Muito pelo contrário. Se a primeira constitui um ideal muitas vezes inatingível, a segunda apresenta problemas mais numerosos e geralmente de solução mais fácil e que, por isso mesmo, ficam mais ao alcance de pesquisadores obrigados a gastar em trabalhos profissionais a maior parte de seu tempo. [Morize, 1917:10]

Os cientistas seriam, segundo as palavras de Morize, pessoas que ficariam plenamente satisfeitas com a descoberta de uma verdade desinteressada. Para ele, a verdade não teria compromisso obrigatório com a utilidade. Portanto, Morize acreditava que o valor e o grau de civilização alcançados por um país devem ser medidos, aferidos, pelo empenho que fazem para desenvolver a ciência pura; o critério de utilidade é grosseiro, porque imediatista: "Seja-me, entretanto, permitido observar que o critério de utilidade maior ou menor, especialmente em se tratando de assuntos científicos, é muito relativo, e depende em larga escala do grau de cultura daquele que se atreve a emitir o juízo" (Morize, 1917:5).

A tática escolhida por Morize implicava riscos, pois seu pensamento baseava-se numa estreita vinculação entre o elevado nível cultural existente entre os membros da sociedade — em particular, aqueles que detinham posições de mando ou influência — e a capacidade apresentada por essa mesma sociedade em apreciar a importância da ciência pura. O risco estava no fato de que Morize reconhecia que o nível cultural do Brasil era, em geral, muito baixo; como, então, esperar apoio por parte da população? A solução consistiria em apelar para as chamadas elites, o que Morize fez com frequência, na medida em que elas tinham um nível cultural e educacional mais elevado.

No entanto, como a história política do país mostrava de modo enfático, não se deveria esperar um grande apoio por parte dessas mesmas elites. Assim, a única saída possível seria defender uma elevação do nível cultural de forma geral. Ou seja, toda a população deveria poder frequentar a escola, universidades deveriam ser criadas e, uma vez mais, a ciência pura deveria ser apoiada pelo governo. A defesa em favor do ensino foi promovida a partir da Associação Brasileira de Educação e a divulgação da cultura aconteceu a partir de 1923, quando foi criada a Rádio Sociedade, ligada à Academia Brasileira de Ciências. As menções a essas agremiações exibem o nível de conscientização dos cientistas brasileiros da década de 1920.

A experiência como catedrático e diretor de uma instituição antiga e prestigiosa como o Observatório Nacional levou Morize a perceber com clareza que a única possibilidade para se mudar o ambiente científico no Brasil, fazendo valer a predominância da ciência pura, seria por meio da união de todos os cientistas. Era preciso, pois, criar uma associação que os defendesse. Essa foi uma das razões que levaram, em 1916, à fundação da atual Academia Brasileira de Ciências. Como era comum em seus discursos, Morize apelou para o grau de cultura já alcançado pelo país:

> Numa capital rica e próspera como a cidade do Rio de Janeiro, era indispensável que se fundasse um grêmio, onde aqueles que estudam as ques-

tões de ciência pura pudessem encontrar fraternal agasalho e no qual se promovesse a formação de um ambiente intelectual capaz de transformar a indiferença, ou mesmo a hostilidade, com que a maioria habitualmente acolhe a publicação de tudo quanto não tem o cunho de utilidade material, embora devam saber todos que receberam a educação liberal corrente que muitas artes e indústrias têm como base pesquisas científicas e princípios abstratos. [Morize, 1917:4-5]

A citação nos permite perceber que, até 1916, a ciência pura no Brasil encontrava-se numa situação muito precária. Ou bem era recebida com indiferença, ou — o que era ainda pior — com hostilidade. Essa última reação pode ser compreendida se nos lembrarmos que, após a Proclamação da República, e ainda por muitos anos, a sociedade brasileira, ou seus segmentos mais visíveis, aqueles que compunham as elites econômicas e políticas e que habitavam, em sua maioria, as cidades, estiveram mais preocupados em enriquecer rapidamente e sem muito esforço. Como a ciência pura não poderia contribuir para que esse objetivo fosse atingido, ela era desprezada e hostilizada.

No Brasil de então ressurgia o nacionalismo, sentimento um pouco esquecido desde o início do século XX, que trouxera, com as transformações arquitetônicas e urbanísticas, um pouco do modo de vida predominante nas grandes capitais europeias. Morize, ainda que sem o desejar explicitamente, parecia acompanhar um movimento igualmente presente em outras esferas da vida intelectual, que buscavam alcançar certa independência. Como nos diz Sevcenko:

> Por sua vez, a situação, já por si difícil, dos intelectuais se agravou com a crise da guerra. Vemos aparecer então as primeiras sociedades profissionais para a defesa dos interesses da classe: a Sociedade Brasileira dos Homens de Letras, a Sociedade dos Autores e a Sociedade Brasileira dos Autores Teatrais. [Sevcenko, 1983:101]

Contudo, o que nos importa nessa retomada de consciência sobre a necessidade de defenderem seus próprios direitos, valores e objetivos é que, com essa retomada, ressurgiu uma outra, a de conhecer o país.

Até a criação da Sociedade Brasileira de Ciências, os cientistas brasileiros permaneciam dispersos, trabalhando em seus próprios institutos de pesquisa e frequentando suas associações profissionais, ou seja, os próprios cientistas contribuíam para que a ciência não recebesse o apoio devido e merecido, porque eles pouco se comunicavam entre si. A Sociedade Brasileira de Ciências, por ser um órgão de todo e qualquer cientista, poderia superar essa dificuldade, já que deveria ser capaz de coordenar e facilitar as ações e as reivindicações dos cientistas, pois existiriam resultados científicos autóctones, mesmo que em número reduzido, capazes de contribuir para o progresso da indústria e da agricultura. No entanto, por não ser uma instituição de ensino, a ABC tinha um campo de ação muito limitado, donde a necessidade de criar e construir diferentes associações de cientistas de modo a atingir os resultados almejados. Nunca é demais repetir que essas associações não constituíam um fim em si mesmo. A finalidade maior era construir um outro e muito diferente país: "Por outras palavras, mais do que em qualquer outra parte, tudo no Brasil dependerá do valor das elites. [...] Será fruto da educação e da instrução, e a educação e a instrução são trabalhos lentos, penosos e sobretudo extremamente ingratos (Ozorio de Almeida 1925:146-148).

Essas tensões entre valorizar as ciências e dar privilégio e prioridade a uma abordagem pragmática e utilitarista, bem como a busca do fortalecimento da cultura e da educação como via para desenvolver e melhorar de modo geral a vida são, certamente, discussões e questões totalmente válidas para nossos dias, e a importância de conhecer a história da ciência não poderia ser mais bem ressaltada do que com esse exemplo.

Referências

ALVES, José Jerônimo de Alencar. In: DANTES, Maria Amélia Mascarenhas. *As ciências na academia e as expectativas de progresso e modernização*: Brasil — 1916-1929. Rio de Janeiro: Editora Fiocruz, 2001, p. 185-202.

CARVALHO, José Murilo. *Os bestializados*: a República que não foi. São Paulo: Companhia das Letras, 1997.

FERREIRA, Luiz Otávio. As origens da Academia Brasileira de Ciências. *Ciência Hoje*, v. 16, n. 96, 1993, p. 32-36.

MORIZE, Henrique. A Sociedade Brasileira de Sciencias: Discurso proferido na seção de 15 de junho de 1917. *Revista da Sociedade Brasileira de Sciencias*, t. 1, n. 1, jan. 1917, p. 3-10.

MORIZE, Henrique. *Discurso proferido por ocasião do lançamento da pedra fundamental dos novos edifícios do Observatório Nacional no Morro de São Januário, em 28 de setembro de 1913*. Rio de Janeiro: Typographia Villas Boas, 1913.

MORIZE, Henrique. *Discurso pronunciado pelo dr. Henrique Morize para o Clube de Professores*. Arquivo Henrique Morize, MAST/MCT, 1918. Mimeografado.

OZORIO DE ALMEIDA, Miguel. *A vulgarização do saber*. Rio de Janeiro: Ariel, 1931.

OZORIO DE ALMEIDA, Miguel. *Homens e coisas de ciência*. São Paulo: Monteiro Lobato, 1925.

RAMOS, Theodoro. *Estudos*. São Paulo: Esc. Profissionais do Liceu Coração de Jesus, 1933.

SCHWARTZMAN, Simon. *Um espaço para a ciência*: a formação da comunidade científica no Brasil. Brasília: Ministério da Ciência e Tecnologia, 2001. Disponível em: www.schwartzman.org.br/simon/spacept/espaco.htm. Acesso em: 19 abr. 2022.

SEVCENKO, Nicolau. *Literatura como missão*: tensões sociais e criação cultural na Primeira República São Paulo: Brasiliense, 1983.

Sugestões de leitura

AMOROSO COSTA, Manoel. *As ideias fundamentais da matemática e outros ensaios*. 3. ed., São Paulo: Convívio; Edusp, 1981.

AZEVEDO, Fernando. *A cultura brasileira*. 6. ed. Rio de Janeiro; Brasília: UFRJ; UnB, 1996.

DANTES, Maria Amélia M. (Org.). *Espaços da ciência no Brasil*: 1800-1930. Rio de Janeiro: Editora Fiocruz. 2001.

DAVIDOVICH, Luiz; CARVALHO, José Murilo. *Ciência no Brasil*: 100 anos da Academia Brasileira de Ciências. Rio de Janeiro: Academia Brasileira de Ciências, 2017. Disponível em: www.abc.org.br/IMG/pdf/livro_abc_portugues_completo_versao_digital.pdf Acesso em: 25 mai. 2020.

FÁVERO, Maria de Lourdes Albuquerque; LIMA, Helena Ibiapina. A Universidade Federal do Rio de Janeiro (UFRJ): origens, construção e desenvolvimento. In: MOROSINI, Marília (Org.). *A universidade no Brasil*: concepções e modelos. Brasília: Instituto Nacional de Estudos e Pesquisas Educacionais Anísio Teixeira, 2006, p. 65-80.

HEIZER, Alda L.; VIDEIRA, Antonio Augusto Passos (Org.). *Ciência, civilização e Primeira República nos trópicos*. Rio de Janeiro: Mauad Editora, 2010.

LIMA, Nísia Trindade; SÁ, Dominichi Miranda. Roquette-Pinto: ciência e humanismo no Brasil do século XX. In: SIMPÓSIO NACIONAL DE HISTÓRIA, XXIII, 2005, Londrina, 2005. In: *Anais*... 2005, p. 1-11.

MASSARANI, Luisa; MOREIRA, Ildeu de Castro. Miguel Ozorio de Almeida e a vulgarização do saber. *História, Ciências, Saúde — Manguinhos*, v. 11, n. 2, mai./ago. 2004, p. 501-513.

MOREIRA, Ildeu de Castro; VIDEIRA, Antonio Augusto Passos (Org.). *Einstein e o Brasil*. Rio de Janeiro: UFRJ, 1995.

OLIVEIRA, Lúcia Lippi. *A questão nacional na Primeira República*. São Paulo: Brasiliense, 1990.

PETITJEAN, Patrick. Ciências, impérios, relações científicas franco-brasileiras. In: HAMBÚRGUER, Amélia et al. (Org.). *A ciência nas relações Brasil-França (1850-1950)*. São Paulo: Edusp, 1996, p. 25-39.

SOUZA, Letícia Pumar Alves. Por uma ciência universal: a atuação de intelectuais brasileiros no projeto de cooperação intelectual da Liga das Nações (décadas de 1920 a 1940). In: XXVI Simpósio Nacional de História, XXVI, 2011, São Paulo. In: *Anais*... p. 1-15.

SOUZA, Vanderlei Sebastião de. Arthur Neiva e a "questão nacional" nos anos 1910 e 1920. *História, Ciências, Saúde — Manguinhos*, Rio de Janeiro, v. 16, supl. 1, jul. 2009, p. 249-264.

VIDEIRA, Antonio Augusto Passos (Coord.). *Henrique Morize*. Rio de Janeiro: Fundação Miguel de Cervantes, 2012. (Coleção Memória do Saber).

____. *Henrique Morize e o ideal da ciência pura na República Velha*. Rio de Janeiro: FGV Editora, 2003.

CAPÍTULO VII

Depois de uma pandemia: a saúde pública no Brasil dos anos 1920

Gilberto Hochman

> Essa mesma pandemia de gripe atraiu a atenção geral para os problemas de saúde pública e todos então verificaram quão injustos têm sido os legisladores para com os serviços sanitários, negando-lhes sem cessar os recursos indispensáveis para o seu desenvolvimento.
>
> (Theophilo Torres, diretor do Departamento Geral de Saúde Pública, fevereiro de 1919)

Introdução

Sob o impacto da gripe espanhola que vitimou 30 mil brasileiros em 1918, os anos 1920 foram inaugurados com uma reforma da saúde pública. Em fins de dezembro de 1919, o Congresso Nacional aprovou a criação do Departamento Nacional de Saúde Pública (DNSP). Foi uma iniciativa apadrinhada pelo presidente Epitácio Pessoa a partir de diversas propostas de criação de um ministério para a saúde em 1917 e 1918. Em mensagem ao Congresso logo após sua posse, Pessoa propôs a criação do Ministério da Instrução e Saúde Pública com amplas atribuições e mais recursos. Sem apoio majoritário nas principais comissões da Câmara dos Deputados e do Senado Federal, e com a resistência das elites paulistas ciosas de sua autonomia política e liderança na área, a proposta foi modificada ao longo do processo legislativo.

Um ministério para a saúde era o objetivo, mas o DNSP foi a solução reformista possível ante o ordenamento constitucional de 1891 que garantia autonomia aos estados e circunscrevia a ação da União aos portos, à capital federal e a situações emergenciais. Ao novo departamento foram concedidas mais atribuições e um maior alcance territorial para sua atuação, em particular para o controle de doenças endêmicas do Brasil rural tais como as verminoses, a doença de Chagas e a malária. A esse conjunto se somavam a lepra, a esquistossomose e o tracoma. Essa ação dos serviços federais seria possível a partir de acordos estabelecidos com os estados e por eles explicitamente demandados. O primeiro dirigente do DNSP seria Carlos Chagas que, como diretor do Instituto Oswaldo Cruz (IOC) e prestigiado médico e cientista, liderou a resposta à gripe espanhola no Rio de Janeiro (Goulart, 2005).

A crise sanitária modificou os termos do debate político sobre saúde pública e, apesar de resistências a um maior ativismo do governo federal, ela viabilizou a primeira reforma desde a realizada por Oswaldo Cruz na direção dos serviços sanitários federais entre 1903 e 1909. A pandemia foi certamente o evento catalisador, mas as mudanças foram pavimentadas por uma ampla e intensa mobilização política de políticos, intelectuais, cientistas e médicos cujo ápice foi a criação na capital federal da Liga Pró-Saneamento do Brasil em 1918. Compreendiam que os "males do Brasil", como a doença, revelados por médicos e cientistas que viajavam ao interior do país, poderiam ser superados pela ampliação das atribuições e alcance dos serviços sanitários federais. Para o movimento sanitarista da Primeira República, as doenças não seriam resultantes apenas da presença de patógenos, mas, também, da ausência do poder público no interior e do abandono de suas populações pelas elites do litoral. Esse quadro foi condensado magistralmente na frase de Miguel Pereira em outubro de 1916: "O Brasil ainda é um imenso hospital" (Pereira, 1922; Lima, 2013; Sá, 2015).

Ao ingressar nos anos 1920, o Brasil buscava soluções para seus graves problemas sociais e, ao mesmo tempo, se preparava para o centenário de sua independência com comemorações que deveriam apresentar o país como moderno. A Exposição Internacional do Centenário seria a vitrine desse novo Brasil (Motta, 1992; Schuster, 2014). O desafio era compatibilizar a "civilização e o progresso" que seriam celebrados em 1922 com a "descoberta" de que os habitantes dos sertões eram doentes, iletrados e famélicos. Que diagnóstico era esse e quais os caminhos que foram propostos? Quais eram as expectativas em torno do novo ordenamento institucional da saúde criado em 1919 para a superação dos males do Brasil e quais foram seus resultados e legados? Questões que serão discutidas neste texto à luz dos desafios do Brasil contemporâneo.

Doenças e ausências: diagnósticos sobre a saúde dos brasileiros na década de 1910

Desde fins na primeira década do século XX, viagens científicas patrocinadas por órgãos e instituições públicas e associadas a obras de infraestrutura, como linhas telegráficas, ferrovias, portos fluviais e açudes, produziram e veicularam informações e imagens impactantes e desconfortáveis sobre as condições de vida e de saúde das populações dos sertões (Lima, 2013). Descrições tributárias da recepção de *Os sertões* de Euclides da Cunha a partir de sua publicação em 1902 (Abreu, 1998). A descoberta de uma nova doença tropical, a tripanossomíase americana ou doença de Chagas, no interior de Minas Gerais em 1909, foi um marco decisivo para as crescentes preocupações com as endemias rurais e para a confiança na ciência nacional em responder aos desafios do país. Para Carlos Chagas, descobridor da enfermidade que leva seu nome, essas eram as "doenças do Brasil" que deveriam mobilizar a atenção dos médicos e dos governos (Kropf, 2009). Saneada a capital federal e os principais portos na primeira década do século XX pelo controle das doenças chamadas de pestilenciais, como a febre amarela, a varíola e a peste bubônica, as preocupações da saúde pública se voltavam crescentemente para os sertões como espaço a ser integrado na comunidade nacional.

O relatório da expedição dos médicos e cientistas Arthur Neiva e Belisário Penna ao interior do Nordeste e ao Centro-Oeste durante nove meses do ano de 1912 foi aquele que obteve maior repercussão depois de sua publicação e circulação em 1916/17. Em sua dimensão técnica, o relatório ressaltou a necessidade de ações profiláticas que impedissem a associação perversa entre disponibilidade de água e foco de doenças, especialmente em relação à malária. A publicação também continha informações sobre clima, topografia, fauna e flora, registrando, em detalhes, as doenças que afetavam os habitantes daquelas regiões, suas condições de vida e suas atividades econômicas, e apresentava recomendações às autoridades públicas (Neiva e Penna, 1916). Não foi o primeiro encontro desses médicos com a hinterlândia brasileira. Neiva conhecia bem os sertões paulistas e seus problemas sanitários assim como Penna havia acompanhado Oswaldo Cruz em 1910 em viagem para verificar as condições sanitárias que dificultavam a construção da ferrovia Madeira-Mamoré e controlar a malária no então Território Federal do Guaporé (hoje Rondônia).

A constatação central do relatório é que a população dos sertões fora abandonada pelas autoridades públicas e que as doenças eram onipresentes. O cenário foi caracterizado como "dantesco" por Neiva e Penna, que ressaltaram o contraste entre o que observaram em sua viagem e a retórica romântica sobre o caboclo e o sertanejo. Por vezes, a descrição guardava ecos euclidianos pois teriam encontrado homens que, apesar de todos os problemas, ainda se mantinham robustos e resistentes. Descreveram um povo iletrado, abandonado, isolado, com instrumentos primitivos de trabalho, desconhecendo o uso da moeda, apático, tradicionalista e mesmo refratário ao progresso. Esse quadro seria responsável pela ausência de qualquer sentimento de nacionalidade. Desconheciam, segundo eles, qualquer símbolo nacional, ou melhor, os únicos símbolos seriam aqueles vinculados a manifestações religiosas. Nas palavras dos médicos, "[...] a única bandeira que conhecem é a do divino" (Neiva e Penna, 1916:121). Para os autores do relatório, os governos se faziam presentes apenas para extrair os parcos recursos da população rural: "Vivem eles abandonados de toda e qualquer assistência [...] sem proteção de espécie alguma, sabendo de governos porque se lhes cobram impostos de bezerros, de bois, de cavalos e burros" (Neiva e Penna, 1916:199).

Esse retrato da população descartava a visão ufanista do Brasil, mas, também, se distanciava de correntes intelectuais pessimistas e deterministas (Oliveira, 1990). Estas condenavam o país pelo clima tropical, fator imutável, e pela composição racial que, para muitos, poderia ser alterada por políticas de imigração, branqueamento e controle da miscigenação via práticas eugênicas. Portanto, se diferenciavam das proposições mais "duras" do movimento eugênico brasileiro tais como esterilização, isolamento e controle da reprodução dos considerados "disgênicos" (Stepan, 2005; Hochman, Lima e Maio, 2010; Souza, 2019). Desse modo, por exemplo, a baixa produtividade do trabalhador rural deveria ser atribuída à doença e ao analfabetismo e não a características individuais, raciais ou morais como a indolência. Neiva e Penna esboçaram uma leitura pioneira sobre as determinações sociais e políticas da saúde e da doença. Para eles, não seriam mais a natureza, a raça ou o próprio indivíduo os culpados dos males brasileiros. Os grandes vilões seriam as elites políticas que governavam de costas para o interior. As autoridades públicas, em todos os níveis, são acusadas diretamente pela situação vigente por terem deixado as populações "dos gerais [...] vivendo ao deus-dará", como lembrou Arthur Neiva no auge das repercussões do relatório (Neiva, 1917:23). Não bastava terem encontrado este "[...] povo que ainda há de vir" (Neiva e Penna, 1916:198), era urgente transformar esses habitantes do Brasil em brasileiros.

Ao retornar dessa nova viagem aos sertões e profundamente abalado com o que observara, Belisário Penna se transformaria em um militante pela saúde rural e uma espécie de evangelista da higiene pública. Em março de 1916, criou um posto de profilaxia da ancilostomose no bairro de Vigário Geral no Rio de Janeiro, depois transferido para a Penha, para ser uma experiência-piloto de programa de combate às verminoses que incluía tratamento e educação sanitária. Como diretor estadual de saúde de São Paulo entre 1917 e 1920, Neiva implementaria a expansão dos serviços de profilaxia rural e escreveria o programa de saúde de Rodrigues Alves, candidato a retornar à presidência da República nas eleições de 1918. A Primeira Guerra Mundial e o surgimento de movimentos nacionalistas e reformistas, a Guerra do Contestado (1912-16), as greves de 1917 e a Revolução Russa deram um outro sentido político a um relatório que, escrito em 1912, circulou em um novo contexto quando da sua publicação. Ele forneceu mais elementos científicos e retóricos para que o desconforto que circulava nos meios intelectuais do Rio de Janeiro e de São Paulo chegasse às páginas da imprensa, fosse vocalizado na tribuna do Congresso Nacional e debatido em associações e sociedades profissionais e científicas. A denúncia de Miguel Pereira em outubro de 1916 (Sá, 2015) e, em seguida, a comoção pública da morte de Oswaldo Cruz em fevereiro de 1917 (Britto, 2006) foram as senhas para a intensificação da campanha pelo saneamento dos sertões.

Ao longo de 1917, Belisário Penna amplificou e radicalizou a campanha escrevendo para jornais e fazendo conferências com o intuito de convencer elites econômicas e políticas a realizar uma reforma da saúde. Em particular, demandava o aumento da capacidade do governo federal na provisão de saúde e saneamento, dada a incapacidade da maioria dos estados para tal. Visava promover uma consciência sanitária esclarecendo que a ameaça ou efeitos negativos das doenças transmissíveis produziam laços de interdependência política, social e sanitária entre ricos e pobres, entre litoral e os sertões e entre os entes federativos (Hochman, 2013). No limite, ninguém poderia escapar das doenças "que pegam" e o progresso e o crescimento da economia nacional seriam inviáveis com trabalhadores rurais que eram improdutivos porque doentes e abandonados.

A onipresença do que Penna denominou de "trindade maldita" — ancilostomíase, doença de Chagas e malária — teria redesenhado o mapa do Brasil exigindo mais políticas nacionais e públicas e engajamento das elites políticas na mudança do *status quo* sanitário. Penna se tornou um ferrenho crítico do federalismo e de suas "vinte pátrias" (Penna, 1923:122), e da Constituição de 1891, por ele considerada "licenciosa" (Penna, 1923:157). A solução estaria na centralização dos serviços sanitários para o controle das endemias rurais: "Não compreendemos autonomias estaduais e municipais em matéria de saúde pública [...] Neste assunto não pode, nem deve haver simples interesse regional ou local, devendo haver uma só orientação e uma só ação [...] (Penna, 1923:293-294).

O ativismo de Penna e seus artigos publicados no jornal *Correio da Manhã*, e reunidos no influente livro O *saneamento do Brasil* (Penna, 1923), tiveram grande impacto e converteram intelectuais e políticos ao credo da saúde pública. O mais conhecido, o escritor Monteiro Lobato, próximo de Arthur Neiva, tornou-se um missionário da higiene pública. Se a frase "funesto parasita da terra é o caboclo..." (Lobato, 1956) fora escrita em 1914, um Lobato convertido à causa da saúde pública gravou em artigo, e depois em livro, uma das passagens mais emblemáticas e conhecidas sobre doença e a situação do homem rural, no caso o Jeca-Tatu, o caipira paulista: "O Jeca não é assim, está assim." O diagnóstico de um povo doente significava que, em lugar da resignação, da condenação ao atraso eterno, seria possível recuperá-lo, por meio de ações de higiene e saneamento, fundadas no conhecimento médico e implementadas pelo poder público. Como o próprio escritor propagandeou: "Respiramos hoje com mais desafogo. O laboratório nos dá-nos o argumento por que ansiamos. Firmados nele contraporemos à condenação sociológica de Le Bon a voz mais alta da biologia" (Lobato, 1956:74). Havia uma confiança na ciência como um alívio para intelectuais que, até então, não enxergavam alternativas positivas para um país que parecia estar condenado pela raça e pelo clima (Lima e Hochman, 1996). Todavia, essa perspectiva não absolvia Lobato, e outros intelectuais, de seus preconceitos sociais e do racismo que apareciam em seus escritos literários e suas práticas sociais e políticas (Leal e Silva, 2022).

No primeiro aniversário da morte de Oswaldo Cruz, em 11 fevereiro de 1918, foi criada a Liga Pró-Saneamento do Brasil que, sob a liderança de Belisário Penna, reuniu membros da Academia Nacional de Medicina, catedráticos da Faculdade de Medicina do Rio de Janeiro e da Bahia, cientistas do Instituto Oswaldo Cruz, antropólogos do Museu Nacional, funcionários dos serviços federais de saúde pública, militares, educadores, juristas, políticos, e teve a adesão do então presidente da República, Wenceslau Brás. Os inúmeros apoios ao movimento, inclusive oriundos de diferentes estados, refletem um assentimento das elites intelectuais, e de parte das elites políticas, à demanda por uma ação mais vigorosa do governo no combate às endemias rurais. Com ações de propaganda, educação, manifestações políticas e de organização de alguns postos de saúde rurais na periferia da capital com recursos públicos e filantrópicos, a Liga Pró-Saneamento propunha a criação de uma agência pública de âmbito federal que uniformizasse os serviços, realizasse e coordenasse ações em todo o país. O instrumento legal seria um código sanitário executado por uma autoridade sanitária nacional, o que não eliminaria a necessidade de os estados e municípios criarem seus próprios serviços sanitários. Todavia, para a campanha pelo saneamento, as esferas municipal e estadual seriam mais sujeitas a pressões dos interesses políticos e econômicos que acabavam por subordinar a ciência médica.

A saúde pública alcançou o topo da agenda nacional pela primeira vez desde as ações de Oswaldo Cruz no Rio de Janeiro no início do século XX. Propostas de criação de um ministério da saúde pública, ou de uma agência federal técnica e autônoma, surgiram na Academia Nacional de Medicina em 1917, assim como foram apresentadas na Câmara dos Deputados em 1918. Todavia os obstáculos eram grandes e as propostas de reforma não prosperaram. O Ministério da Justiça e Negócios Interiores (MJNI) resistia para não perder a área de saúde que pertencia à pasta, setores políticos, médicos e intelectuais consideravam exagerado, e mesmo antipatriótico, o diagnóstico de um Brasil doente e, principalmente, a resistência pela potencial violação dos limites constitucionais para atuação da União. Nesse aspecto, a oposição vinha de São Paulo, que fizera em 1917 uma reforma em seus serviços de saúde, os mais bem organizados do país, e temia que uma presença mais ativa do governo federal reordenasse as relações federativas. Afinal, São Paulo era a "locomotiva que arrasta[va] 20 vagões", expressão cunhada por Arthur Neiva em 1920. Havia resistências de grupos oligárquicos estaduais que consideravam o diagnóstico de "Brasil doente" exagerado e prejudicial a alguns estados (Sá, 2009). Um fator importante era a crise econômica gerada pelas restrições ao comércio internacional impostas pela guerra na Europa. A crise impedia a alocação de maiores recursos para a ampliação das estruturas federais de saúde. E, por último, os limites políticos para Wenceslau Brás, um presidente em final de mandato, propor ou apoiar um projeto dessa envergadura que teria que ser aprovado por um Congresso Nacional que iniciava a 10ª Legislatura (1918-1920) (Hochman, 2006; 2013).

Em abril de 1918, em meio à campanha pelo saneamento, o presidente Wenceslau Brás visitou o posto de profilaxia rural da Penha criado por Belisário Penna e administrado pela Liga Pró-Saneamento do Brasil. Essa visita presidencial teve grande repercussão na imprensa e sinalizava que o presidente estaria mobilizado pelo problema e disposto a tomar medidas para minorá-lo. A ancilostomíase e as verminoses eram endêmicas na região da Penha, ligada ao centro da capital federal por trem, assim como a malária grassava na região de Jacarepaguá e na Baixada Fluminense. As doenças do Brasil rural estavam muito mais próximas do poder central do que as elites imaginavam. Essa proximidade foi definitivamente descrita pelo médico Afrânio Peixoto: "não nos iludamos [...] os nossos sertões começam para os lados da Avenida [Central]" (Peixoto, 1922:31-32).

A divulgação desses diagnósticos e imagens, identificando os sertões como expressão de doença e abandono, ampliava suas fronteiras até fazê-las chegar à capital do país, sede do poder central. Para a campanha pelo saneamento, esse pedaço de Brasil doente não era nem pequeno nem longínquo para continuar empobrecido, esquecido pelas autoridades públicas e devastado pelas endemias. Os sertões significavam não espaços geográficos delimitados, mas áreas não alcançadas pelas políticas de saúde e saneamento. Se a obra de Euclides da Cunha é uma viagem da rua do Ouvidor ao sertão baiano (Lima, 2013), Belisário Penna e associados realizaram o percurso inverso, trazendo o sertão para perto do centro político do país (Hochman, 2006).

Uma reforma dos serviços sanitários começou a ser efetivamente desenhada a partir da repercussão da campanha pelo saneamento, das propostas das organizações médicas e de um presidente sensibilizado após visita a um posto de profilaxia rural não muito distante do Palácio do Catete. Em maio de 1918, dois decretos (nº 13.000 e nº 13.001, de 1º de maio de 1918) viabilizaram esses primeiros e efetivos passos. O primeiro criava o Serviço dos Medicamentos Oficiais (Quinina Oficial), por intermédio do qual o governo federal compraria a quinina e, por meio do Instituto Oswaldo Cruz (IOC), fabricaria comprimidos e injeções e os venderia ou distribuiria para a prevenção e tratamento da malária. O segundo decreto, chamado de "decreto de ouro" do Governo Wenceslau Brás, estabeleceu as bases para uma maior presença de serviços federais de saneamento rural nos estados. Ele criava postos de profilaxia da malária e ancilostomose no Distrito Federal e áreas limítrofes, e mais um posto antimalárico que ficaria sob a responsabilidade da Comissão Sanitária Internacional da Fundação Rockefeller, atuando no Brasil desde 1916 com ações contra verminoses. A novidade era que, sob a cobertura desse decreto, poderiam ser celebrados com o governo federal, por solicitação dos estados, acordos de cooperação para o combate às endemias rurais pela então Diretoria Geral de Saúde Pública (DGSP). Ainda no ano de 1918, foram celebrados os primeiros acordos de cooperação entre o governo federal e os governos estaduais do Maranhão, Minas Gerais e Paraná, que financiariam parte dos serviços. Ambos os decretos foram viabilizados pela autorização de despesas existente no orçamento de 1918 do Ministério da Justiça e Negócios Interiores, por meio da rubrica "socorros públicos", que dispensava autorização legislativa e, desse modo, evitavam os custos de negociação com o Legislativo (Hochman, 2006). O caráter cooperativo e voluntário dessa demanda para que a União organizasse e financiasse serviços de saúde rural nos estados foi o mecanismo escolhido para evitar resistências de grupos oligárquicos e colisões com a Constituição. Essa foi a chave que abriu as portas para o crescimento do poder público no campo da saúde na década de 1920.

A reforma da saúde pública depois da pandemia

A gripe espanhola paralisou as principais cidades brasileiras entre setembro e dezembro de 1918 e acirrou o debate político que vinha sendo travado desde 1917 (Bertucci, 2004; Souza, 2009; Silveira, 2007). Para os defensores da centralização, as estruturas públicas existentes, sejam locais, estaduais ou federais, não se mostraram capazes de resolver problemas básicos de saúde pública, portanto, fazia-se necessária uma revisão completa nessa área. Para os seus adversários, não se poderia ampliar o poder de uma autoridade que se mostrava, inclusive, incapaz de responder a uma emergência sanitária. Incompetência dos dirigentes da saúde pública que se demitiram em meio à pandemia, a incapacidade técnica e financeira dos governos estaduais e municipais, a falta de recursos para o setor, o descaso das autoridades que demoraram a agir, ou mesmo a resignação em relação a uma "fatalidade", são as acusações e argumentos que estiveram presentes no debate parlamentar e na imprensa, durante e depois da pandemia. Portanto, se havia um consenso mínimo na crítica aos serviços de saúde existentes, o mesmo não ocorria em relação aos caminhos para sua reorganização. O impacto da pandemia foi imenso, mas, por si só, não definiu nem o conteúdo nem a direção da reforma.

Com o adoecimento e morte de Rodrigues Alves, eleito presidente, mas não empossado, o curto mandato de Delfim Moreira significou importantes modificações nos serviços federais. Pelo decreto nº 13.358, de 9 de abril de 1919, foi criado o Serviço de Profilaxia Rural (SPR), agora subordinado ao MJNI e não mais à DGSP, cujas atribuições eram mais amplas do que as previstas pelos decretos de 1918. Por seu intermédio, os estados poderiam receber mais auxílio do poder central, uma reivindicação dos representantes das unidades mais pobres da Federação.

Com a criação do SPR, a Liga Pró-Saneamento do Brasil divulgou em sua revista *Saúde* um plano mais objetivo de "organização sanitária nacional" do que as demandas gerais dos anos anteriores. A Liga pleiteava um Ministério da Higiene e Saúde Pública ou, como este parecia ser pouco viável politicamente, um Departamento Nacional de Saúde, "técnico e autônomo" e "com largas atribuições e vastos elementos de ação em todo país" (Penna, 1919:101-102). O Serviço de Profilaxia Rural seria a primeira etapa para uniformização e unificação dos serviços de saúde pública. Inicialmente se padronizariam os serviços que, em seguida, seriam agrupados em um departamento nacional e, mais à frente, em um Ministério da Saúde.

Essas manifestações por reforma sanitária e por inovações nos serviços sanitários ganharam saliência depois da gripe espanhola e encontraram uma nova oportunidade política a partir da posse de Epitácio Pessoa — oriundo de um estado não central no pacto oligárquico, a Paraíba — como presidente da República, em 28 de julho de 1919. Seu mandato inaugurou um novo ciclo de ampliação do poder público no campo da saúde e também nas obras contra as secas no Nordeste.

Em mensagem enviada ao Congresso, em setembro de 1919, Pessoa propôs uma reorganização geral dos serviços de saúde, certamente inspirado nas ideias que vinham sendo apresentadas, desde 1916, pela imprensa e por grupos de pressão, como a Liga Pró-Saneamento, pelas sociedades médicas e pelos representantes das oligarquias das unidades federativas sem capacidade técnica e financeira para lidar com os problemas de saúde pública, entre as quais o seu próprio estado, a Paraíba. Foi a primeira e mais detalhada manifestação de um presidente sobre saúde pública desde Rodrigues Alves em seu mandato de 1902-06. O texto presidencial é o melhor resumo dos muitos argumentos que vinham sendo expostos desde a frase de Miguel Pereira e das várias propostas que se seguiram. É, também, uma evidência do sucesso da difusão de um diagnóstico sobre o país e sobre a necessidade de uma reforma sanitária. Ele consagrou o tema da saúde pública nas preocupações e intenções expressas publicamente pelo Executivo através de suas mensagens ao Legislativo.

O presidente solicitou ao Congresso Nacional autorização para uma reforma dos serviços sanitários com a criação de um Ministério da Saúde e Instrução Pública. Mais do que uma simples modificação organizacional, a proposta de Pessoa significava a uniformização, unificação e centralização da saúde pública, diante do fracasso do arranjo existente que se mostrava insuficiente para fazer face aos enormes e emergenciais problemas de saúde. Todavia, sabedor das dificuldades que enfrentaria, ressalvou a indispensabilidade de se ampliar os poderes da autoridade sanitária federal, independentemente do formato institucional a ser adotado (Anais do Congresso Nacional, 85ª sessão, 24 set. 1919).

Segundo o presidente não haveria sobrecarga no orçamento da União, já que a estratégia era reunir os serviços dispersos em vários Ministérios no novo órgão, além da possibilidade de criação de um fundo sanitário. Ainda conforme o presidente, a ampliação da competência das autoridades sanitárias demandaria mais recursos que, por sua vez, poderiam ser gerados em parceria com os estados ou por qualquer outro mecanismo sugerido pelo Congresso. Epitácio Pessoa resumiu, assim, a dificuldade enfrentada pelo país para se proteger da "doença que se pega" a partir de ações exclusivamente locais:

> Os Estados da União, ou pelo menos a sua grande maioria, ainda quando possuam a necessária capacidade técnica em assuntos sanitários, não dispõem de recursos financeiros que autorizem medidas largas e eficazes. Além disso, sem unidade de métodos científicos, sem ação uniforme em todo o país, muitos dos problemas não poderão encontrar soluções incompletas e transitórias. Qual seria, por exemplo, o alcance de medidas profiláticas locais contra uma doença infectocontagiosa, se em zonas limítrofes, com vias fáceis de comunicação, a mesma doença pudesse grassar sem o obstáculo dessas medidas? [Anais do Congresso Nacional, 85ª sessão, 24 set. 1919]

Ao final de sua mensagem, o presidente da República sinaliza que seria viável uma reforma pela qual os estados vislumbrassem benefícios tangíveis e voluntariamente contratassem os serviços federais. Recordou que alguns estados já estavam usufruindo das vantagens de acordos com o poder central, franqueados pelos decretos de 1918 e 1919, para "a defesa de seus interesses sanitários". Pessoa se mostrou otimista em relação aos chefes dos demais estados colaborarem ou não se oporem a "uma solução racional, em todo território nacional, dos graves problemas de saúde pública" (Anais do Congresso Nacional, 85ª sessão, 24 set. 1919).

A proposta de Epitácio Pessoa foi transformada em projeto de lei que recebeu vários substitutivos que indicavam que a reforma não seria aquela sonhada pelo presidente e pelo movimento sanitarista. Estes perceberam que, diante das persistentes resistências, a defesa de uma estrutura específica — o Ministério da Instrução e Saúde Pública — não deveria se constituir em obstáculo à reorganização dos serviços sanitários federais. Os mesmos deputados que rejeitaram os projetos de criação de um Ministério da Saúde Pública convergiram na criação de um novo organismo federal com poderes mais amplos que os da DGSP. A adoção do mecanismo de acordo e de financiamento para serviços de profilaxia rural foram fundamentais para que as elites paulistas não se opusessem à reforma. Com parecer positivo da Comissão de Saúde Pública, foi encaminhado para votação em 24 de dezembro um substitutivo criando o Departamento Nacional de Saúde Pública (DNSP), subordinado ao Ministério da Justiça e

Negócios Interiores. O projeto foi aprovado pelo plenário da Câmara dos Deputados por 112 votos a favor e nenhum contra. Depois de vários pedidos de urgência, algumas emendas e rápida votação no Senado, a redação final do projeto foi aprovada no penúltimo dia de 1919, transformando-se no Decreto nº 3.987, de 2 de janeiro de 1920). O DNSP inaugurou uma nova etapa das políticas de saúde pública e de saneamento no Brasil. O Executivo federal foi autorizado pelo Congresso a regulamentar e organizar o novo Departamento Nacional de Saúde Pública e dar início ao seu funcionamento. O resultado dessa regulamentação foi um decreto de 1.195 artigos que ampliava em muito as atribuições da autoridade federal em saúde (n. 14.354, de 15 de julho de 1920). Essa regulamentação produziu uma espécie de Código Sanitário que seria revisto e bastante ampliado em 1923 (Decreto nº 16.300, de 31 de dezembro de 1923) e que perdurou até o início do Primeiro Governo Vargas, quando foi criado o Ministério da Educação e Saúde Pública. O extenso regulamento do DNSP e a legislação sanitária franqueavam ao poder público a intervenção direta em muitos aspectos da vida social e em inúmeras atividades econômicas. A expansão da saúde pública ocorreu com o beneplácito dos governos estaduais desejosos de mais recursos técnicos e financeiros para lidar com seus graves problemas sanitários.

Durante a década de 1920 surgem indicadores de expansão do papel do Estado na área de saúde pública, refletindo a atuação do DNSP e de sua Diretoria de Saneamento e Profilaxia Rural (DSPR), cujo primeiro diretor foi Belisário Penna. Ao iniciar seu último ano de mandato, Pessoa faz um cuidadoso balanço das suas realizações na área. Em 1922, estavam em funcionamento 88 postos sanitários rurais, em 15 estados e no Distrito Federal, sendo alguns itinerantes no Amazonas e no Pará visando a atender populações ribeirinhas. Havia mais 16 postos-sede dos serviços de saúde rural nas capitais e 33 subpostos. Ainda que todos os estados devessem contratar no mínimo dois postos (MT), o número variava de três a quatro para a maioria (AM, PA, MA, CE, RN, PB, PE, AL, BA, ES, RJ, SC), e concentrava quase a metade do número total em Minas Gerais (18), Paraná (8) e Distrito Federal (17), números que excluem os postos-sede. Uma possível explicação é que as áreas suburbanas do DF foram pioneiras nessa política, sob a inequívoca responsabilidade federal, sem a necessidade de negociações e acordos, e Minas Gerais e Paraná foram os primeiros a firmar convênios para a profilaxia rural previamente, inclusive, à criação do DNSP. Portanto, teriam chegado ao ano de 1922 com os serviços mais organizados e estabelecidos, além do fato de Minas Gerais ter sido o estado que mais investiu recursos nos acordos. Vinculados aos serviços federais, já tinham sido criados sete hospitais regionais (PA, MA, PB e quatro em MG) e 27 dispensários para o tratamento da sífilis e doenças venéreas, pelo menos um em cada uma das capitais de 14 estados (AM, PA, MA, CE, RN, PB, PE, AL, BA, MT, RJ, MG, PR, SC) que tinham estabelecido acordos para a profilaxia da lepra e doenças venéreas, fora os do Distrito Federal. Leprosários no Pará e Maranhão estavam em construção em 1922 (Hochman, 2006).

Além dos postos federais, havia 58 postos de profilaxia da ancilostomíase e verminoses, em cooperação com a Fundação Rockefeller, em 56 municípios de 11 estados: MA (2), PE (6), AL (2), BA (3), MG (6), ES (2), RJ (10), PR (3), SC (4), RS (5), SP (12) e mais o DF (3). Apenas dois estados, Rio Grande do Sul e São Paulo, não fizeram acordos com o governo federal, mas o fizeram com a Fundação Rockefeller. Além de manter quatro postos para o combate à malária no estado do Rio de Janeiro, a Rockefeller no Brasil auxiliava no estabelecimento de serviços permanentes de higiene municipal em Minas Gerais e São Paulo. Iniciadas em estados com mais recursos e limitadas à profilaxia da ancilostomíase, expandindo-se para os estados do Norte e Nordeste e para áreas de ensino, pesquisa, profilaxia da malária e da febre amarela, as atividades da Fundação Rockefeller acompanharam a interiorização e a diversificação do próprio Estado brasileiro no campo da saúde pública. Essa expansão demandava novos profissionais e novas especialidades. Em 1923, com financiamento da Fundação Rockefeller, foi criada a Escola de Enfermagem Ana Nery no Rio de Janeiro, vinculada à Superintendência de Serviços de Enfermagem do DNSP. Os estados enviavam alunas que, uma vez formadas, retornavam aos serviços estaduais. Contemplava também a possibilidade de bolsas de estudos em universidades estadunidenses (Faria, 2007; Korndörfen, 2019). Ainda em 1922, o governo federal firmou acordo para a criação do Serviço de Profilaxia da Febre Amarela que ficaria sob a direção da Fundação Rockefeller e teria como área de atuação o Nordeste brasileiro que tinha recorrentes surtos epidêmicos (Benchimol, 2001).

Em 1926, ao final do conturbado mandato de Arthur Bernardes, pelo mesmo mecanismo de acordos, o governo federal já tinha criado, por exemplo, cerca de 130 dispensários de lepra e doenças venéreas em 18 estados e no Distrito Federal (Fraga, 1926:521-535). Na aurora da década de 1920, os únicos que ainda não tinham feito acordos para o saneamento rural eram Goiás, São Paulo e Rio Grande do Sul, mas este último estabeleceu acordo específico para o combate à lepra (Hochman, 2006).

O Brasil da década de 1920 assistiu no campo da saúde a uma expansão da capacidade do poder central em atuar nacionalmente e um aumento de atribuições e responsabilidades em relação à saúde da população. Os acordos entre estados e União permitiram que essa expansão ocorresse sem alterações constitucionais. Praticamente todos os entes federativos, à exceção de São Paulo, solicitaram a presença do governo federal na execução de ações de saneamento e saúde. Com poucos recursos financeiros e técnicos disponíveis, a propalada autonomia na área de saúde pública era, na prática, retórica. Essa autonomia era possível apenas para São Paulo, que dispunha desses recursos, mas que compreendia que a melhoria das condições sanitárias dos estados pela ação federal o beneficiaria, por exemplo, na contenção de epidemias e controle de doenças transmissíveis (Hochman, 2013). Essa expansão e maior responsabilidade do poder público não significaram uma imediata melhoria das condições de saúde da população. Entretanto, foi uma etapa importante na construção de políticas nacionais e públicas, de conhecimento das condições sanitárias, de formação de profissionais especializados e da presença do Estado em todo o território nacional e de sua legitimidade para a proteção coletiva da saúde.

Em meados da década de 1920 os ímpetos reformistas do movimento sanitarista declinaram, assim como a saúde saiu do topo da agenda nacional. Essa agenda fora parcialmente contemplada com o DNSP, suas lideranças ocuparam inicialmente as principais posições na nova organização sanitária, houve a rotinização e burocratização dos trabalhos de saneamento rural. A saúde pública deixa de ser o espaço das críticas ao federalismo e às oligarquias que se deslocam para outros espaços de conflitos sociais e políticos que começavam a corroer as bases da República Oligárquica (Lessa, 1988; Viscardi, 2012).

Em uma perspectiva macro-histórica, esse foi um momento crítico do incremento da presença da saúde pública no interior do Brasil, isto é: decisões contingentes pelas elites políticas conformaram, no tempo, o poder público em uma direção por elas não antecipada, isto é, maior ativismo estatal (Hochman, 2006). A presença da autoridade sanitária federal no campo da saúde ao longo dos anos 1920 cresceu e estabeleceu as bases das profundas reformas que ocorreriam no governo Vargas — quando se buscou mais efetivamente centralizar, normatizar e organizar os serviços de saúde, dando alcance nacional a eles, tendo como foco as principais doenças endêmicas das áreas rurais, assim como a lepra, a tuberculose e a febre amarela (Fonseca, 2007; Hochman, 2001).

Considerações finais

O médico Clementino Fraga, sucessor de Carlos Chagas na direção do DNSP a partir de 1926, fez um balanço otimista, porém ponderado, dos avanços da saúde pública no Brasil. Desapareceu o tom missionário da década de 1910 e o otimismo irrestrito dos primeiros anos de funcionamento das novas estruturas:

> No Rio de Janeiro, nas capitais dos estados e nas grandes cidades brasileiras o saneamento, completo em algumas, em outras vai sendo trabalhado com vigor, a começar pelos serviços fundamentais de água e esgotos, obras de hidrografia sanitária etc. No interior a profilaxia rural vai operando devagar, mas com promessas de êxito, conforme o prazo e a região. A varíola quase não existe no Rio de Janeiro e em algumas capitais; a vacinação sistemática autoriza acreditar que conseguiremos vencê-la, ao menos evitando as epidemias de extenso raio. Hoje no Brasil, valha a verdade, temos uma política sanitária que vela pelos nossos destinos materializando o socorro público na higiene e na assistência. Ainda bem. [Fraga, 1926:535]

O tom cauteloso de Clementino Fraga sobre a saúde rural contrastava com o entusiasmo reformista do final dos anos de 1910 e com as grandes expectativas depositadas na saúde pública que apareceram nos textos sobre a medicina no Centenário da Independência e na própria exposição comemorativa inaugurada em setembro de 1922 que coincidia com o início efetivo de funcionamento do DNSP. As dificuldades e obstáculos que surgiram diziam respeito à estrutura econômica, social e política que não poderia ser transformada pela reorganização centralizada da saúde pública. Se o movimento sanitarista da Primeira República buscou incluir, via medicina pública, as populações doentes e abandonadas do interior, o fez a partir de uma perspectiva hierarquizante e autoritária. Ainda que críticas de muitos aspectos da República Oligárquica, suas lideranças eram parte da elite política intelectual e política que não vislumbrava a mudança via cidadania política pela participação, pela voz e pelo direito ao voto. Não concediam em seus discursos e práticas qualquer agência àqueles de que queriam cuidar, curar e integrar. Apesar de condenarem o determinismo racial, pouco registraram sobre racismo e discriminação em uma sociedade que abolira a escravidão 30 anos antes. E, por último, não enfrentavam um tema central para o mundo rural brasileiro: a questão da propriedade da terra, do mandonismo e da violência política.

De modo bastante diferente, a Reforma Sanitária do final do século XX, associada à luta contra a ditadura militar instaurada em 1964 e a redemocratização do país a partir do 1985, foi mais do que uma reorganização do sistema de saúde. Esta ocorreu numa perspectiva de ampliação dos direitos de cidadania, do acesso aos bens públicos e da universalidade, qualidade e equidade da proteção social. Pela primeira vez na história brasileira, a saúde foi umbilicalmente associada à democracia, ou, nas palavras de Sérgio Arouca na VIII Conferência Nacional de Saúde em 1986: "Democracia é saúde". Foi sobre uma forte estrutura de valores e normatividades que o Sistema Único de Saúde (SUS) se estabeleceu a partir da Constituição de 1988 com uma trajetória que produziu enraizamento social e político do princípio de que saúde é direito do cidadão e um dever do Estado. Apesar de todos os ataques ao sistema público de proteção social, têm sido essa institucionalidade e valores que têm permitido ao país responder às emergências sanitárias do século XXI.

Referências

ABREU, R. *O enigma de Os Sertões*. Rio de Janeiro: Rocco; Funarte, 1998.

BENCHIMOL, J. L. *Febre amarela*: a doença e a vacina, uma história inacabada. Rio de Janeiro: Editora Fiocruz, 2001.

BERTUCCI, L. M. *Influenza, a medicina enferma*: ciência e práticas de cura na época da gripe espanhola em São Paulo. Campinas: Editora Unicamp, 2004.

BRITTO, N. Oswaldo Cruz: a construção de um mito na ciência brasileira. 2. ed. Rio de Janeiro: Editora Fiocruz, 2006.

FARIA, L. *Saúde e política*: a Fundação Rockefeller e seus parceiros em São Paulo. Rio de Janeiro: Editora Fiocruz, 2007.

FONSECA, C. M. O. *Saúde no Governo Vargas (1930-1945)*: dualidade institucional de um bem público. Rio de Janeiro: Editora Fiocruz, 2007.

FRAGA, C. Saneamento urbano e rural. In: LIVRO do centenário da Câmara dos Deputados. Rio de Janeiro: Imprensa do Brasil, 1926, p. 521-535.

GOULART, A. C. Revisitando a espanhola: a gripe pandêmica de 1918 no Rio de Janeiro. *História, Ciências, Saúde — Manguinhos*, v. 12, n. 1, 2005, p. 101-142.

HOCHMAN, G. *A era do saneamento*: as bases da política de saúde pública no Brasil. 2. ed. São Paulo: Hucitec, 2006.

____. A saúde pública em tempos de Capanema: inovações e continuidades. In: BOMENY, H. (Org.). *Constelação Capanema*: intelectuais e políticas. Rio de Janeiro: Editora FGV, 2001, p. 127-151.

____. Saúde pública e federalismo: desafios da reforma sanitária na Primeira República. In: ____; Faria, C. A. P. (Org.). *Federalismo e políticas públicas no Brasil*. Rio de Janeiro: Editora Fiocruz, 2013, p. 303-327.

____; LIMA, N. T.; MAIO, M. C. The path of eugenics in Brazil: dilemmas of miscegenation. In: BASHFORD, A.; LEVINE, P. (Org.). *The Oxford handbook of the history of eugenics*. Nova York; Londres: Oxford University Press, 2010, p. 493-510.

KORNDÖRFER, A. P. A Fundação Rockefeller e a formação de quadros para a enfermagem (Brasil: 1917-1951). *Nuevo Mundo Mundos Nuevos*, Questions du temps présent. 2019. Disponível em: https://doi.org/10.4000/nuevomundo.76226. Acesso em: 15 mai. 2022.

KROPF, S. P. *Doença de Chagas, doença do Brasil*. Rio de Janeiro: Editora Fiocruz, 2009.

LEAL, R.; SILVA, A. F. O racismo em "mangas de camisa": a questão racial na correspondência de Monteiro Lobato com Arthur Neiva (1918-1942). *Fênix — Revista De História e Estudos Culturais*, v. 19, n. 1, 2022, p. 514-548. Disponível em: https://doi.org/10.35355/revistafenix.v19i1.1024. Acesso em: 20 mai. 2022.

LESSA, R. *A invenção republicana*: Campos Sales, as bases e a decadência da Primeira República brasileira. São Paulo, Vértice; Iuperj, 1988.

Lima, N. T. *Um sertão chamado Brasil*. 2. ed. São Paulo: Hucitec, 2013.

____; HOCHMAN, G. Condenado pela raça, absolvido pela medicina: o Brasil descoberto pelo Movimento Sanitarista da Primeira República. In:

CHOR, M.; SANTOS, R. V. (Org.). *Raça, ciência e sociedade*. Rio de Janeiro: FCBB; Editora Fiocruz, 1996, p. 23-40.

LOBATO, J. B. M. *Mr. Slang e o Brasil e o problema vital*. São Paulo: Brasiliense, 1956 [1918].

____. *Urupês*. São Paulo: Brasiliense, 1956 [1914].

MOTTA, Marly. *A nação faz cem anos*: a questão nacional no centenário da Independência. Rio de Janeiro: Editora FGV, 1992.

NEIVA, A. *Discursos*: pronunciados no banquete que lhe foi oferecido a 18 de novembro de 1916 no Rio de Janeiro. Rio de Janeiro: Tipografia Besnard Frerés, 1917.

____; PENNA, B. Viagem científica pelo norte da Bahia, sudoeste de Pernambuco, sul do Piauí e de norte a sul de Goiás. *Memórias do Instituto Oswaldo Cruz*, v. 8, n. 30, 1916, p. 74-224.

OLIVEIRA, L. L. *A questão nacional na Primeira República*. São Paulo: Brasiliense; CNPq, 1990.

PEIXOTO, A Discurso pronunciado no banquete oferecido ao prof. Miguel Pereira, em 19 de maio de 1918. In: LEÃO, P. et al. (Ed.). *Afrânio versus Afrânio*. Niterói: Tipografia "Jeronimo Silva", 1922, p. 29-37.

PENNA, B. *O saneamento do Brasil*. Rio de Janeiro: Editora dos Tribunais, 1923 [1918].

____. Organização Sanitária Nacional. *Saúde*, v. 2, n. 2, 1919, p. 101-102.

PEREIRA, M. Discurso, por ocasião do regresso do dr. Aloysio de Castro, da República Argentina — X-1916. In: ____. *À margem da medicina* (edição póstuma). Rio de Janeiro: Castro, Mendonça & C., 1922 [1916], p. 191-195.

SÁ, D. M. (Miguel Pereira e o Brasil doente. In: HOCHMAN, G.; LIMA, N. T. (Org.). *Médicos intérpretes do Brasil*. São Paulo: Hucitec, 2015, p. 117-132.

____. Uma interpretação do Brasil como doença e rotina: a repercussão do relatório médico de Arthur Neiva e Belisário Penna. *História, Ciências, Saúde — Manguinhos*, v. 16, 2009, p. 183-203.

SCHUSTER, S. História, nação e raça no contexto da Exposição do Centenário em 1922. *História, Ciências, Saúde — Manguinhos*, v. 21, n.1, 2014, p. 121-134.

SILVEIRA, A. J. T. *A influenza espanhola e a cidade planejada*: Belo Horizonte, 1918. Belo Horizonte: Fino Traço, 2007.

SOUZA, C. M. C. *A gripe espanhola na Bahia*: saúde, política e medicina em tempos de epidemia. Rio de Janeiro: Editora Fiocruz, 2009.

SOUZA, V. S. *Renato Kehl e a eugenia no Brasil*: ciência, raça e nação no período entreguerras. Guarapuava: Editora Unicentro, 2019.

STEPAN, N. *A hora da eugenia*: raça, gênero e nação na América Latina. Rio de Janeiro: Editora Fiocruz, 2005.

TORRES, T. A saúde pública em 1918. Relatório do dr. Theophilo Torres, diretor-geral de Saúde Pública. *Revista Médico-Cirúrgica do Brasil*, v. XXVII, n. 2, 1919, p. 29-54.

VISCARDI, C. *O teatro das oligarquias*: uma revisão da "política do café com leite". Belo Horizonte: Fino Traço, 2012.

CAPÍTULO VIII

Um olhar de gênero nas comemorações da Independência do Brasil: 1922-2022

Hildete Pereira de Melo
Débora Thomé[1]

Em 2022, o Estado brasileiro completa 200 anos de existência, e, ainda que pouco mencionado, este nascimento teve a assinatura de uma mulher — Carolina Josefa Leopoldina de Habsburgo-Lorena (1797-1826). Ela teve uma presença marcante nos dois episódios históricos de 1822 na defesa da emancipação brasileira: o Dia do Fico e em seu período de regência. Foi justamente no dia 2 de setembro de 1822, exercendo pela primeira vez a regência do país, que Leopoldina presidiu a sessão do Conselho de Estado que deliberou pela separação entre os dois reinos, fazendo registrar na ata a assinatura de todos os ministros. A história escrita pelos homens consagrou o dia 7 de setembro para realçar o desembainhar da espada de d. Pedro, às margens do rio Ipiranga, em São Paulo, como o ato final da Independência. Entretanto, a historiografia atual já a considera como a defensora do Fico (9/1/1822) e a Paladina da Independência (regência em 2/9/1822) (Ressutti, 2017; Melo e Bandeira, 2010).

A história, em sua versão oficial, terminou, na maioria das vezes, relegando as mulheres ao esquecimento, como se estivessem fora do tempo dos acontecimentos. A pesquisa permite transformar o silêncio sobre a lembrança social das mulheres em resgate e reconhecimento da memória, para que, então, os elos entre o passado e o presente com o futuro tenham

[1] Agradecemos ao mestrando de história da Universidade Federal Fluminense (UFF) Carlos Henrique da Silva de Nobrega a realização da pesquisa nos periódicos dos anos 1920.

a capacidade de reforçar seu papel não apenas no lar, mas também na pólis e nos processos de transformação social.

O nascimento de uma história das mulheres, tal como proposto por Michelle Perrot (2005), inscreve-se no campo das ciências humanas e reflete certa feminilização da universidade brasileira, primeiro do público estudantil e depois do meio acadêmico, o que acabou favorecendo expectativas diversas, novos questionamentos e o desenvolvimento de pesquisas sobre os diferentes papéis desempenhados pelas mulheres. A grande dificuldade de se construir uma história das mulheres deve-se ao apagamento de boa parte de suas passagens, sejam elas no âmbito público ou privado. Resulta que a documentação que trata do passado das mulheres é escassa e falha; sobram apenas traços. Os arquivos públicos padecem do apagamento dos feitos das mulheres, silenciando suas realizações (Perrot, 2005). Não devemos esquecer uma diferença crucial: os feminismos do século XXI são distintos da forma encontrada pelas mulheres do passado para enfrentarem a submissão que as oprimia. Se, nos tempos atuais, há mais espaço e oportunidades para denunciar essa opressão, no passado, as próprias mulheres, na maioria das vezes, optavam, também elas, pelo silenciamento.

Urge transformar o silêncio da história e reconstruir as lembranças sociais das mulheres brancas, pretas, pardas e indígenas ao longo de sua existência nesta nação. Este texto, portanto, tem como objetivo relembrar o momento significativo da construção do Estado brasileiro na sua trajetória de 100 anos, festejada em 1922, e que, tendo se passado mais outro século, completa em 2022 seu bicentenário.

Nossa opção foi revisitar os acontecimentos ocorridos no ano do primeiro centenário da Independência do Brasil, isto é, em 1922. Refletir sobre dois séculos de história silenciada de participação feminina, em um contexto de crise — econômica e política —, exige um olhar frio sobre os tempos duros no qual está imersa a sociedade brasileira neste bicentenário. A coincidência de que o marco ocorre em um ano também eleitoral, como foi 1922, em uma conjuntura tensa como a do passado, traz dúvidas sobre o que celebrar nestes 200 anos de Independência. Ao mesmo tempo, revisitar processos demorados, porém vitoriosos, enriquece nossa perspectiva da história das lutas feministas ao longo do tempo e da história do Brasil.

Estas reflexões serão o fio norteador deste texto, que olha o passado por meio das lutas das mulheres pela cidadania, as quais ocorreram na

Primeira República e deram um salto no transcorrer do primeiro centenário do Estado Nacional até, finalmente, ser conquistado o direito de votar e ser votada, o que ocorreu 10 anos depois (1932). Nele, contamos histórias de como a luta das mulheres se estabeleceu no país, ora enfrentando a sociedade, ora contando com seu apoio. Quais as vitórias que ainda iremos cantar, que bandeiras iremos desfraldar e quais são as reivindicações sonhadas pelas mulheres na passagem do segundo centenário da Estado brasileiro? Este está sendo vivido ainda em tempos pandêmicos, depois de milhares e milhares de mortes e perdas imensas sofridas pelas mulheres no mercado de trabalho. No entanto, ainda acreditamos que o *futuro é feminino*. Porque não será mais possível reatar com o passado como se nada tivesse acontecido. É preciso romper com o passado patriarcal e a herança maldita da escravidão e do latifúndio.

Antecedentes: a República chegou, mas as mulheres continuaram esquecidas

Sessenta e sete anos após a independência do Brasil, a Proclamação da República, em 1989, não mudou significativamente o cenário político nacional: os proprietários de terra, agora aliados com os militares, passaram a comandar a República recém-estabelecida. Os anos 1880 e a luta pela abolição tinham possibilitado o fortalecimento de organizações de mulheres empenhadas na luta contra a escravidão. Logo, animadas com a perspectiva de o Brasil se tornar uma República, consideraram que poderiam ter a chance de se tornarem cidadãs. Assim, em 1890, o debate sobre o voto feminino se intensificou no plenário da Câmara Federal, provavelmente, repercutindo a euforia que contaminou inúmeras mulheres que queriam votar e serem votadas. Na cidade do Rio de Janeiro, então capital, foi montado um espetáculo teatral que atraiu grande público, chamava-se *O voto feminino*. A peça era de autoria da jornalista Josefina Alvares de Azevedo (1851-?) que, desde 1888, editava o jornal sufragista *A Família*, com colaboração das sufragistas e das reconhecidas escritoras Júlia Lopes de Almeida e Inês Sabino, que, segundo a historiadora Teresa Marques (2018:60), foi pensado como uma plataforma de campanha pelo sufrágio. Isso fica evidente no fragmento teatral da peça, a seguir:

> A cena se passa na sala de estar, entre Ignez e seu marido Anastácio:
> Anastácio: Está visto, Ah! Mulheres!... Mulheres!...
> Ignez: Já não estamos no tempo da mulher objeto da casa, escrava das impertinências masculinas. [...]
> Anastácio: Que diz?
> Ignez: Se passar a lei.
> Anastácio: O Senhora, eu já lhe disse que não meta mulher na política!
> Ignez: Quê? Não meter a mulher na política! Oh! Sr. Anastácio, a mulher não é porventura um ser humano, perfeitamente igual ao homem? [Pompeu, 1999:15]

Uma vez proclamada, a "República dos Homens", como a intitulou Marques (2018), convocou uma Assembleia Constituinte para escrever uma nova Carta Constitucional para a jovem República, ao mesmo tempo que, na sociedade, as sufragistas continuavam fazendo campanha pelo voto feminino. Apesar de toda a mobilização feminina fora do Legislativo, como também contando com nomes na pequena bancada constituinte, tudo foi em vão. E a primeira Constituição Republicana, promulgada em 26 de fevereiro de 1891, declarava, no seu art. 70: "São eleitores todos os cidadãos maiores de 21 anos que se alistarem na forma da lei." Se houve uma intenção explícita ou intencional dos legisladores de deixar de fora as mulheres, ao escreverem o substantivo "eleitores", no masculino, trata-se apenas de conjecturas, contudo, o que se sabe é que o substantivo "eleitores", no masculino, prevaleceu, e, com isso, a sociedade brasileira selou o destino de milhões de mulheres por mais quatro longas décadas, consagrando uma enorme desigualdade nos direitos políticos entre os dois sexos.[2]

E apesar da luta e do movimento feminista, a cidadania perseguida pelas mulheres foi negada pela Carta Constitucional de 1891. Tal derrota desmobilizou as mulheres e uma grande letargia dominou o movimento social; isso que fez com que somente na primeira década do século XX ressurgisse uma nova mobilização feminina na luta pelo direito ao voto, agora tendo como expoente a professora Leolinda de Figueiredo Daltro (1859-1935). Fundamentada na omissão quanto à proibição explícita do alistamento eleitoral feminino da Carta de 1891, Leolinda Daltro chegou a requerer seu alistamento, que foi negado pela Justiça Eleitoral. Ao longo

[2] Marques (2018); Alves (1980); Freire (1891).

de todos estes anos, essa foi uma estratégia utilizada individualmente por inúmeras mulheres para provocarem o debate sobre a legislação brasileira, até que, por fim, ocorreu sua mudança, em 1932. Como mostra Branca Moreira Alves (1980), esses pareceres negativos da Justiça Eleitoral do Rio de Janeiro e de outros estados eram sempre o mote para uma nova mobilização feminina e, assim, nessa mesma toada, em dezembro de 1910, um grupo de mulheres da Capital Federal requereu na Justiça o registro do Partido Republicano Feminino (Melo e Marques, 2000).

Tamanha ousadia representou um passo importante das mulheres para colocar a questão eleitoral no debate da sociedade. Isso porque, pelo entendimento da justiça, as mulheres não podiam votar, mas, mesmo assim, estavam requerendo o registro de um partido político. Tal atitude acabou tendo repercussões no Congresso Nacional, nas legislaturas que se seguiram. A persistência de Leolinda de Figueiredo Daltro foi notável ao longo do período, como mostra a pesquisa de Teresa Marques nos Arquivos da Câmara Federal. Há um requerimento datado de 1916 no qual as professoras Leolinda de Figueiredo Daltro[3] e Mariana Noronha faziam uma solicitação à Câmara requerendo o direito ao alistamento eleitoral. Portanto, em 1916, as mulheres brasileiras voltaram a postular diretamente ao Parlamento Nacional o direito de votar e serem votadas.

Outra mulher dessa época que se destacou foi a advogada Myrthes de Campos (1875-1965), a primeira mulher a exercer efetivamente a advocacia no país, ao ser aceita em 1906 nos quadros do Instituto dos Advogados do Brasil.[4] Myrthes foi uma destacada participante dos congressos operários da primeira década do século XX e abraçou a causa feminista (Melo e Marques, 2016).

Em 1919, Leolinda Daltro voltou novamente aos registros jornalísticos pela liderança de uma marcha de mulheres, na avenida Rio Branco, no centro do Rio de Janeiro, Capital Federal. Naquele momento, a professora Leolinda era candidata a alcaide do 1º Distrito do Rio de Janeiro. É notável

[3] Leolinda de Figueiredo Daltro: Nasceu no Recôncavo baiano em 14 de julho de 1859, seu pai era português e sua mãe era índia tupinambá. Casou-se cedo e teve cinco filhos. Separada do marido, criou os filhos sozinha. Professora, viveu as lutas do seu tempo, defendeu os indígenas, a educação e o sufrágio feminino. Em 1910, fundou o Partido Republicano Feminino, foi candidata à Intendência do 1º Distrito da Capital em 1919. Foi candidata a deputada federal em 1933 e 1934. Faleceu, no Rio de Janeiro, em 4 de maio de 1935, vítima de um atropelamento.

[4] Organização jurídica consultora do Estado, foi criada por uma ordem imperial em 1843.

a persistência da professora Leolinda em promover mobilizações pelo direito à cidadania e da sua liderança junto às colegas professoras na luta pela educação para toda a sociedade (Melo e Marques, 2000; Karawejczk, 2014).

Os pioneiros projetos de lei pelo voto das mulheres

Algumas evidências documentais permitem-nos inferir que as solitárias vozes femininas sensibilizaram o ambiente político daqueles anos, o que acabou fazendo com que o deputado federal pelo estado do Rio de Janeiro Maurício de Lacerda (1888-1959) apresentasse a Emenda nº 47, de 12 de março de 1917, alterando a lei eleitoral de 1916. A emenda propunha a inclusão do alistamento eleitoral das mulheres maiores de 21 anos. Essa proposta do deputado Maurício Lacerda inaugurou uma nova onda de reivindicações no âmbito parlamentar pela conquista ao voto feminino.

No entanto, a proposta foi logo rejeitada na Comissão de Justiça, tendo como relator o deputado Afrânio de Melo Franco (1870-1943). Mesmo assim, o deputado Maurício de Lacerda não desistiu da ideia, possivelmente respondendo à pressão das mulheres e devido a sua ligação com as organizações operárias, o que o fazia sensível a tais questões. O significado da demanda também sensibilizou o deputado paraense Justo Leite Chermont e este, dois anos depois, em 1919, apresentou o Projeto de Lei nº 102 dispondo sobre a capacidade eleitoral da mulher maior de 21 anos, que chegou a ser aprovado em primeira discussão no ano de 1921, mas não prosseguiu e ficou esquecido dormindo nas gavetas legislativas da Câmara Federal. O deputado Maurício de Lacerda, incansável na sua luta, em 29 de outubro de 1920, apresentou a Emenda nº 8, com o mesmo teor. A emenda foi rapidamente rejeitada no plenário da Câmara Federal, mas o debate político permaneceu e, no ano seguinte, em 1921, três deputados — Octávio Rocha, Bethencourt da Silva Filho e Nogueira Penido — apresentaram um projeto de lei similar, que obteve um parecer favorável do relator, o deputado pelo Rio Grande do Norte Juvenal Lamartine de Faria.[5] Essas iniciativas legislativas foram derrotadas, mas não suas ideias.

[5] Juvenal Lamartine de Faria exerceu mandatos de deputado federal, senador e governador do estado do Rio Grande do Norte. Foi um incansável batalhador pela causa feminina, mas a ascensão de Getúlio Vargas ao poder em 1930 destituiu todos os governadores eleitos em 1928, e Juvenal Lamartine preferiu o exílio. Só retornou ao Brasil e a seu estado natal anos depois.

Em dezembro de 1924, mais um intento: o deputado mineiro Basílio de Magalhães, historiador, jornalista e ferrenho liberal, apresentou o Projeto de Lei nº 247 que propunha o direito de voto à mulher brasileira.

A agitação política dominante na segunda metade dos anos 1920 repercutia nos corredores do Palácio Tiradentes e no Palácio Monroe, então sedes da Câmara Federal e do Senado, e deputados e senadores eram cobrados por legislações que ampliassem os direitos políticos e sociais. Nesse contexto, o presidente da época da Comissão de Justiça, o influente senador paulista Adolfo Gordo,[6] trouxe à tona a questão do voto feminino. Seu trabalho legislativo na reforma da Constituição, no ano de 1926, possivelmente colaborou para que ele fosse levado a examinar o problema. Assim, o senador Adolfo Gordo retomou o antigo projeto de Justo Chermont e desarquivou o PL nº 102. Ocorre que Chermont havia falecido no ano anterior; seu relator, então, passou a ser o senador Aristides Rocha (1882-1950), representante do estado do Amazonas. Seu parecer foi favorável ao voto feminino, mas enfrentou renhida oposição, acabando também arquivado. A votação foi acompanhada pelas sufragistas que haviam entregado aos parlamentares um manifesto assinado por 2 mil mulheres de vários estados brasileiros, com uma grande cobertura da imprensa. Não obstante tamanho movimento, o esforço foi em vão: mais uma vez, predominou o patriarcalismo nacional.

Bastante próximo a Bertha Lutz e sua Federação pelo Progresso Feminino, o senador Adolfo Gordo se tornou um importante aliado da causa, o que fica evidente pela troca missivista que mantêm ao longo dos anos 1920. Em um telegrama datado de 4 de novembro de 1927, Bertha comemora a instituição do voto feminino no Rio Grande do Norte. No mês seguinte, em uma carta, Bertha elogia "sua grande alma afeita aos sentimentos de equidade e justiça". No entanto, a eleição do senador Juvenal Lamartine para o governo do estado do Rio Grande do Norte acabou afetando o debate político sobre o voto feminino no parlamento nacional. Nos últimos anos, Juvenal Lamartine vinha sendo um dos baluartes da luta pelo voto no Congresso. Além disso, a proximidade das eleições pre-

---

[6] Adolfo Gordo (1858-1929), republicano histórico paulista, foi constituinte em 1891. Exerceu vários mandatos de deputado e senador representando o estado de São Paulo. Foi presidente da Comissão de Justiça e Legislação, trabalhou na reforma da Constituição em 1926. Foi autor das Leis de Expulsão dos estrangeiros, a Lei de Acidentes do Trabalho e da Lei de Imprensa.

sidenciais deslocou o debate político para outros temas. Tal situação só se modificou com a chegada de Getúlio Vargas e seus tenentes ao poder, em outubro de 1930.

Todavia, essas derrotas não foram suficientes para barrar as sufragistas: teimosamente, a persistência se impunha e, em 1930, outro projeto de lei que estendia às mulheres o direito de voto chegou a ser aprovado em segunda instância no Senado, mas os eventos de outubro de 1930 interromperam as atividades parlamentares e mudaram a história.

Mulheres organizadas: a Federação Brasileira pelo Progresso Feminino

O período que se inicia em 1918 e inclui toda a década de 1920 foi significativo para as mudanças sociais brasileiras: era um momento em que tudo se transformava, a cultura miscigenada nacional subia ao palco, e a realização, em São Paulo, da Semana de Arte Moderna, agitou a vida brasileira. Trabalhadores, militares, profissionais liberais, todos se mobilizavam insatisfeitos com a crise na economia e a pobreza, pedindo maior participação política. Nesse cenário, as mulheres também não perderam tempo, e as feministas colocaram a boca no trombone. A semente foi plantada pelas palavras e ações das mulheres naqueles anos, acendendo a chama da rebeldia em muitas regiões do país.

Apesar de o direito à educação ser, naquela época, ainda exclusivo das elites, uma vez que 80% das mulheres e 70% dos homens eram analfabetos, de acordo com os censos demográficos do IBGE de 1890, 1900 e 1920 (Soares, Melo e Bandeira, 2014), havia um consenso de que o direito ao voto era uma demanda essencial para a construção da cidadania em qualquer sociedade. Não se desconhece e nem se nega o elitismo então presente na concepção da exigência de o direito ao voto ser apenas para as pessoas alfabetizadas, mas, para os parâmetros da sociedade de antanho, esse era um discurso esperado e dominante.

Dessa forma, na prática, não se pode negar que o contingente feminino que podia exercer a cidadania compreendia mulheres instruídas que, em larga medida, eram brancas. Como a luta nos movimentos requer tempo e acesso às instâncias de poder, boa parte dessa história aqui contada foi escrita por mulheres das elites, que, tendo tempo e renda disponíveis para tal, mantiveram a luta política acesa. Subjugadas pelos cânones da época, as manifestações que se pode mapear ao longo dos anos 1910 e 1920 simbolizaram ousadia e pioneirismo porque, até então, as mulheres não iam às ruas para reivindicar desejos de autonomia.

A violência desencadeada pela Primeira Guerra Mundial no continente europeu acabou acelerando, em 1918, o retorno da bióloga Bertha Lutz (1894-1976) ao Brasil, depois de licenciar-se em ciências na Universidade Paris-Sorbonne e prestar concurso público para trabalhar como bióloga no Museu Nacional. Na Europa, tinha mantido contato com a explosiva campanha sufragista e, dotada de espírito combativo, regressou empenhada em defender os direitos das mulheres também no Brasil. Logo ao chegar, publicou, em 14 de dezembro de 1918, na popular *Revista da Semana*, o artigo "Somos filhos de tais mulheres", escrito com o pseudônimo de "Iracema". Esse artigo foi uma resposta a um jornalista carioca que havia escrito que os progressos femininos nos EUA e na Inglaterra não teriam influência no Brasil. Indignada, Bertha redigiu o artigo no qual conclamava as mulheres a fundarem uma associação para lutar pelos seus direitos:

> As democracias vão começar aprendendo a ser a expressão fiel e sincera de um regime social e político da igualdade humana. A mulher que não pudera ser compreendida na Declaração dos Direitos do Homem proclamados pela Revolução Francesa, a grande paria e dolorosa escrava, que usa braceletes de ouro em memória das algemas de ferro, foi libertada pela guerra e sentada ao lado do homem no trono da terra. [...] Não há, talvez, cidade do mundo onde se respeite a mulher, [...] O que deve consolar a brasileira é que os homens que essas coisas escrevem são piores do que a pior das mulheres. [...] Que importa que alguns jornalistas satíricos nos continuem a considerar os "animais de cabelos compridos e ideias curtas", quando o chefe da mais poderosa república do mundo [...] proclama que a "contribuição das mulheres para o grande resultado da guerra está fora dos limites da gratidão. [...] A homenagem que lhes podemos prestar é torná-las iguais aos homens no que respeito aos direitos políticos, [...] podemos dizer "Somos filhos de tais mulheres".

O mundo saía de um cataclismo, o armistício encerrando a Primeira Guerra Mundial havia sido assinado em 18 de novembro de 1918, a Revolução Russa era vitoriosa, e as mulheres estavam inconformadas com seus destinos. Com este artigo, Bertha adentrou o cenário político brasileiro definitivamente, tanto que, em fevereiro de 1919, o periódico *Rio Jornal* anunciou a seção "Rio-Femina", que teria a colaboração de duas mulheres representantes das novas ideias emancipatórias: Selda Potocka e Bertha Lutz (Alves, 1980). Devido a sua ousadia, Bertha foi indicada, juntamente com a paulista Olga de Paiva Meira, para representar o Brasil no Conselho Feminino Internacional, órgão da recém-criada Organização Internacional do Trabalho (OIT), organização tripartite composta por representantes governamentais, empregadores e trabalhadores. Naquele ano (1919), eles se reuniram na I Conferência sobre o Trabalho para discutirem os temas relativos às relações de trabalho.[7]

Ainda em 1919, Bertha Lutz, junto a Maria Lacerda de Moura (1887-1945), escritora e pioneira feminista que naquele ano acabava de publicar um livro intitulado *Em torno da educação* no qual defendia a educação das mulheres como instrumento transformador, arregimentou outras tantas mulheres para criarem a Liga para a Emancipação Intelectual da Mulher.[8] Também se juntaram a esse grupo restrito Jerônima Mesquita (1880-1972), educada na França e que durante a Primeira Guerra Mundial tinha servido como voluntária na Cruz Vermelha de Paris. De acordo com o relato de Bertha Lutz (Alves, 1980:117), elas haviam se conhecido em Paris, ambas já contaminadas pelas ideias sufragistas.[9]

O ano de 1919 foi vivido sob intensa agitação social; as reivindicações operárias dominavam o cenário político dos dois maiores centros urba-

[7] A OIT resultava do Tratado de Versalhes, que havia selado o armistício da Primeira Guerra Mundial. Das seis convenções aprovadas nessa Conferência, duas se relacionavam: a Convenção III, relativa à proteção à maternidade, e a Convenção IV, que proibia o trabalho noturno das mulheres e menores de 18 anos. Aprovadas em 1919, essas duas convenções só foram ratificadas pelo governo brasileiro em abril de 1934, já nos marcos do governo de Getúlio Vargas.

[8] Maria Lacerda de Moura logo depois rompeu com o feminismo "branco" de Bertha e fundou, em 1921, em São Paulo, a Federação Internacional Feminina, entidade que lutava por uma educação inclusiva para as mulheres por meio de uma disciplina "História da mulher, sua evolução e missão social". Nos anos seguintes, publicou inúmeros livros defendendo uma vida plena para as mulheres e o amor livre. Suas publicações tiveram enorme repercussão, algumas com várias tiragens. Abandonou a luta pelo direito ao voto pois acreditava que essa conquista era apenas um avanço pontual e beneficiava, sobretudo, as mulheres brancas (Moreira Leite, 2005).

[9] Jerônima, ao voltar ao Brasil após a guerra, participou da associação "Damas da Cruz Verde", que teve um papel importante durante a epidemia de gripe espanhola; dessa experiência, nasceu o projeto da maternidade Pró-Mater.

nos nacionais — São Paulo e Rio de Janeiro —, greves operárias e comícios explodiam pelas ruas. As mulheres das classes médias e da elite também contribuíam com seu quinhão de insatisfação para a efervescência do ambiente social e político.

Como foi discutido anteriormente, as demandas feministas repercutiam nos plenários da Câmara e do Senado Federal, entretanto, nesses recintos, as mulheres dependiam das alianças que conseguissem estabelecer com a classe política. Não há dúvidas de que esta efervescência social feminina estava relacionada com alguns fatores que diziam respeito diretamente às mulheres, mas também à conjuntura, tais como o término da Primeira Guerra Mundial, o avanço das ideias feministas em todo o mundo e a luta pelo direito de votar e ser votada travada por europeias e norte-americanas, a Revolução Russa e os avanços igualitários obtidos pelas mulheres russas. Todos esses eventos repercutiram no mundo ocidental, o Partido Comunista do Brasil foi fundado, os militares pegaram em armas, e as mulheres foram à luta pelo direito à cidadania. Portanto, ainda no ano de 1919, foi fundada a Liga para a Emancipação Intelectual da Mulher, embrião da Federação Brasileira pelo Progresso Feminino (FBPF), criada em 1922, instituição que, nos anos posteriores, desempenhou o principal papel na luta pela conquista do direito ao voto das mulheres, obtido em 1932.

Iniciada a década de 1920, preparavam-se no país as comemorações para o Centenário da Independência, que seria celebrado em 1922. Cônscias de que as comemorações do Centenário da Independência não podiam passar sem manifestações feministas, as militantes da recém-criada FBPF procuraram se inserir nas outras comemorações, e a de maior repercussão foi a realização do Congresso Jurídico, que aconteceu em outubro de 1922. O Congresso tinha como objetivo o exame de teses para revigorar as instituições do país, e tanto organizações profissionais como o movimento de mulheres decidiram participar do evento, que tinha à frente o Instituto dos Advogados do Brasil. Nesse Congresso, a advogada feminista Mirtes de Campos[10] apresentou uma comunicação sobre a cons-

[10] Mirtes Gomes de Campos (1875-1965) nasceu em Macaé (RJ). Estudou no Liceu de Humanidades de Campos e enfrentou a oposição da família quando decidiu estudar direito, mas veio para o Rio de Janeiro e cursou a Faculdade Livre de Ciências Jurídicas e Sociais do Rio de Janeiro, concluindo-o em 1898. Foi a primeira advogada a conseguir o registro do diploma em 1906. Pôde associar-se ao Instituto dos Advogados do Brasil (IAB) e assim exercer sua profissão. Em 1910, foi nomeada inspectora do Ensino do Dis-

titucionalidade do voto feminino, a qual teve o apoio do jurista Levi Carneiro, além de outros colegas, apesar do voto contrário do relator da matéria, o advogado Carlos Maximiliano (Marques, 2016; Alves, 1980:125). Mesmo com o voto contrário do relator, o texto, dada uma brilhante argumentação, foi aprovado como uma resolução do Congresso a favor da concessão do direito de voto às mulheres brasileiras.

Pelo lado do movimento social, a ida de Bertha Lutz aos Estados Unidos para representar o Brasil na Conferência Pan-Americana de Mulheres, em abril de 1922, foi fundamental para forjar sua perspectiva feminista, que estaria constantemente presente e ativa nos anos vindouros no Brasil. No *Jornal do Brasil*, chamada de "Conferência Pan-Americana de Senhoras", era mencionada a presença de Bertha Lutz entre as 24 delegadas.[11] A edição número 14 da *Revista da Semana* informava: "A Bordo do Huron, partiu para os EUA a graciosa senhorinha Bertha Lutz, [...] delegada do Brasil à Conferência Pan-Americana de Baltimore";[12] 19 edições depois, essa revista afirmava que Bertha regressava após ter representado o Brasil "com grande brilho".[13]

Nos EUA, conheceu a histórica feminista norte-americana Carrie Chapman Catt,[14] presidente da NAWSA, importante associação feminista norte-americana. Com Carrie Chapman, discutiu uma proposta para a

---

trito Federal e em 1924 foi encarregada da Jurisprudência do Tribunal de Apelação do Distrito Federal. Aposentou-se em 1944. Pouco se sabe de sua vida após esse período; provavelmente faleceu em 1965. Publicou os seguintes trabalhos: *O voto feminino* (1929), *A propósito da mulher jurada* (1933), *Os advogados profissionais e a advocacia feminina* (1937). (Ver FGV CPDOC, Verbetes).

[11] Disponível em: http://memoria.bn.br/docreader/DocReader.aspx?bib=030015_04&pagfis=14945. Acesso em: 31 mar. 2022.

[12] Disponível em: http://memoria.bn.br/docreader/DocReader.aspx?bib=025909_02&pagfis=2354. Acesso em: 1º abr. 2022.

[13] Disponível em: http://memoria.bn.br/docreader/DocReader.aspx?bib=025909_02&pagfis=3014. Acesso em: 1º abr. 2022.

[14] Carrie Clinton Lane Chapman Catt (1857-1947), norte-americana, nasceu no Wisconsin e faleceu em Nova York. Diplomada como professora pela universidade estadual de Yowa, no exercício do magistério, conheceu as ideias feministas e a luta pelo sufrágio e passou a militar pela causa. Presidiu a organização feminista National American Woman Suffrage Association (Nawsa) de 1915 a 1920. Foi uma das coordenadoras da luta política para a aprovação da 19ª Emenda Constitucional americana de 1919, que concedeu o direito de votar e ser votada às mulheres norte-americanas. Foi uma ativista dos direitos do sufrágio das mulheres no mundo. A partir de 1919, Bertha Lutz manteve forte amizade com ela até sua morte em 1947 (Marques, 2018).

associação brasileira que promovesse a educação da mulher, protegesse as mães e as crianças, garantisse o trabalho feminino e assegurasse direitos políticos. Nessa mesma viagem aos EUA, Bertha aproveitou para estreitar as relações com o movimento feminista norte-americano e se filiou a organizações feministas internacionais, projetando de forma mais intensa o sufragismo brasileiro. No final da Conferência, as representantes latino-americanas ainda fundaram a Associação Pan-americana de Mulheres, sendo Bertha eleita uma de suas vice-presidentes.

Com esse modelo em mente, Bertha retornou ao Brasil e criou a Federação Brasileira pelo Progresso Feminino, a FBPF. A experiência com a criação da Liga foi determinante para o nascimento da FBPF, em 9 de agosto de 1922. A estratégia da associação foi incentivar a fundação de associações feministas similares em todos os estados. Ao final dos anos 1920, essa intenção era quase um fato: do Amazonas ao Rio Grande do Sul, havia vestígios de federações regionais.

Bertha Lutz foi eleita presidente da FBPF, filiada à Aliança Internacional pelo Voto Feminino, e logo depois foram criadas a Liga Paulista pelo Progresso Feminino e a Liga Mineira pelo Progresso Feminino. Como, naquele ano, comemorava-se também o Centenário da Independência do Brasil, a FBPF viu a oportunidade para divulgar a causa feminista pelo direito ao voto (Marques, 2016). A FBPF convocou, então, sua primeira Conferência para 1922 e, com o objetivo de ampliar sua influência, convidou duas ilustres ativistas feministas: Carrie Chapman Catt, presidente da Associação Americana de Mulheres, e a delegada da Aliança dos Sufrágios da Holanda, a senhora O'Manys. De acordo com Teresa Marques, para Bertha Lutz apenas a educação não conduziria à independência econômica se esta não fosse acompanhada da igualdade entre os sexos perante a lei. Isso porque a vivência da maternidade prendia as mulheres ao lar, e essa limitação dificultava seu acesso ao mercado de trabalho e as tornava dependentes dos homens. Era, portanto, importante cultivar uma imagem pública de serenidade para dialogar com os homens poderosos (Marques, 2016:22). Essa postura explica suas ações ao longo da sua militância feminista (ver também Besse, 1999: Introdução).

Esta vertente do movimento feminista que explodia naquele momento tinha a simpatia de quadros políticos e intelectuais destacados como Nilo Peçanha, Lauro Muller, Assis Brasil, Ruy Barbosa e Evaristo de Moraes. Segundo Moema Toscano (1975), a campanha pelo voto não encontrou opositores ferrenhos; isso porque, quando havia políticos assim, eles assumiam atitudes tão marcadamente conservadoras que não despertavam simpatia: faziam uso de anedotas ou caricaturas grotescas. Diante disso — e da moderação e conteúdo reformista das militantes feministas —, a maioria dos políticos entendia que o voto feminino não significava riscos, muito menos uma revolução (Toscano, 1975).

A FBPF havia sido criada a partir da Liga para a Emancipação Intelectual da Mulher no Rio de Janeiro e sua reformulação fora decidida com o propósito de associar a nova entidade ao feminismo no país. A Federação baseou sua organização no formato da 1ª Conferência Pan-Americana, de que Bertha tinha participado em julho daquele ano. Portanto, nos dias 19 a 23 de dezembro de 1922, nos salões do edifício Syllogeu, do Instituto dos Advogados no Rio de Janeiro, ocorreu o 1º Congresso Internacional Feminista, ou, como os jornais o chamaram, a Conferência pelo Progresso Feminino.[15] Na nota da *Revista da Semana*, assim se lia no título: "Pela emancipação da mulher brasileira". A influência do congresso foi marcante no nascente feminismo brasileiro, com grande divulgação, uma vez que elas acreditavam que a participação de homens eminentes poderia intensificar a legitimidade da conferência e, consequentemente, da luta pelo direito ao voto. Foram convidados o governo federal, os presidentes dos estados, e nove deles enviaram delegações à conferência. Participaram os senadores Lopes Gonçalves e Lauro Muller, políticos de grande expressão no debate nacional. O congresso contou com o apoio decisivo das sufragistas Jerônima Mesquita, Stella Guerra Durval e até Maria Lacerda de Moura, que tinha algumas divergências políticas com as ações da FBPF. A realização do evento projetou a FBPF no cenário político nacional e suas militantes fizeram uma ponte fecunda com os parlamentares favoráveis ao voto feminino.

Na pauta do evento estavam questões tais como o bem-estar dos filhos, educação, trabalho, métodos organizacionais. A sessão final foi presidida pelo senador Lauro Muller.

Dos políticos que lá estiveram, a aliança mais significante estabelecida foi, sem dúvida, com o senador Juvenal Lamartine, integrante da Comissão de Constituição e Justiça e o maior aliado no âmbito parlamentar da

[15] Disponível em: http://memoria.bn.br/docreader/DocReader.aspx?bib=025909_02&pagfis=3877.

luta sufragista nacional. Candidato a governador do Rio Grande do Norte, em 1927, Juvenal Lamartine anunciou que pretendia governar com o apoio das mulheres e que elas teriam o direito de votar e serem votadas. As feministas fizeram a campanha de Lamartine, que saiu vitorioso e, dessa aliança, fez-se o ensaio de permitir o alistamento feminino na Justiça Eleitoral. Naqueles mesmos anos, o Rio Grande do Norte elegeu a primeira prefeita do Brasil, em 1928 — Alzira Soriano —, bem como inscreveu as primeiras eleitoras do país. Todos esses acontecimentos e decisões foram depois anulados pelos tribunais do Rio de Janeiro.[16]

A chegada de Getúlio Vargas e dos tenentes ao governo federal em 1930 colocou o cenário político nacional de ponta-cabeça, e as mulheres brasileiras ascenderam um passo a mais na construção da cidadania. As mudanças políticas inicialmente tentaram contornar as questões sociais: apesar de acenar imediatamente com mais direitos para a classe trabalhadora, o governo tentou se desviar do problema eleitoral. A chamada Revolução Constitucionalista explodiu em São Paulo, e o governo, vitorioso, negociou o processo democrático e criou uma Comissão, ainda em 1931, para organizar um Código Eleitoral, bem como para preparar um processo constitucional. Era preciso mudar a legislação eleitoral e admitir o voto secreto para a população. Como afirmou Bertha Lutz, Getúlio Vargas, ao propor esta comissão composta de renomados juristas, incluiu na sua composição duas lideranças femininas na luta pela conquista do voto: a própria Bertha Lutz e a advogada Natércia da Silveira (1903-1993).[17] Tal comissão, apesar da oposição de alguns integrantes, acabou dobrando-se aos anseios das feministas e aprovou uma legislação ainda canhestra com relação ao direito de votar e ser votada. Isso porque, naquele momento, definiu o voto feminino como "facultativo" e apenas obrigatório para as funcionárias públicas. O presidente Getúlio Vargas suprimiu as restrições

[16] Marques (2016); Soihet (2006); Rodrigues (1993); Hahner (1981).

[17] Natércia da Cunha Silveira nasceu em Itaqui, no Rio Grande do Sul (1903), de família de políticos. Advogada e política, participou ativamente da luta pelo direito ao voto, foi da FBPF, mas em 1930 fundou a Aliança Nacional de Mulher e essa agremiação foi importante na luta pelo sufrágio feminino no Brasil. Participou junto com Bertha Lutz da Comissão de Juristas que redigiu o Projeto de Lei sobre a Constituição Federal de 1934. Foi candidata nas eleições de 1933, 1934 e 1945, mas não se elegeu. Foi procuradora da Justiça do Trabalho e participou da comissão que elaborou a Consolidação da Lei do Trabalho (CLT) do Brasil. Faleceu no Rio de Janeiro em 7 de dezembro de 1993 (Depoimento de sua filha Veleda a Hildete Pereira de Melo em 20 de maio de 2005).

e, em 1932, foi promulgado o Código Eleitoral, aprovando o voto secreto e o voto feminino (Decreto nº 21.076, de 24 de fevereiro de 1932). Claramente, uma vitória das mulheres brasileiras que foi alcançada com os esforços de lideranças como Bertha Lutz, Leolinda Daltro de Figueiredo, Natércia da Silveira e tantas outras que militaram na Fundação Brasileira pelo Progresso Feminino, criada naquele ano de 1922, como as estudantes da Escola Orsina da Fonseca sob a liderança de Leolinda, como as mulheres da Aliança Nacional de Mulheres sob a batuta de Natércia.

Reflexões finais

O ano de 1922 chegou com muito alvoroço na sociedade brasileira. Logo em fevereiro a cultura paulista despontou no cenário da economia mais poderosa do país — teve espaço a Semana de Arte Moderna — na pintura, na literatura e na política. Do ponto de vista das lutas operárias, ocorreram greves, e a fundação do Partido Comunista do Brasil sacudiu a classe operária entre anarquistas e os recém-comunistas aliados ao regime soviético. Nos quartéis, explodia a insatisfação de capitães e tenentes. Em paralelo, a insubmissão das mulheres também chegou às ruas em sua luta pelo direito de votar e serem votadas, já presente em todos os continentes naqueles tempos.

Nos anos 1920, seja pelas vias institucionais, dos projetos de lei, seja pelas organizações feministas, com destaque para a Federação Brasileira pelo Progresso Feminino, as mulheres intensificaram a pressão para que fossem garantidos seus direitos políticos mínimos, ou seja, o direito ao voto. Em 29 de junho de 1923, sua líder maior, Bertha Lutz, publicava, em artigo no *Jornal do Brasil*, o discurso que proferiu no Nono Congresso Internacional de Mulheres, ocorrido em Washington (EUA). Nele, afirmava:

> Hoje em dia são as mulheres que sonham um novo mundo, mais belo e mais feliz. Fazem os seus preparativos, procuram os meios, vencem os obstáculos de uma dependência secular. Reúnem-se a fim de estudá-los em conselhos internacionais. Seus olhares inquietos buscam o horizonte onde o novo mundo já começa a surgir.[18]

[18] Disponível em: http://memoria.bn.br/docreader/DocReader.aspx?bib=030015_04&pagfis=22470. Acesso em: 31 mar. 2022.

Tais palavras, assim como muitas das incertezas que as mulheres viviam naqueles tempos, soam tão atuais 100 anos depois, neste Bicentenário da Independência. O Brasil permanece um país em construção, no qual as mulheres, ainda, precisam estar constantemente alertas e organizadas em movimentos para que consigam garantir o respeito aos seus direitos. Desde a imperatriz Leopoldina, passando por Bertha Lutz até as jovens feministas em manifestações nas ruas dos anos 2020, as mulheres seguem construindo história, e nosso dever é registrá-las, para garantir que seu protagonismo não mais será obnubilado.

Referências

ALVES, Branca Moreira. *Ideologia e feminismo*: a luta da mulher pelo voto no Brasil. Petrópolis: Vozes, 1980.

BESSE, Susan K. *Modernizando a desigualdade*: reestruturação da ideologia de gênero no Brasil — 1914-1940. São Paulo: Editora da Universidade de São Paulo, 1999.

FGV. CPDOC. *Dicionário da elite republicana (1889-1930)*. Campos, Mirtes, Lista de Verbetes [A–Z]. Coordenação geral de Alzira A. Alzira A.; lista de verbetes [A-Z] de Mirtes Campos; autoria dos verbetes de H. P. de Melo e T. C. de N. Marques. Disponível em: http://cpdoc.fgv.br/acervo/dhbb. Acesso em: 29 abr. 2022.

FREIRE, Moniz. [Discursos]. *Annaes do Congresso Constituinte de 1891*, 1891. v. 2.

HAHNER, June E. A mulher brasileira e suas lutas sociais e políticas: 1850-1937. São Paulo: Brasiliense, 1981.

KARAWEJCZYK, Mônica, O feminismo em boa marcha! Bertha Lutz e a Conferência pelo Progresso Feminino. *Revista Estudos Feministas*, Florianópolis, v. 26, n. 2, 2018, p. 1-17.

____. Os primórdios do movimento sufragista no Brasil: o feminismo pátrio de Leolinda Figueiredo Daltro (1933-1935). *Estudos Ibero-Americanos*, Porto Alegre, v. 40, n. 1, jan./jun. 2014, p. 64-84.

____. *Sufragettes nos trópicos?!* A primeira fase do movimento sufragista no Brasil. Dossiê. Disponível em: https://periodicos.ufjf.br/index.php/locus/article/view/20768. Acesso em: 24 abr. 2022.

MARQUES, Teresa C. de N. *Bertha Lutz*. Brasília: Câmara Federal, 2016. Perfil Parlamentar 73.

____. *O voto feminino no Brasil*. Brasília: Câmara dos Deputados, Edições Câmara, 2018.

MELO, H. P. de et al. *Mulheres na política*: tecendo redes, escrevendo histórias, transformando a realidade. Niterói: Alternativa, 2016.

____; MARQUES, Teresa Cristina de Novaes. Mirtes Campos. In: ABREU, Alzira Alves de (Org.). *Dicionário Primeira República*. CPDOC/FGV, 2015.

____; MARQUES; ____. Partido Republicano Feminino — a construção da cidadania feminina no Rio de Janeiro. *Revista do IHGRJ*, ano 9, n. 9, 2000, p. 71-77.

MOREIRA LEITE, Miriam. *Maria Lacerda de Moura*: uma feminista utópica. Florianópolis: Mulheres, 2005.

PERROT, Michelle. *As mulheres ou os silêncios da história*. Tradução de Viviane Ribeiro. Bauru, SP: Edusc, 2005.

POMPEU, Fernanda. *Abrealas*: o feminismo na virada do século XIX/XX. Rio de Janeiro: Redeh; Arte sem Fronteiras, 1999.

RODRIGUES, João Batista Cascudo Rodrigues. *A mulher brasileira* — direitos políticos e civis. 3. ed. Brasília: Centro Gráfico do Senado Federal, 1993 (Coleção Mossoroense, v. 835, Série C (Livros)).

SILVEIRA, Mariana de Moraes. Escrever, ser útil à sociedade. *Estudos Ibero-Americanos*, v. 47, n. 3, 2021, p. e39891-e39891.

SOARES, C.; MELO, H. P. de; BANDEIRA, L. O trabalho das mulheres brasileiras: uma abordagem a partir dos censos demográficos de 1872 a 2010. In: ANAIS do XIX Encontro Nacional de Estudos Populacionais, XIX, 24-28 nov. 2014, São Pedro, SP. *Anais*... Belo Horizonte, MG: Abep, 2014.

SOIHET, Rachel. *O feminismo tático de Bertha Lutz*. Santa Cruz do Sul: Mulheres; Edunisc, 2006.

TOSCANO, Moema. *Mulher: trabalho e política* — caminhos cruzados do feminismo. Tese (livre docência) — Pontifícia Universidade Católica, Rio de Janeiro, 1975.

Periódicos e arquivo pesquisados

Correio da Manhã

Jornal do Brasil

Revista da Semana

Fundo Adolfo Gordo (Unicamp)

CAPÍTULO IX

Dos "negros modernos": sobre personagens, debates e experiências ausentes, c. 1920, São Paulo

Flávio dos Santos Gomes

São Paulo, capital, 1922. De 13 a 18 de fevereiro, no Teatro Municipal, evento com recitais de poesias, presença de literatos, artistas e jornalistas com expectativas de valorização de identidades culturais sob tons nacionalistas. Mas ideais da época conviviam com xenofobia declaradamente racista no tocante às políticas de imigração. Modernidade deveria privilegiar uma nacionalidade que inventava a "raça brasileira" poupando-a da presença negra, no caso os descendentes das importações de mais de 4,8 milhões de africanos escravizados trazidos compulsoriamente do século XVI até o alvorecer da década de 1860, quando cessaram os rumores e denúncias de tráfico ilegal.[1]

Na década de 1920 havia muita coisa em jogo entre ufanismos, discussões intelectuais e expectativas sociais. Atravessando o que seria depois ressemantizado como Semana de Arte Moderna de 1922, surgiriam propostas de imigração negra. No Rio de Janeiro, em 1921 chegaram ao Congresso Nacional projetos visando proibir a imigração negra a propósito de notícias sobre os interesses do estado do Mato Grosso em estabelecer colônias, contando com a entrada de negros dos EUA. Tudo vai reverberar junto à imprensa no Brasil e nos EUA, inclusive periódicos negros nos dois países. A iniciativa parlamentar dos deputados Cincinato Braga

[1] Pinheiro (1991); Sevcenko (1992); Weinstein (2015).

e Andrade Bezerra não virou lei, mas debates sobre raça e limites da *cidadania negra* apareceram.[2]

Polêmicas sobre a questão racial no Brasil e no EUA viraram bumerangues (Seigel, 2009). Um grupo de afro-americanos empreendedores criou mesmo uma companhia de colonização, havendo contatos com o governador do Mato Grosso, com expectativas de doação de terra e fomento para a entrada de negros americanos. Com o debate girando em torno da rejeição à imigração negra, havia um movimento — político, intelectual e incorporado pelo Estado brasileiro — para atrair trabalhadores imigrantes usando indisfarçáveis critérios raciais. Emergiria mesmo — ou melhor, renovava-se, posto estar presente já em meados do século XIX, numa sociedade ainda escravista, mas já moderna com fábricas, ferrovias e ambientes urbanos cosmopolitas — a representação do "imigrante ideal" fantasiado de "branco e europeu" (Lesser, 2001).

Nas fronteiras das simbologias que posteriormente inventariam um *modernismo paulista*, a questão era o temor da entrada de imigrantes negros. Interessante é que experiências negras imigrantistas (não africanas) datavam do alvorecer do século XX com grupos antilhanos, vindos do Caribe inglês. Ainda pouco estudadas, tais levas imigrantistas se estabeleceram em cidades como Belém, Vitória e, principalmente, em Porto Velho, Rondônia, quando boa parte se juntou a um exército de trabalhadores internacionais na construção da estrada de ferro Madeira-Mamoré. Foi uma imigração negra rarefeita, invisível e espontânea. De 1907 até 1912, avalia-se que aproximadamente 2 mil antilhanos foram enviados para o trabalho na ferrovia. Esses imigrantes vinham da Jamaica, São Vicente, Granada, Trinidad, Santa Lúcia, sendo o maior número de Barbados (Lima, 2013: esp. cap. 3, p. 106-156).

No início dos anos 1920, a possibilidade de imigração negra norte-americana, a criação de agências de colonização comandadas por empreendedores afro-americanos e a concessão de terras se transformaram em temas explosivos revisitando a opinião pública, parlamentares, políticos e intelectuais de várias matrizes.[3] Narrativas sobre branqueamento, entre o "elemento estrangeiro" *versus* o "elemento nacional", reverberam

[2] Fagundes e Gomes (2007:51-57). Sobre as visões conservadoras de Cincinato Braga, ver: Prado (1982:233-245).

[3] Desde a década de 1860 se falava em enviar negros norte-americanos para a Amazônia, ver: Luz (1968).

com a ideia de raça incluindo sentidos de "etnia, língua, nacionalidade e religião". Na ocasião, os argumentos contrários destacavam que os negros norte-americanos não falavam a língua portuguesa, não professavam o catolicismo (embora cristãos), e, supostamente pior: poderiam trazer o ódio racial, brancos *versus* negros. Assim, seriam considerados "imigrantes indesejáveis". Do ponto de vista norte-americano, o debate se articulava com a imagem do Brasil como um "paraíso racial", qual seja, local onde a população negra norte-americana — principalmente do Sul — podia emigrar, fugindo da segregação e violência racial. Era o contexto da Great Migration, quando milhões de afro-americanos se deslocaram de estados do Sul em direção a cidades do Norte como Nova York, Chicago e outras. Entre 1917 a 1919, houve muitos confrontos raciais contra a truculência policial, se destacando um conflito em Chicago de mais de cinco dias em 1919. Ao mesmo tempo surgia uma legislação segregacionista e o aumento de registros de linchamentos contra negros (Meade e Pirio, 1988:85-110).

Imagens de valorização do Brasil para a imigração negra norte-americana já tinham surgido entre 1914 e 1915. Mas no início dos anos 1920 a coisa ficou mais efervescente, sugerida por uma imigração negra massiva, diante da suposta oferta do Ministério da Agricultura por passagens e créditos rurais, além da possibilidade de serem compradas terras do Mato Grosso, por empresários de Chicago, e a criação da Brazilian American Colonization Sindicate (Bacs). É ampliada a propaganda em jornais dos EUA, com destaque para o Baltimore Afro-American. No Brasil, a coisa não prosperaria havendo tanto o recuo do governo do Mato Grosso como ações do Itamaraty visando impedir a entrada de negros norte-americanos. Acontece uma troca de correspondência entre autoridades brasileiras e norte-americanas, especialmente diplomática nos consulados brasileiros em Baltimore, Nova Orleans, Nova York e Chicago, aparecendo críticas sobre as perspectivas do *pan-africanismo* defendido por Marcus Garvey que poderiam ser espalhadas. Denúncias do próprio governo norte-americano alertavam para o *black nacionalism* destas correntes imigratórias e o receio da fundação de "Repúblicas Negras" no Brasil (Fagundes e Gomes, 2007:51-57).

Em 1923, projetos legislativos proibindo a entrada de negros foram retomados pelo deputado mineiro Fidelis Reis, provocando mais debates. Interessante é que essa proposta estimulava a entrada de imigrantes europeus e admitia o ingresso de imigrantes asiáticos até 3% do total da imigração total. A discussão alcança a Sociedade Nacional de Agricultura (SNA) que produziu em 1925 um inquérito sob forma de questionário para colher em todo o Brasil — consulta a fazendeiros e associações rurais — opiniões a respeito da entrada de imigrantes "negros e amarelos" junto a fazendeiros e associações rurais. A rejeição à imigração negra seria explícita (Ramos, 1996:59-84). Tanto em 1921 como em 1923, a imprensa teve importante papel com *A Noite*, *O Jornal*, *Jornal do Brasil*, *Gazeta de Notícias*, *Careta*, *O Malho*, *Correio da Manhã*, *O Paiz* e outros jornais que se ocuparam de "vibrante campanha". Argumentos nem tentavam disfarçar o racismo brasileiro, sugerindo que o problema não era a origem, mas sim o ódio racial e o separatismo que tais levas de imigrantes trariam. Enquanto Evaristo de Moraes fez uma Conferência na Ordem dos Advogados do Brasil falando sobre a questão; o escritor, diplomata e historiador Oliveira Lima — um dos membros fundadores da Academia Brasileira de Letras — escreveu de Washington que "uma colônia americana de cor" no "sertão do Mato Grosso" "resultaria em fracasso". Jornalistas e literatos como Benjamin Costallat, Assis Chateaubriand e Coelho Neto se manifestaram contra o projeto de 1921, mas com tons nacionalistas indisfarçavelmente racistas. Também associações científicas se posicionaram, como a Sociedade de Geographia que expressou "cautelas" sobre o que denominava "importação de raças exóticas". Autoridades, intelectuais, políticos e pensadores mantinham cristalizada uma visão de que o Brasil era de fato um paraíso racial e não poderia ser maculado por outras ideias ou personagens estranhos. As justificativas — que mascaravam a intolerância antinegra existente — eram a ausência de preconceitos, a miscigenação como solução racial, o desejo de branquear e o temor de importar ódios (Andrews, 1988).

O interessante seria pensar este debate também a partir das percepções de intelectuais negros e suas expectativas de intervenção, diálogos e integração (Alberto, 2018). Um caminho seria verificar as perspectivas dos "Jornais da Raça Negra" como foram denominados por vários estudiosos. O periódico *O Getulino* — circulou entre 1923 a 1925 sob o comando de Lino Guedes e Gervásio de Moraes — teve destaque nessa ocasião com uma avaliação ambígua sob os debates da imigração em 1923 e a presença de Robert Abbot, empreendedor e jornalista negro norte-americano (atuava no periódico *Chicago Defender*). Não reproduziu ataques preconceituosos, mas falava de "invasão negra norte-americana" e mencionava a necessidade de uma "atitude patriótica" no Brasil.[4]

Também vale considerar contextos cruzados daquela década que se iniciava. Estas polêmicas sobre a imigração negra foram atravessadas não só pela Semana de Arte Moderna, mas também em março de 1922 pela criação do Partido Comunista do Brasil e mesmo eleições presidenciais. Sairia vitorioso Artur Bernardes contra Nilo Peçanha, que já tinha passado pela presidência da República (de junho de 1909 a novembro de 1910), assumindo na condição de vice e substituindo Afonso Pena, falecido. Natural de Campos dos Goitacazes, havia uma controvérsia contemporânea sobre a identidade negra de Nilo Peçanha.[5] A população brasileira girava em torno de 32 milhões de habitantes e cerca de 1,9 milhão podia votar, com no máximo 3% da população participando das eleições. Em 1920, havia pouco mais de 5% de imigrantes estrangeiros no Brasil. Entre 1900 e 1920, cerca de 80% da população estrangeira estava no Sudeste. A maioria era de origem europeia, com destaque para italianos, portugueses e espanhóis, nesta ordem. Por coincidência, a exceção desse perfil estrangeiro imigrantista europeu era exatamente o Mato Grosso. Ali, em 1920, os maiores contingentes estrangeiros eram de paraguaios (Seyferth, 1996:41-58; 2005:27-46).

No restante deste capítulo oferecemos um exercício analítico. Pensar como os próprios articulistas negros de associações e jornais podem ter produzido memórias sobre suas práticas e mobilização. Partimos de uma carta particular encontrada na Coleção Arthur Ramos. Depositado no setor de Manuscritos da Biblioteca Nacional, trata-se de um extraordinário acervo de história intelectual, aparecendo correspondência de Arthur Ramos com intelectuais e ativistas de vários países a respeito de fontes diversas sobre as "culturas negras" no Brasil e nas Américas.[6] Em fins de

[4] *O Getulino* — investigação em andamento — se destaca como diversos intelectuais negros se posicionaram. Um debate prolongado apareceu em seções numeradas intituladas "Cartas dum Negro". Ver, por exemplo, 30/1; 7/10; 13/10 e 4/11 de 1923 e 13/1; 20/1 e 2/03 de 1924 em escritos de Benedicto Florêncio, Lacerda Werneck, Theófilo Camargo, entre outros. Ver também: Gonçalves (2012: esp. p. 198 em diante) e SANTOS (2020: esp. p. 39 em diante).

[5] Sobre uma candidatura negra à presidência da República, ver: Domingues (2017:13-51).

[6] Para uma reflexão crítica sobre a história intelectual de Arthur Ramos ver entre outros: Corrêa (2004:35-58); Cunha (2004:59-108).

junho de 1940, Ramos recebe correspondência de Jayme Aguiar, intelectual negro. Acompanhando as publicações de Ramos sobre "o passado e o presente da nossa raça, dentro do Brasil e do nosso tão evolutivo Estado de São Paulo", Aguiar tentava contribuir enviando — dizia — "os informes que se me apresentarem e que suponha de utilidade para outras edições sucessivas de livros desse caráter".[7]

Filho de libertos — egressos da abolição da escravidão —, Jayme Aguiar nasceu e cresceu em São Paulo, tendo uma importante atuação em associações, entidades e jornais negros desde a década de 1920 e até os anos de 1960. Junto com José Correia Leite, ele foi o fundador de *O Clarim* e depois *O Clarim da Alvorada*, em 1924. A redação de *O Clarim* chegou a funcionar na sua própria casa, na rua Ruy Barbosa. Além de Correia Leite, como "redator secretário", havia ainda Luiz de Souza, como gerente, e Urcino dos Santos e João Sóter da Silva, como diretores. Aguiar teve instrução básica: formou-se em contabilidade e se tornou funcionário público. Em 1929, deixaria a direção de *O Clarim da Alvorada* embora mantivesse apoio às entidades negras. Participou como diretor do jornal *Evolução*, colaborando ainda para os periódicos *Alvorada*, *Patrocínio* e *Senzala*. Com outros jornalistas e tipógrafos, Aguiar vai se aproximar tanto da Frente Negra Brasileira (FNB) como de outras entidades negras até os anos 1950.[8]

A partir desta correspondência entre Ramos e Aguiar é possível avaliar a produção de uma memória sobre uma *modernidade* a partir da experiência intelectual negra paulista que foi praticamente invisibilizada. Aguiar elogiou os escritos de Ramos (especialmente o artigo "O espírito associativo do negro", de 1938), mas sugeriu que fosse considerada a história do "movimento negro dentro de São Paulo, de uns passados anos até aos nossos dias". Estudioso das "culturas negras" nas Américas, Ramos sempre argumentou que os africanos escravizados e seus descendentes no Novo Mundo passaram por processos de "aculturação negra" que reconhecia com base em retenções e reminiscências culturais (Ramos, 1935). Enquanto hipóteses que devem merecer mais investigações, argumentamos que o conteúdo da carta de Jaime Aguiar — um verdadeiro artigo, parte do qual inserida nas publicações posteriores de Ramos — pode ser

[7] Biblioteca Nacional, Seção de Manuscritos, Coleção Arthur Ramos, Códice 35,21,492, carta de Jayme de Aguiar. São Paulo, 20/6/1940.

[8] Sobre a Frente Negra Brasileira ver: Barbosa (1998) e Domingues (2004).

tomado como um fragmento da memória social (e expectativas dela) da comunidade negra intelectual sobre o *tempo-presente* da "raça negra" (Gomes, 2005). Aguiar chega a propor uma prosopografia de artistas (músicos, literatos, maestros, poetas, pintores, escultores)[9] e de várias lideranças (jornalistas e oradores) negras da cidade de São Paulo, mencionando nomes como Abílio Rodrigues, Alberto Orlando, Alfredo Pires, Álvaro de Campos, Ângelo do Bom Conselho de Rezende, Antão Fernandes, Antonio Euzébio de Assumpção, Argentino Celso Wanderley, Arthur Rocha, Benedicto Tobias, Benedicto de Andrade, Benedicto Florêncio, Benedicto Ribeiro, Benedicto Vaz Costa, Bento de Assis, Carlos Cruz, Cezarino Junior, Coutos de Magalhães Netto, Custódio dos Passos, Diocleciano Nascimento, Elysio Eduardo da Costa, Euclides de Oliveira, Fernando de Magalhães, Gervásio de Moraes, Henrique Cunha, J. Augusto Marques, Jayme de Camargo, João Fellipe, João Theodoro, José A. de Oliveira, José Correa Leite, José de Mello, José Eusébio dos Santos, José Maria Monteiro, Julio Cotrim, Leopoldo Nunes, Lino Guedes, Luiz de Souza, Manoel dos Passos, Manoel dos Santos, Modesto Gonçalves de Rezende, Omar de Assis, Pirajá Cardoso, Reverendo Valério, Salatiel de Campos, Salvador de Paula, Sebastião Mariano, Sebastião Schifini, Tobias de Oliveira, Vaz Costa, Veríssimo Gloria, Vicente Ferreira, Zeno de Oliveira e outros.[10]

A memória evocada sobre as primeiras décadas de mobilização da intelectualidade negra paulista identificava projetos políticos. Lembrava que do "movimento negro dentro de São Paulo, de uns passados anos até aos nossos dias dá para se fazer alguns volumes; porém, infelizmente, ainda não tivemos um escritor negro em nossos dias que se desse a esse tão necessário trabalho". Dialogava assim com os sentidos (limitados) "científico, literário, artístico etc." das abordagens culturalistas de Ramos, reforçando a importância de reflexões que dessem conta da atuação negra contemporânea. Garantia que suas anotações — verdadeira etnografia da comunidade negra intelectual paulista — tinham o intuito de falar sobre a "ideia e na vontade do negro que deseja o progresso da raça, os predicados

[9] Sobre o papel das artes e artistas negros nas primeiras décadas do século XX: Almeida (2018); Araújo (1988); Barros (2005); Bongiovanni (2015); Garcia (2007); Gomes (2001:53-83; 2004).

[10] Sobre biografias e trajetórias de intelectuais negros no alvorecer do século XX ver, entre outros: Albuquerque (2015:83-99); Dantas (2016:93-104; 2011:168-209); Domingues (2013:59-81); Flores, Rocha e Domingues (2017:2-11); Malatian (2013:97-118).

bons". Aguiar não sugeria reminiscências africanas, folclores e retenções culturais – temas clássicos de Ramos e que aparecem em profusão na sua intensa correspondência intelectual —, mas, sobretudo oferecia informações para um "estudo literário negro", algo mesmo que pudesse ser utilizado na produção futura de "Antologia dos negros modernos".

Ações do associativismo negro, personagens e repercussões produziram histórias e memórias que ficavam invisíveis diante da coleta de Ramos e sua classificação como "culturas negras". Por exemplo, Aguiar destacava que sobre "religião e diversão negras" havia em São Paulo, "de acordo com o evoluir de seu povo, várias crenças religiosas; e, em todas elas vamos encontrar o negro". Desde "protestantes com as variadas facções" como "sabatistas, metodistas, adventistas, luteranistas, calvinistas e outros 'istas'; negros existem até no exército da salvação". E isso tudo aparecia em São Paulo, onde "o negro tem seus *clubs*; por sinal dançantes", desde a primeira década do século XX, tais como "Elites da Liberdade, Pendão Brasileiro, Paraíso, Club 13 de Maio, São Paulo, Smart, 28 de Setembro e outras mais". Muitos já tinham desaparecido, mas outros tantos surgiam cada vez mais com expectativas de lazer das "sociedades recreativas", especialmente Kosmos, Liberdade, Alfinete, Bandeirante e Auriverde. Para Aguiar, "o negro está se infiltrando em toda parte, felizmente, nestes últimos tempos, em São Paulo". Comentaria tanto sobre a música com artistas, instrumentistas, maestros e compositores como o campo das "artes, ciências e letras". Ressaltava — reproduzindo nomes e dados biográficos — o papel de professores, advogados, juristas e cientistas negros, além de "escolas também formadas e dirigidas por negros", afora que "muitos negros de valor vivem no anonimato, porque, modestos ao extremo, quase despercebidos, vivem nas suas atividades". Dando destaque para alguns personagens e entidades, resgatava o *protagonismo* da mobilização negra, parte da qual experimentada por ele próprio.[11]

Escrevendo em 1940, mas alinhando memórias sobre os anos 1920 em São Paulo, Aguiar sustentava: "Depois, o negro começa pensar de outra forma; procura fundar sociedades de cunho instrutivo, literárias e mesmo educativas". Indicava aí mudanças do "meio negro", onde a herança da mobilização articulou objetivos, cenários e intervenções contemporâ-

---

[11] Para uma comparação da mobilização negra, em São Paulo e Salvador nas primeiras décadas do século XX, ver: Butler (1998).

neas. Sobre o papel dos intelectuais, lembrava existir "um grupo de poetas e jornalistas negros, porém, quase todos eles não têm recursos pecuniários, razão pela qual os seus trabalhos vivem em revistas, jornais e muitos inéditos".[12] Citaria os "mais conhecidos e desconhecidos em outros recantos", com destaque para o poeta Lino Guedes.[13] Foi lembrar *O Clarim d'Alvorada* e sua proposta em 1925 da realização de um Congresso da Mocidade dos Homens de Cor visando criar "um grande partido composto exclusivamente de homens de Cor" (Ferreira, 2004:85-91). A ideia não prosperou, mas em 1926 surgia o Centro Cívico Palmares, nome composto em homenagem ao grande mocambo do período colonial. Os objetivos iniciais foram a criação de uma biblioteca comunitária e a realização de encontros e conferências. Entre março a agosto de 1929, *O Clarim d'Alvorada* publicou uma série de artigos mobilizando a realização do 1º Congresso da Mocidade Negra do Brasil. Falava em "antigo sonho" e que seria "uma célula" projetando um "Congresso Universal da Raça Negra" (*Clarim da Alvorada*, 13 mai. 1929).

Impressões modernas

Invisíveis ou silenciados, inúmeros redatores e articulistas da chamada *imprensa negra* escreveram textos e se inscreveram em debates sobre modernidade e raça nas primeiras décadas do século XX.[14] Na capital de São Paulo muitos estiveram sob permanente diálogo e conexões intelectuais. Muito se escreveu sobre a imprensa negra em São Paulo, com ela surgiu no alvorecer do século XX, ganhando força nas décadas de 1910 e 1920. É impossível estabelecer as principais diferenças dentre os jornais que surgiram na capital e interior paulista; mas eles revelam muito sobre as expectativas de seus idealizadores. As primeiras publicações aparecem com *A Pátria* (1889), criado pelo tipógrafo abolicionista Ignácio Araújo Lima.

[12] É possível fazer releituras, inclusive da produção poética negra na década de 1920, como aquela publicada pelo *O Getulino*, em especial os poemas de Diocleciano Nascimento, J. Augusto Marques e Archimimo de Carvalho, entre lirismo, romantismo e diálogos políticos. Ver: Marques (2012).

[13] Sobre Lino Guedes e o periódico *O Getulino*, ver: Camargo (2016); Maciel (1987); Silva (2017:597-622).

[14] Para os clássicos sobre a imprensa negra, ver: Bastide (1973); Ferrara (1986); Moura (2002).

Benedito Prestes, um funcionário da Companhia de Gás, funda *A Pérola* em 1911, que circularia até 1916. Com muita força surge também *O Menelik*. Há de ter influenciado outras iniciativas, pois entre 1915 e 1916 temos informações da criação de mais quatro periódicos negros. Sob a liderança do alfaiate Teófilo de Camargo e contando com um grupo que morava na Barra Funda, é fundado o *Binóculo*, em 1915. Existem informações esparsas sobre o surgimento do *Princesa do Oeste*, também em 1915. Nos anos seguintes surgiriam *A Rua*, fundado por Domingos José Fernandes, morador do Brás, e *O Xauter*, com iniciativa efêmera. Em 1918, mais dois jornais: *O Alfinete* (1918-21), sob o comando de Augusto Euzébio de Oliveira, e *O Bandeirante* (1918/19), criado por Antonio dos Santos e Joaquim Cambará, um militar do Exército. No final da década de 1910, tal imprensa se mantém atuante, com os jornais *A Liberdade* (1919/20), criado pelo fiscal municipal Gastão R. da Silva, e *A Sentinela*, sob a direção de Ernesto A. Balthasar. Outro destaque será *O Kosmos*, que circulou de 1922 a 1925, fundado por Frederico Batista de Souza, então bedel da Faculdade de Direito do largo de São Francisco. O funcionário da Recebedoria de Rendas, Alfredo E. da Silva, vai criar o *Elite* (1923/24), enquanto o jornalista Alberto Orlando, conhecido "orador da raça", inaugura *O Tamoio* (1923). Em 1924 surgem *A Princesa do Norte* (1924), iniciativa de Antônio Silva, e o *Nosso Jornal* (1924), com novamente Teófilo Camargo e Cornélio Aires na direção. Em 1927 aparece o *Auriverde* (1927/28), fundado por João Augusto de Campos. No ano seguinte foi a vez da *Tribuna Negra* (1928), com Henrique Cunha, colaborador de várias outras iniciativas de criação de periódicos da época. Em 1929 aparece *O Progresso*, criado por Argentino Celso Wanderley, funcionário da Companhia Telefônica.

Mas ainda precisamos conhecer as origens e as trajetórias dos fundadores e principais articulistas destes jornais. Muitos eram escritores, tipógrafos, poetas, jornalistas e funcionários públicos que organizavam ideias e recursos para editar periódicos e mobilizar interesses comunitários. Existia uma comunidade intelectual no "meio negro", circulando em torno da fundação e colaboração de vários periódicos e entidades. Deocleciano Nascimento representa com sua trajetória tal circulação político-literária, sendo um dos principais personagens da primeira era da *imprensa negra* paulista. Ele provavelmente nasceu antes da Abolição, em finais do século XIX, vivendo toda a efervescência do período da pós-emancipação. Apareceria vinculado à imprensa negra, pela primeira vez, em 1915, junto ao O *Menelik*, mas certamente teve conhecimento sobre outros jornais negros paulistas desde o final do século XIX como *A Pátria* (1889), *O Progresso* (1899), *O Propugnador* (1907) e *A Pérola* (1911). Sempre homem das letras, Deocleciano se formou pelo Liceu Salesiano e foi lá que ocupou o posto de guarda-livros. Depois de ser o redator de O *Menelik*, atuaria na mesma função no *Auriverde*, entre 1927 e 1928. Colaboraria, ainda, em *O Kosmos* (1922-25), em *Elite* (1923/24) e em *O Clarim da Alvorada*. Deocleciano provavelmente influenciou gerações e iniciativas da imprensa negra paulista durante as décadas de 1910 e 1920, além daqueles em que propriamente colaborou. Com a criação da Frente Negra Brasileira vai se tornar redator e diretor do *Voz da Raça*, órgão de imprensa oficial.[15]

A chamada *imprensa negra* é tão somente a parte mais conhecida e citada do associativismo nas primeiras décadas republicanas. Mobilizações não estiveram reduzidas ao papel desempenhado por ela, não apenas denunciando as intolerâncias sofridas pela comunidade negra ou proclamando desejos e proteção comunitária. A partir de diversas filiações ideológicas, muitos periódicos eram frutos de investimentos pessoais de jornalistas e gráficos negros. Em modestas edições, muitas apenas mensais, tiveram vida efêmera com publicações sem patrocínio, revendidas em festas e bailes ou mesmo distribuídas. Os primeiros jornais — basicamente com força em São Paulo, capital e interior — estavam vinculados a sociedades dançantes, clubes recreativos e associações beneficentes. Principalmente em São Paulo e Campinas, apareciam as associações, *clubs* e grêmios como Associação Protetora dos Brasileiros Pretos, Centro Cultural Henrique Dias, C. G. Campos Elísios, Grêmio Bandeirantes, Grêmio Dramático Recreativo e Literário "Elite da Liberdade", Smart, Sociedade Propugnadora 13 de Maio, Treze de Maio, entre outros. Alguns jornais funcionavam, portanto, como espaços de divulgação das atividades (palestras, reuniões, bailes e festas) dessas associações. Enquanto alguns tinham os nomes-títulos semelhantes às suas respectivas associações e grêmios, outros eram diferentes como o periódico *A Pérola*, da Sociedade Recreativa XV de Novembro, ou *O Baluarte*, do Centro Literário dos Homens de Cor.

[15] Para detalhes dos periódicos e jornalistas negros em São Paulo ver: Domingues (2008:19-58); Pires (2006). Para outras regiões: Perussatto (2018); Santos (2003).

Surgiriam vários periódicos com características editoriais semelhantes, publicando caricaturas, comunicados sociais, crônicas e poesias. Em geral, os editoriais eram mais dirigidos à questão racial, indicando caminhos de conscientização e mecanismos de "ascensão do negro".[16] Ainda que houvesse semelhanças, é difícil estabelecer um só padrão para a sua produção, conteúdos e enfoques. Também qualquer tentativa de enquadrar os periódicos em "fases" de produção ou tão somente ligados a uma "elite negra" pouco avança no sentido de entender os significados desses veículos editoriais e os diálogos que eles projetavam no interior da população negra. Os periódicos da *imprensa negra* constituíram-se em instrumentos de comunicação de inúmeros intelectuais, grupos, associações e entidades negras, tanto com seu público específico como com outros setores sociais (Guirro, 2013). Priorizando as conexões com o "meio negro", procuravam estimular, por meio dos editoriais, dos anúncios, dos comunicados e de determinados artigos, temas que abordassem a autovalorização da população negra, sua visão de mundo e suas formas políticas, culturais e religiosas de organização e participação. Esses periódicos se propunham, por meio de seus editores, a ser instrumentos de educação e formação. Ainda que grande parte dos jornais resultasse do esforço de intelectuais e profissionais liberais negros urbanos ou de associações locais, a principal característica do conjunto da sua produção foi a proximidade da relação editor/leitor, que se traduziu na abordagem de alguns temas (Lopes, 2016:185-200).

É possível seguir aqui algumas perspectivas originais da antropóloga Olivia Cunha.[17] Vejamos. Sendo uma armadilha analítica articular estes jornais exclusivamente com as associações (e os projetos e expectativas específicas) que eles representavam, é também complicado estabelecer uma classificação para seus produtores, principalmente editores. Alguns vão aparecer vinculados a mais de uma publicação. Assim, grande parte de seus editores imaginou que tal tarefa caberia aos próprios *negros* e suas organizações. Outras importantes características foram a falta de regularidade e o curto período em que foram publicados. A justificativa para tal fato encontra-se na incipiente estrutura montada para as publicações, na falta de uma política de distribuição e na ausência de recursos. De

[16] Sobre dimensões ideológicas da imprensa paulista ver: Capelato (1989).

[17] Pesquisa em andamento sobre imprensa negra. Ver também: Cunha (2002).

qualquer modo, foram o formato e o estilo dos jornais operários as fontes de inspiração para a produção dos primeiros periódicos exclusivamente voltados para o cotidiano das associações negras. O mesmo não pode ser dito quanto ao eixo temático da imprensa operária, que nos periódicos negros sofre uma espécie de inversão. O *mundo do trabalho*, por exemplo, que é minuciosamente descrito e criticado pelos sindicatos e associações de trabalhadores nas páginas dos jornais, dá lugar a outro tipo de descrição — que poderíamos chamar dos "espaços de lazer" — por parte dos grupos negros. Esse detalhe delimita de forma nítida as diferenças quanto às formas de compreender a cidade, a sociedade brasileira e aos próprios sujeitos, autores e leitores desses jornais. Essa inversão também nos ajuda a escapar de armadilhas da historiografia brasileira: a suposta ausência ou silêncio das fontes sobre a população negra no pós-abolição. Pelo contrário, ajuda a entender como um segmento da população negra brasileira percebeu, concebeu, projetou, construiu e, em outros momentos, iniciou a desconstrução de sua própria imagem e presença na sociedade brasileira.[18]

Apesar da diversidade de imagens e configurações entre vários jornais, é possível eleger divisões temáticas que se sobrepõem à cronológica. Até os anos 1930, é a "classe dos homens de cor" a protagonista das cenas escolhidas pelos jornais para descrever o cotidiano e as experiências de organização de homens e mulheres "de cor" em grupos associativos. Cenas onde negros se misturam a outros personagens, igualmente brasileiros, vez por outra estrangeiros, mas nem sempre "patrícios" ou da "classe de cor". Essa nova identidade ganha laços territoriais nos ambientes exclusivos, no lazer e na vida nos salões. Os vínculos podiam representar apenas assiduidade, fidelidade, namoros, entre outros interesses de caráter fortuito e individual. A solidariedade era forjada à pena e refletida nas matrizes e no tipógrafo. Seus editores pareciam acreditar que a exclusividade tinha limites e os jornais pareciam fazer um papel de intermediação entre o *doméstico* e *público*. As notícias transgrediam as fronteiras dos ambientes das sociedades e ganhavam ares políticos, explicitavam novas tendências cosmopolitas principalmente no vestiário e, sobretudo, costuravam aspirações da "classe de cor" a interesses pessoais. Nesse momento, o pseu-

[18] Estas perspectivas apareceram pioneiramente em textos inéditos e investigações da antropóloga Olivia Gomes da Cunha.

dônimo era um recurso muitas vezes utilizado para transpor a distância entre a "classe" e os editores de jornais.

Essa fase da produção de jornais negros foi protagonizada por uma pequena parcela da população negra paulista alfabetizada, que produziu durante os anos 1920 interpretações diferenciadas sobre os problemas político-sociais por meio de um olhar reflexivo. Como já destacamos, ganham força as ideias em torno da "classe" ou "classe de cor" como as mais recorrentes categorias usadas pelos redatores nas matérias ou notas em que leitores e editores se constituíam em faces inseparáveis de um mesmo recurso descritivo. Ali, o "nós" se referia aos produtores, ou, mesmo, aos próprios redatores que, muitas vezes, sob o disfarce do pseudônimo, transformavam-se em leitores participantes e opinativos. Os domínios nos quais a "classe de cor" como categoria emergiu afirmando positivamente uma determinada presença foram limitados, ainda que o registro narrado, descrito e impresso tivesse natureza diversa. Entretanto, a presença da "classe de cor" tomou dimensões mais importantes que as comezinhas diferenças advindas da vizinhança com outros imigrantes. "Outros" porque a "classe de cor" por vezes ganhou *status* de pátria. Conclamava-se não mais a "classe de cor" à consciência e à instrução, mas chamava-se à união os "patrícios". Ainda que os "patrícios" fossem ao mesmo tempo "homens pretos" ou "homens de cor" brasileiros.

Estes periódicos — de uma maneira geral (ainda sendo necessário mais investigações sobre os contextos em que apareceram em cada região e seus respectivos editores) — se tornaram espaços onde as ideias dos indivíduos "letrados" e alfabetizados foram expostas. Seus editores propuseram-se a divulgar uma literatura que imaginam interessar e, principalmente, "educar" seus irmãos. Essa missão, ao mesmo tempo didática e redentora, determinou certo distanciamento entre produtores e leitores. Ou mesmo entre editores e leitores e aqueles sobre os quais se escreve. O fato de os valores e visões de mundo divulgados nesse tipo de imprensa serem, em grande parte, os mesmos das elites brancas e das classes dominantes não determinou a ausência de um projeto específico das "classes de cor". Mas, sobretudo, que um tipo de diálogo esteve em curso. E qualificá-lo de "embranquecido" ou mesmo de ter reproduzido "valores importados" revela pressupostos analíticos evidentemente parciais.

A percepção da diferença entre os "irmãos negros" pertencentes a esses grupos passava, igualmente, pela elaboração de determinados códigos de comportamento. Paradoxalmente, foram eles que produziam, simultaneamente, a diferença e a igualdade entre negros e brancos. No plano da diferença, percebe-se o evidente caráter reativo da instituição de tais ambientes. Mas o que sugeriu apenas reação não estava isento de elementos de invenção de alternativas e estratégias de sobrevivência. Foi uma constante nos periódicos a denúncia da existência de "preconceito de cor" em determinados salões e bailes da cidade. Assim como, para que a almejada "igualdade" entre negros e brancos fosse conquistada, foi necessário que a diferença surgisse radicalizada. Ao instituírem-se territórios de lazer análogos aos dos brancos — quanto aos códigos de conduta e símbolos de *status* conquistados (no vestuário e na linguagem principalmente), contudo exclusivamente frequentados por negros, diminuiu-se o percurso em direção à "igualdade". Seria demasiado simplista supor, como fez Roger Bastide, que a imitação de tais hábitos culturais "embranquecedores" representasse uma contradição ou um impedimento da afirmação de uma "consciência racial", ao se tornarem "um obstáculo para a ascensão social do negro" (Bastide, 1973:53).

São os salões alugados os espaços de encontro privilegiados e valorizados pela "classe de cor", ao contrário da rua. A rua parece ser o ambiente do ócio e da falta de referência social. Nos salões e bailes, valores como a "civilidade" e a "elegância" atestam uma referência ao mesmo tempo racial e cultural. São esses os valores perseguidos pela frequência em certos ambientes posto que tais qualidades não são virtudes encontradas em todos os ambientes exclusivos da "classe de cor". Nos jornais das duas primeiras décadas do século XX, será principalmente o diálogo travado entre clubes, jornais e sociedades em torno de uma "moral" própria da "classe de cor", a partir do comportamento de "irmãos" nos salões, que fomentará o aparecimento de novos jornais. Muitos aparecem representando clubes atacados por jornais já existentes, no sentido de "restabelecer a verdade dos fatos".[19]

Embora a "cultura da festa" fosse criticada por uma nova geração de jornalistas negros que surge no final dos anos 1920 — através d'*O Clarim da Alvorada*, por exemplo —, o aparecimento e a consolidação desse tipo de produção jornalística se devem à proliferação de tais espaços de lazer exclusivamente negros. Neles não só o "decoro" e o comportamento pas-

[19] Para as imagens de "beleza negra", ver: Nascimento (2021).

sam em revista aos olhos tanto dos empresários negros (responsáveis pelo aluguel dos salões e representantes dos "clubes dançantes") quanto das famílias negras mais antigas e tradicionais do bairro, como são a matéria-prima da *imprensa negra* no seu relato minucioso e satírico desses ambientes. Numa rápida leitura desses "ataques" entre jornais representantes de sociedades e clubes dançantes, é possível perceber que a própria imprensa é corresponsável pela "valorização" ou "depreciação" de "ambientes" e condutas. A opinião veiculada nos jornais produz e reproduz esses "valores", o que é certamente uma das mais importantes funções desses periódicos. O "humor" e a "crítica" são dirigidos principalmente à "classe" que o jornal representa. É também uma função educativa, na medida em que os jornais são porta-vozes dos seus valores culturais e morais. José Correia Leite, por exemplo, militante e editor de importantes jornais negros durante cerca de três décadas, toma contato com a "classe" participando de alguns bailes na capital paulista (Leite, 1992).

Outros hábitos "modernos" como o *footing* por determinadas áreas da cidade e a prática do *foot-ball* também aparecem como territórios disputados etnicamente. Times de futebol compostos exclusivamente por negros e mulatos surgem na capital paulista no início do século: o Sul Africano, São Geraldo, Cravos Vermelhos Club, entre outros. Em tais espaços de lazer, a solidariedade da "classe de cor" é construída por meio de referenciais comportamentais que a distinguem do "preto comum", cujo principal estereótipo é a brutalidade, o analfabetismo e a miséria relacionados com a escravidão. Nesses ambientes de lazer, é a "classe" quem se faz presente instituindo códigos próprios de conduta entre "irmãos". É dessa forma, principalmente, que a diferença se afirma por meio da igualdade. Mediante padrões de consumo urbanos da São Paulo das primeiras décadas do século XX (Ferreira, 2010:1-10).

Considerações finais

As contribuições para este debate que inclui imprensa negra, intelectuais, associativismo e mobilização antirracista são abundantes. E não podemos considerar apenas São Paulo.[20] Quanto ao texto de Jaime Aguiar, devemos

[20] Para intelectuais negros no Maranhão ver: Jesus (2013).

juntá-lo a outros fragmentos de memórias sobre uma mobilização paulista na primeira metade do século XX (Silva, 2016). É fundamental procurar buscar ambiguidades, conflitos, disputas e contradições e menos heróis e projetos definitivos em torno da "classe". Avaliando outros movimentos sociais da época (principalmente no campo do trabalho e educação), políticas públicas, ação do Estado, princípios de legislação e ideologias reconstruídas, percebe-se como a mobilização negra e seus intelectuais foram silenciados na interpretação historiográfica republicana sobre os anos 1920 a 1940 (Lopes, 2016:185-200). Conectando a obra de Arthur Ramos e os ideais paulistas, Jaime Aguiar sugeria críticas, destacando: "O nosso tão decantado São Paulo de 400 anos, nascera também com o braço do negro; as bandeiras desfraldadas pelos sertões em fora, também tiveram a ajuda despretensiosa do negro." Mas essa presença negra estava invisível na literatura, dizia. E argumentava que São Paulo "é o gigante, é considerado o Estado mais industrial do Brasil", mas devia reconhecer "o labor" da população negra. Sua crítica seria direta: "há paulistas que não querem reconhecer seu valor, o de minha raça". Garantia: "O negro está se infiltrando em toda parte, felizmente, nestes últimos tempos, em São Paulo." Afinal:

> Já passamos meio centenário de liberdade; o negro vai caminhando. Oxalá que muito em breve o número de negros ilustres se multiplique em todas as atividades: [Bastide, 1973]
> Nas letras, nas artes, nas ciências e nas várias modalidades técnicas, para o bem nosso e para a grandeza do Brasil e solidificação da raça de Patrocínio! [Fagundes e Gomes, 2007:72-87]

Vários estudos têm reavaliado processos, eventos e personagens e as memórias posteriormente produzidas.[21] Debates, interlocuções e memórias ainda precisam ser revisitados. Nos anos 1950, intelectuais negros como Francisco Lucrécio, Edgar de Sant'Anna e especialmente José Correia Leite — importante parceiro de Jaime Aguiar — estabeleceram contatos direto com o grupo de pesquisa de Florestan Fernandes, que coordenava o projeto da Unesco, aliás idealizado por Arthur Ramos. Por meio de Renato Jardim Moreira, com pesquisas etnográficas, entrevistas e interlocução permanente, foi possível recuperar memórias da mobiliza-

[21] Ver também as coletâneas: Domingues e Gomes (2011; 2014).

ção negra paulista. Ainda precisamos saber mais sobre essa atmosfera intelectual negra que foi traduzida na obra de Florestan Fernandes e Roger Bastide. Para o Rio de Janeiro, também nos anos 1950, Luiz Aguiar Costa Pinto e intelectuais negros como Edison Carneiro, Abdias do Nascimento e Guerreiro Ramos travaram debates sobre as expectativas de mobilização negra e a questão racial (Fernandes e Bastide, 1953; Motta-Maués, 1999:161-181).

É possível sugerir também sobre os sons dos silêncios a respeito da questão racial no pensamento social que analisou os ideais de modernidade. Tal movimento analítico não vê ter como objetivo alardear denúncias, produzir somente narrativas paralelas ou produzir evocações sociológicas moralistas. A partir de processos históricos, é necessário cotejar narrativas e memórias desses (e sobre) debates envolventes. Podemos considerar o texto de Jaime Aguiar — na correspondência para Ramos — como fragmentos sobre como os intelectuais negros viram a sua ação por meio da imprensa negra paulista nos anos 1920. O próprio Aguiar se colocava protagonista da produção literária e da atmosfera política ao destacar que o *Clarim d'Alvorada* fora "destinado mesmo, a ser o anunciador moderno à mocidade negra" e "trabalhou a sua direção para o fim a que se destinava". Numa perspectiva moderna, começara "diminuto nos seus primeiros números", posteriormente transformando-se num "baluarte grande de todas as atividades do negro dentro e fora de São Paulo, estendendo-se também, aos demais estados da União e até com os negros de outros países se pôs em contacto". Intelectuais negros ofereciam, assim, agendas (e memórias sobre elas) que articulavam narrativas e expectativas sobre inclusão, reconhecimento e direitos.[22] Mas o pensamento social brasileiro da primeira metade do século XX — aquele inscrito como branco e masculino — colocaria a questão racial como um obstáculo para a modernidade, como símbolos e narrativas (Paixão, 2013).

---

[22] Entrevistando os literatos Oswaldo de Camargo e Eduardo de Oliveira em 2005, M. Aparecida Lopes aborda como intelectuais negros podiam estar construindo roteiros de memórias sobre o pós-abolição nas primeiras décadas do século XX. Ver Lopes (2007). Especialmente a parte "As efemérides como vitrines para reivindicação e exposição da história do negro" (p. 59-80).

Referências

ALBERTO, Paulina. *Termos de Inclusão*: intelectuais negros brasileiros no século XX. Campinas, SP: Editora da Unicamp, 2018.

ALBUQUERQUE, Wlamyra Ribeiro de. Teodoro Sampaio e Rui Barbosa no tabuleiro da política: estratégias e alianças de homens de cor (1880-1919). *Revista Brasileira de História*, São Paulo, v. 35, 2015, p. 83-99.

ALMEIDA, Paulo Roberto de. *A presença negra no teatro de revista dos anos 1920*. Curitiba: Editora CRV, 2018.

ANDREWS, George R. *Brancos e negros em São Paulo (1888-1988)*. Bauru: Edusc, 1988.

ARAÚJO, Emanoel (Org.). *A mão afro-brasileira*: significado da contribuição artística e histórica. São Paulo: Tenenge, 1988.

BARBOSA, Márcio. [Entrevistas e textos]. In: FRENTE Negra Brasileira: depoimentos. São Paulo: Quilombhoje, 1998.

BARROS, Orlando de. *Corações de chocolat:* A história da Companhia Negra de Revistas (1926-27). Rio de Janeiro: Livre Expressão, 2005.

BASTIDE, Roger. A imprensa negra do estado de São Paulo. In: ____. *Estudos afro-brasileiros*. São Paulo: Perspectiva, 1973.

BONGIOVANNI, Luca. *Entre modernidades desarticuladas, tradições e nação*: uma análise dos textos autorais e das encenações da Companhia Negra de Revistas — Rio de Janeiro, 1926. Dissertação (mestrado) — Universidade Federal Rural do Rio de Janeiro, Rio de Janeiro, 2015.

BUTLER, Kim D. *Freedoms given, freedoms won*: Afro- Brazilians in post-Abolition São Paulo and Salvador. New Jersey: Rutgers University Press, 1998.

CAMARGO, Oswaldo de. *Lino Guedes*: seu tempo e seu perfil. São Paulo: Ciclo Contínuo Editorial, 2016.

CAPELATO, Maria Helena. *Os arautos do liberalismo*: imprensa paulista, 1920-1945. São Paulo: Brasiliense, 1989.

CORRÊA, Mariza. Cartas marcadas: Arthur Ramos e o campo das relações raciais no final dos anos de 1930. *Anais da Biblioteca Nacional*, Rio de Janeiro, v. 119, 2004, p. 35-58.

CUNHA, Olívia Gomes da. *Intenção e gesto*: pessoa, cor e a produção cotidiana da (in)diferença no Rio de Janeiro, 1927-1942. Rio de Janeiro: Arquivo Nacional, 2002.

____. Minha adorável lavadeira: uma etnografia mínima do Edifício Tupi. *Anais da Biblioteca Nacional*, Rio de Janeiro, v. 119, 2004, p. 59-108.

DANTAS, Carolina Viana. Monteiro Lopes (1867-1910), um líder da raça negra na capital da república. *Afro-Asia*, v. 41, 2011, p. 168-209.

____; ABREU, Martha C. Eduardo das Neves e Monteiro Lopes: cultura e participação política negra na Primeira República. In: OLIVEIRA, Iolanda de; PESSANHA, Márcia Maria de Jesus (Org.). *Educação e relações raciais*. Niterói: Cead/UFF, 2016, v. 2, p. 93-104.

DOMINGUES, Petrônio. Minervino de Oliveira: um negro comunista disputa a presidência do Brasil. *Lua Nova*. Revista de Cultura e Política, v. 101, 2017, p. 13-51.

____. Os jornais dos filhos e netos de escravos. In: ____. *A nova abolição*. São Paulo: Selo Negro, 2008, p. 19-58.

____. *Uma história não contada*: negro, racismo e branqueamento em São Paulo no pós-abolição. São Paulo: Senac, 2004.

____. "Vai ficar tudo preto": Monteiro Lopes e a cor na política. *Novos Estudos*, São Paulo, v. 95, 2013, p. 59-81.

____; GOMES, Flávio (Org.). *Políticas da raça*: experiências e legados da abolição e da pós-emancipação no Brasil. São Paulo: Selo Negro, 2014.

____; ____ (org.). *Experiências da emancipação*: biografias, instituições e movimentos sociais no pós-abolição (1890-1980). São Paulo: Selo Negro, 2011.

FAGUNDES, Anamaria; GOMES, Flavio. "Idiossincrasias cromáticas": projetos e propostas de imigração negra no Brasil Republicano. In: GONÇALVES, Maria Alice Rezende (Org.). *Educação, cultura e literatura afro-brasileira*. Rio de Janeiro: Quartet, 2007, p. 51-57.

____; ____. Por uma "Anthologia dos negros modernos": notas sobre a cultura política e memória nas primeiras décadas republicanas. *Revista Universidade Rural*, Série Ciências Humanas, v. 29, 2007, p. 72-87.

FERNANDES, Florestan; BASTIDE, Roger. Brancos e negros em São Paulo. São Paulo: Anhembi, 1953.

FERRARA, Miriam Nicolau. *A imprensa negra paulista (1915-1963)*. São Paulo: FFLCH-USP, 1986.

FERREIRA, Maria Claudia Cardoso. Espaços de sociabilidade e ações antirracismo no cotidiano das elites negras na cidade de São Paulo: busca por projeção individual e legitimidade de grupo (1900-1940). *Mosaico*, Rio de Janeiro, v. 3, 2010, p. 1-10.

____. Negros clarins: flashes da militância negra em um periódico paulista (1928-1930). *Diálogos*, Rio de Janeiro, v. 1, 2004, p. 85-91.

FLORES, Elio Chaves; ROCHA, Solange Pereira; DOMINGUES, Petrônio. De poeta a patrono literário: fragmentos da vida de Elyseu César (1871-1923). In: SIMPÓSIO NACIONAL DE HISTÓRIA, XXIX, contra os preconceitos: história e democracia, 2017, Brasília. *Anais*... p. 2-11.

GARCIA, Fábio. *Negras pretensões*: a presença de intelectuais, músicos e poetas negros nos jornais de Florianópolis e Tijucas no início do século XX. Florianópolis: Umbutu, 2007.

GOMES, Flávio dos Santos. *Negros e políticas (1888-1937)*. Rio de Janeiro: Jorge Zahar, 2005.

GOMES, Tiago de Melo. Negros contando (e fazendo) sua história: alguns significados da trajetória da Companhia Negra de Revistas (1926-1927). *Estudos Afro-Asiáticos*, Rio de Janeiro, ano 23, n. 1, 2001, p. 53-83.

____. *Um espelho no palco*: identidades e massificação da cultura no teatro de revista dos anos 1920. Campinas: Editora da Unicamp, 2004.

GONÇALVES, José Roberto. *O Getulino*: um jornal de carapinha. Tese (doutorado em história) — Pontifícia Universidade Católica, São Paulo, 2012.

GUIRRO, Leandro Antonio. Intelectualidade e imprensa negra paulista: os casos do Getulino e Progresso (1923-1931). Dissertação (mestrado) — Universidade Estadual Paulista, Assis, 2013.

JESUS, Matheus Gato. *Intelectuais negros maranhenses na formação do Brasil moderno (1870-1939)*. Tese (doutorado em sociologia) — Universidade de São Paulo, São Paulo, 2013.

LEITE, José Correia. *E disse o velho militante José Correia Leite*: depoimentos e artigos. Organização e textos de Cuti (Luiz Silva). São Paulo: Secretaria Municipal de Cultura, 1992.

LESSER, Jeffrey. *A negociação da identidade nacional*: imigrantes, minorias e a luta pela etnicidade no Brasil. São Paulo: Unesp, 2001.

LIMA, Maria Roseane Corrêa. *Barbadianos negros e estrangeiros*: trabalho, racismo, identidade e memória em Belém de início do século XX. Tese (doutorado em história) — Universidade Federal Fluminense, Niterói, 2013.

LOPES, João Paulo. Clio negra para uma nação multicor: a escrita da história na imprensa negra — 1926-1937. *Revista Transversos*, v. 8, 2016, p. 185-200.

LOPES, Maria Aparecida de Oliveira. *História e memória do negro em São Paulo*: efemérides, símbolos e identidade (1945-1978). Tese (doutorado) — Faculdade de Ciências e Letras de Assis, Universidade Estadual Paulista, Assis, 2007.

LUZ, Nicia Vilela. *A Amazônia para os negros americanos*. São Paulo: Saga, 1968.

MACIEL, Cléber da Silva. *Discriminações raciais*: negros em Campinas (1888-1921). Campinas: Editora da Unicamp, 1987.

MALATIAN, Teresa. Arlindo Veiga dos Santos e a inserção do negro num projeto de nação. In: TRINDADE, Alexandre Dantas; COSTA, Hilton; ROIZ, Diogo da Silva (Org.). *À margem do(s) cânone(s)*: pensamento social e interpretações do Brasil. Curitiba: UFPR, 2013, p. 97-118.

MARQUES, José Geraldo. A poesia nas páginas do jornal negro *Getulino*: entre lirismo romântico e resistência. *Revista Diadorim*, Revista de Estudos Linguísticos e Literários do Programa de Pós-Graduação em Letras Vernáculas da Universidade Federal do Rio de Janeiro, v. 11, jul. 2012.

MEADE, Teresa; PIRIO, Gregory Alonso. In search of the Afro-American El Dorado: attempts by North American Blacks to enter Brazil in the 1920s. *Luso-Brazilian Review*, v. 25, n. 1, 1988, p. 85-110.

MOTTA-MAUÉS, Maria Angélica. Quem somos nós? Anotações para um diálogo que não houve: Costa Pinto e a militância negra dos anos 50. In: MAIO, Marcos C.; VILLAS-BOAS, Gláucia. (Org.). *Ideais de modernidade e sociologia no Brasil*. Ensaios sobre Luiz de Aguiar Costa Pinto. Porto Alegre: Ed. da UFRGS, 1999, p. 161-181.

MOURA Clóvis. A imprensa negra em São Paulo. In: IMPRENSA negra. Estudo crítico de Clóvis Moura, legendas de Miriam Nicolau Ferrara. São Paulo: Imprensa Oficial; Sindicato dos Jornalistas no Estado de São Paulo, 2002. Ed. fac-similar.

NASCIMENTO, Giovana Xavier C. *História social da beleza negra*. Rio de Janeiro: Rosa dos Tempos, 2021.

PAIXÃO, Marcelo. *A lenda da modernidade encantada*: por uma crítica ao pensamento social brasileiro sobre relações raciais e projeto de Estado-Nação. Curitiba: CRV, 2013.

PERUSSATTO, Melina K. *Arautos da liberdade*: educação, trabalho e cidadania no pós-abolição a partir do jornal O Exemplo de Porto Alegre (c. 1892 — c. 1911). Tese (doutorado em história) — Universidade Federal do Rio Grande do Sul, Porto Alegre, 2018.

PINHEIRO, Paulo Sérgio. *Estratégias da ilusão*: a revolução mundial e o Brasil, 1922-1935. São Paulo: Companhia das Letras, 1991.

PIRES, Antônio Liberac Cardoso Simões. *As associações de homens de cor e a imprensa negra paulista*. Belo Horizonte: Daliana; Neab-UFT, 2006.

PRADO, Maria Lígia. O pensamento conservador paulista: O regionalismo de Cincinato Braga. *Anais do Museu Paulista*, v. 1, n. 31, 1982, p. 233-245.

RAMOS, Arthur. *O negro brasileiro*. Rio de Janeiro: Civilização Brasileira, 1935.

RAMOS, Jair Souza. Dos males que vêm com o sangue: as representações raciais e a categoria do imigrante indesejável nas concepções sobre imigração da década de 20. In: MAIO, Marcos Chor; VENTURA, Ricardo (Org.). *Raça, ciência e sociedade*. Rio de Janeiro: Editora Fiocruz, 1996, p. 59-84.

SANTOS, Ezequiel Nascimento. *O Getulino*: um jornal negro no contexto de "ideologia do branqueamento". Campinas, 1923-1926. 2020. 87f. Dissertação (mestrado em história) — Programa de Pós-Graduação em História, Instituto de Ciências Humanas, Universidade Federal de Pelotas, Pelotas, 2020.

SANTOS, José Antônio dos. *Raiou a alvorada*: intelectuais negros e imprensa. Pelotas: Editora e Gráfica Universitária, UFPel, 2003.

SEIGEL, Micol. *Uneven encounters*: making race and nation in Brazil and the United States. Durham: Duke University Press, 2009

SEVCENKO, Nicolau. *Orfeu extático na metrópole*: São Paulo, sociedade e cultura nos frementes anos 20. São Paulo: Companhia das Letras, 1992.

SEYFERTH, Giralda. A colonização e a questão racial nos primórdios da República. In: SALGUEIRO, Maria Aparecida Andrade (Org.) *A República e a questão do negro no Brasil*. Rio de Janeiro: Museu da República, 2005, p. 27-46.

____. Construindo a nação: hierarquias raciais e o papel do racismo na política de imigração e colonização. In: MAIO, Marco Chor; SANTOS, Ricardo Ventura. (Org). *Raça, ciência e sociedade*. Rio de Janeiro: Editora Fiocruz; CCBB, 1996, p. 41-58.

SILVA, Lucia Helena Oliveira. *Paulistas afrodescendentes no Rio de Janeiro pós-Abolição (1888-1926)*. São Paulo: Humanitas, 2016.

SILVA, Mário Augusto Medeiros da. Rastros do Cisne Preto: Lino Guedes, um escritor negro pelos jornais (1913-1969). *Estudos Históricos*, v. 30, 2017, p. 597-622.

WEINSTEIN, Barbara. *The color of modernity*: São Paulo and the making of race and nation in Brazil. Durham: Duke University Press, 2015.

CAPÍTULO X

Tempo, fonografia e o ser moderno com a tecnologia na década de 1920

Denise da Silva de Oliveira

Era fim do nono mês de 1922, três semanas após o notável dia 7 de setembro, quando se comemorou o Centenário da Independência brasileira e se abriram os trabalhos da famosa Exposição do Centenário. Naquela quarta-feira, 27 de setembro, próximo aos pavilhões e palácios construídos especialmente para a celebração (Cem anos de progresso, 1922:11), no centro do Rio de Janeiro, então capital da República, ocorreu parte de um evento ligado à comemoração política oficial: o Congresso Eucarístico do Centenário. Tratava-se de uma sessão solene que acontecia na igreja do Largo São Francisco de Paula e contou com a presença de uma pequena multidão de pessoas, dentro e fora do templo cristão. Ao antecipar a possibilidade da imensa concorrência que a cerimônia suscitaria, a comissão executiva do Congresso pedira para instalar, dias antes, um aparelho alto-falante nas janelas do coro com o objetivo de "que as pessoas que ficassem impossibilitadas de entrar na igreja tivessem o conhecimento do que lá se passasse" (Congresso eucarístico do Centenário, 1922:3). A promessa que vinha acompanhada da presença do artefato naquele dia era que se transmitisse "imediatamente ao público e com perfeita nitidez tudo que se fala ou canta no interior da igreja" (Congresso eucarístico do Centenário, 1922:3). A consequência foi um "interessante e pitoresco" espetáculo ao redor do templo: em ruas circunvizinhas, sentadas no pedestal da estátua de José Bonifácio e nas escadas da Escola Politécnica, estavam centenas de pessoas escutando o que se falava e cantava *dentro* da igreja — todas com seus ouvidos atentos às *vozes fonográficas* que ecoavam do lado de fora (Congresso Eucarístico do Centenário, 1922:3).

Cem anos depois, um episódio dessa natureza dificilmente seria classificado como *interessante* ou *pitoresco*. Isso porque o som fonográfico e as tecnologias que permitiram, e permitem, sua existência hoje estão encobertos por uma névoa de familiaridade (Schatzberg, 2018:5), a ponto de terem se convertido em uma espécie de segunda natureza, sem história ou narrativa, fora do *tempo* (Ricoeur, 2010). No entanto, ao evidenciarmos anedotas como essa, em um *patchwork* com o cotidiano passado (Certeau, 2014:45), conseguimos atentar para cenários nuançados de variedades e diferenças com relação ao *nosso presente* (Chartier, 1999), tornando opaco o que muitas vezes é considerado transparente (Forster, 2022). No caso descrito, se destacarmos uma das controvérsias que emergia da então oposição entre religião e ciência, por exemplo, poderemos compreender mais satisfatoriamente por que uma ocorrência tão banal aos olhos atuais pode ter sido considerada um espetáculo no mínimo interessante, segundo opiniões coetâneas. Nessa situação, a fonografia com frequência entrava em colisão com as práticas religiosas quando vista como símbolo do progresso: "progresso não combina com o religioso" (O cúmulo do progresso, 1926:8). A adoção de luz elétrica na Matriz da Glória já havia perturbado, 12 anos antes, a ordem *normal* das coisas (Notas médias, 1909:24), calcada num passado solidificado em um presente tomado por certo. Nessa circunstância, a percepção era que o progresso retirava não apenas o misticismo que caracterizaria as relações religiosas (O cúmulo do progresso, 1926:8) — *sua verdade* em contraposição a uma *verdade científica* (Latour, 2019) —, mas também a *naturalidade* do escurecer noturno, então quebrado levemente por tochas e "pesados candelabros antigos" que levavam luz, mas mantinham ainda um "aspecto sóbrio" e "misterioso". Simultaneamente, no início do século passado, o receio era que, nesses "ímpetos civilizadores", os órgãos também fossem *substituídos*; neste caso, por fonógrafos (Notas médias, 1909:24).

Neste capítulo, buscaremos superar por alguns instantes a familiaridade que nos faz negligenciar esses ecossistemas tecnologicamente texturizados (Ihde, 1990) vividos no passado e no presente, colocando luz em práticas, indignações e julgamentos que formaram instituições (Latour, 2019:284), sem deixar de lado o caráter *múltiplo* e *ambíguo* tanto de tecnologias (Ihde, 1990:144, 159) quanto do tempo (Latour, 1994:72).

Para isso, focaremos no fascínio que caracterizou a adaptação da tecnologia fonográfica (Ihde, 1990:127) no Rio de Janeiro da década de 1920,[1] adentrando em parte o mundo de disputas e controvérsias registrado pela imprensa brasileira na época (Latour, 2012:49-50). A *visibilidade momentânea* dos artefatos tecnológicos (Latour, 2012:120) ligados à fonografia, o processo de aprendizado que nas décadas seguintes desembocaria em uma caixa-preta silenciosa que raramente se sente a necessidade de abrir (Latour, 2011:140-141), será narrada como forma de procurarmos entender não apenas o tempo no contexto do ser-com a tecnologia (Mitcham, 2014), mas também as temporalidades que esse processo de constituição da ecologia fonográfica fazia mobilizar na busca pelo reconhecimento e institucionalização de uma tecnologia então considerada *moderna*.

Negociantes de artigos fonográficos e o progresso científico

"Realizou-se em Chicago uma cerimônia nupcial, *única* no gênero, na qual *a música foi fornecida pelo noivo e pela noiva*, por meio de discos de gramofone" (*O Paiz*, 1926:10, grifos nossos). Em meados dos anos 1920, era motivo de espanto, e digno de uma nota na imprensa, ter em um evento social qualquer a presença de um aparato tecnológico relacionado com a reprodução de sons. A então interessante e pitoresca cena de sons fonográficos saindo de uma máquina diante de um grupo de pessoas reunidas atentas à sua ação em um ambiente trazia em seu bojo ao menos duas transformações com relação à escuta humana: a criação de um campo auditivo, dentro do qual um determinado som era emoldurado e devia se sobressair diante de todos os demais que se escutassem paralelamente (Sterne, 2003:150, 154), e o surgimento do acordo entre dois sons distintos, mas desejosamente iguais, e interdependentes, que deu origem à concepção de fidelidade sonora (Sterne, 2003:222).

[1] Optamos por denominar o conjunto de artefatos, programas de ação e práticas ligados às máquinas de reprodução sonora de "tecnologia" devido ao peso e à compreensão que a palavra apresenta hoje, tanto no discurso acadêmico quanto no popular, com a ciência de que no escopo temporal aqui privilegiado o termo não era adotado com o sentido atual, que tem origem na década de 1960, não sendo, portanto, mencionado em momento algum nas fontes utilizadas. Schatzberg (2018:10, 13).

Se a possibilidade de guardar, transportar e repetir fielmente (Katz, 2010:13, 17, 29) sons causava fascínio em um novo ouvinte maravilhado, que a partir daquele momento conseguiria *ele mesmo* (re)produzir sua música onde quisesse e quando quisesse — "*a música foi fornecida pelo noivo e pela noiva*" em seu próprio casamento, não por músicos! —, essa inédita conjunção som emoldurado-fidelidade sonora tinha um histórico de carregar consigo desconfianças que impactavam a crença nas promessas que acompanhavam a relação com discos e suas máquinas de reprodução. Em uma crônica de 1907, Olavo Bilac escreveria enraivecido que, caminhando pela rua do Ouvidor, no centro da cidade, de cada porta que se passava "irrompia a voz esganiçada de uma máquina falante ou cantante"; "eram urros, gemidos, garganteios frenéticos, imprecações, ganidos, cacarejos, miados, latidos, mugidos, arrulhos, guinchos, berros, grunhidos" que transformavam o logradouro em uma "galeria do Inferno" (Bilac, 1907:3). Naquela época, quando se deveria escutar sons produzidos por humanos, o poeta conseguia ouvir somente barulhos animalescos, sem atentar (por não ter aprendido a atentar) para a necessidade de escutar o som fonográfico dentro de uma moldura, nem acreditar (por não ter aprendido a acreditar) em sua fidelidade com relação a um equivalente "original". Ao longo das duas primeiras décadas do século XX, tal percepção era comum entre ouvintes ocasionais de som fonográfico, que afirmavam com frequência preferir o som "verdadeiro" da voz ou de um instrumento àquele "de conserva", em tudo inferior (Fon Fon, 1916:36). De uma perspectiva institucional, a posição marginal da fonografia se mantinha. Nas alíquotas de tributação do governo brasileiro, os dispositivos fonográficos apareceram, até a década de 1920, como "artigos de fantasia" (Franceschi, 2002:31-32).

Em 1922, quando o evento religioso do Centenário da Independência lançou mão do recurso fonográfico para levar as vozes e os cantos que eram produzidos dentro da igreja para fora dela, a fonografia parecia se encontrar em uma situação dúbia com relação à sua identidade, seu reconhecimento social. Como mencionado, a tecnologia fonográfica poderia ser apontada como fruto da modernidade, do progresso científico, em um contexto em que se desejasse distanciá-la de práticas religiosas. No entanto, a fragilidade dessa conexão despontava em outras circunstâncias, quando a fonografia poderia ser ligada a uma verdade diferente da científica e mais próxima do *sobre*natural — haja vista que não se acreditava que um objeto pudesse falar ou cantar e o primeiro ímpeto ao vê-lo em ação poderia ser "procurar por trás do aparelho onde está o orador ou cantor" com o intuito de se explicar o som fantasmagórico (Imbassahy, 1922:5) —, em um momento em que o discurso da ciência ascendia como forma superior e preferencial de compreensão do mundo e o cientista, "o homem da ciência oficial", poderia ser visto como o único capaz de almejar uma vida coletiva melhor no futuro, pondo em prática os meios para a realização dessa aspiração (Imbassahy, 1922:5).

E foi esse ponto fraco, essa ambiguidade da tecnologia fonográfica, que um dos grupos mais interessados em exaltar sua presença e forma de agir precisou começar a desmantelar em nome do sucesso de seu negócio. Tratava-se dos então chamados "negociantes de artigos fonográficos". Sua ascendência nos periódicos cariocas de grande circulação se torna visível quando observamos a existência de anúncios de discos, fonógrafos, acessórios fonográficos e suas respectivas casas revendedoras em partes estratégicas de jornais e revistas. Nesse contexto, em meados da década, ainda surgiria em um dos mais importantes diários do país, *O Paiz*, a primeira coluna dedicada a divulgar chapas fonográficas e aparelhos de reprodução sonora, e, mais que isso, a construir uma nova imagem para a tecnologia em parceria com o comércio associado à fonografia: "Discos e máquinas falantes".[2]

Um dos principais esforços revelados ao longo de todos os anos 1920 dizia respeito à experiência de escutar um som fonográfico. Esse itinerário da escuta tinha de ser minuciosamente direcionado por pessoas competentes e entusiastas da tecnologia, como aquelas que orientavam os novos ouvintes nas páginas d'*O Paiz*, e um dos pontos que receberiam maior destaque seria exatamente o aprendizado com relação à construção de uma percepção referente à existência de um campo auditivo quando se estava lidando com o som fonográfico. Nesse sentido, deveriam ser inculcadas no ouvinte as formas corretas de escutar um disco, especialmente no que concernia à necessidade de se ignorarem os barulhos alheios à sonoridade em moldura — como aqueles provenientes da agulha em con-

2 A coluna estreou no jornal *O Paiz* em 20 de junho de 1926 com o objetivo de "auxiliar com todos os meios possíveis tanto o público, elucidando-o a respeito de quaisquer questões que ele ainda desconhece, como os diversos estabelecimentos de discos e fonógrafos, intensificando a propaganda e espargindo o seu conhecimento entre o público em geral" (*O Paiz*, Rio de Janeiro, 19 jun. 1927, p. 12).

tato com os sulcos dos discos —, tendo o "fonófilo" de manter "todos os seus sentidos empenhados" no evento sonoro específico — incluindo as particularidades dos sons instrumentais e vocais que o compunham — que o objeto fonográfico prometia levar aos seus ouvidos.[3]

Como adquirir discos e fonógrafos era custoso financeiramente, e a desconfiança ainda era predominante, as casas de discos da capital brasileira investiam de forma ampla no patrocínio dessa experiência auditiva. A pioneira Paul J. Christoph, ou apenas Casa Christoph (que se localizava na "galeria do Inferno" mencionada por Olavo Bilac, isto é, na rua do Ouvidor), desde o início da década se orgulhava em divulgar suas luxuosas cabines à prova de sons *externos* para audições de clientes ou apenas curiosos, pontuando que não havia obrigação alguma de comprar o disco ou a máquina falante,[4] mas que, após a sessão, "Os seus próprios ouvidos convencê-lo-ão!".[5] O mesmo ocorreria em outras casas, como a Assunção & Co., que anunciava que se podia solicitar, "sem compromisso, uma demonstração em nossos salões ou em vossa casa".[6] Aliás, outro serviço disponível, principalmente em estabelecimentos que não dispunham de cabines, era o empréstimo ou aluguel de discos para experimentação e devolução, prática que beneficiava os comerciantes, que poderiam divulgar mais adequadamente os desconhecidos discos e sonoridades para seus clientes, mas também os prejudicava, por desgastar os artefatos terminando por encalhá-los nas vendas.[7]

No processo de construção de um vínculo entre ouvinte e a tecnologia, formas e fórmulas familiares também foram acionadas para facilitar a compreensão e adoção de todo um ecossistema tecnológico, começando pelos próprios fabricantes de fonógrafos, que passaram a aperfeiçoar seus modelos investindo na remoção de seu aspecto de máquina e na produção de móveis mais adaptáveis ao cotidiano.[8]

Com relação aos reclames, os formatos favoritos para a criação de um nexo de reconhecimento eram a biblioteca e o livro, no plano material, e a música erudita, em termos de conteúdo. Na realidade, os três estavam in-

---

3 *O Paiz*, Rio de Janeiro, 15 mai. 1927. p. 13.

4 *Gazeta de Notícias*, Rio de Janeiro, 23 nov. 1924, p. 9.

5 *O Paiz*, Rio de Janeiro, 15 abril 1928, p. 12.

6 *O Paiz*, Rio de Janeiro, 5 fev. 1928, p. 12.

7 *O Paiz*, Rio de Janeiro, 25 jul. 1926, p. 6; *O Paiz*, Rio de Janeiro, 8 ago. 1926, p. 16.

8 *O Paiz*, Rio de Janeiro, 29 ago. 1926, p. 10.

timamente ligados na conjuntura desse empenho de constituição de uma confiança na tecnologia fonográfica. O livro representava uma mídia tradicional, aquela que era suporte da escrita, essa forma tecnologicamente incorporada de linguagem (Ihde, 1990:81, 84) que já tinha um passado de vinculação com o fonógrafo (que, afinal, significa "escritor de vozes") (Gitelman, 2003) e cuja leitura se tomava como um fenômeno dado até que, naquele início de século, a transposição de um meio a outro tornasse mais evidente o que o antigo recurso fazia (Forster, 2022:9-10): guardar "vozes" por meio de símbolos na inexistência de um mecanismo que preservasse o som em si; enquanto a biblioteca, como modelo de classificação cultural e instituição estabelecida, representava o lugar onde o peso dessas "vozes" era medido (Latour, 2019:16). A forma peculiar das chapas fonográficas, objetos negros achatados feitos de goma-laca, não impedia sua comparação física com os livros, afinal, era comum que elas fossem vendidas dentro de álbuns que transformavam cada uma delas em uma *página* que podia ser folheada, guardando semelhança com o antigo e reconhecido formato e suas práticas de leitura.

A necessidade de produção desses álbuns, de fato, adveio da terceira ponta de legitimação da fonografia: a música erudita ocidental. Denominadas na imprensa e em propagandas de "boa música", "música imortal", "verdadeira música" e, até mesmo, "música científica", as peças eruditas eram reconhecidas igualmente em função de sua ligação com uma escrita musical e seu suporte, as partituras, antigo meio exclusivo de preservação e deslocamento espaçotemporal de sons (Kittler, 2017:97). Portanto, precedendo o surgimento da tecnologia fonográfica, elas não se limitavam ao seu tempo, como as formas musicais que surgiam em profusão na conjuntura da popularização da fonografia: ultrapassando os três minutos em que a gravação sonora estava então confinada, cada uma dessas obras ditas "universais" — por sua ligação não apenas com a respeitada forma escrita, mas com o próprio "avanço científico" que possibilitara a dominação da natureza sonora[9] — precisava ser registrada em diversos discos, que tinham, por conseguinte, de ser acondicionados em "folhas" de álbuns, formando daí um todo. Nesse contexto, a vinculação da música erudita com uma configuração sonora superior dentro de uma escala temporal do

[9] Para compreender o processo de racionalização da música erudita ocidental, a partir da criação de uma afinação "temperada" com base em critérios matemáticos e físicos e do uso do recurso da escrita (entre outros), ver Wisnik (1989).

progresso gerava conselhos aos novos ouvintes como: "Aprenda a gostar de boa música, principalmente de música clássica, por meio dos discos. Ouvir em casa com atenção um trecho [de três minutos, limite de duração do som fonográfico em uma face de disco,] de boa música representa mais que muito concerto."[10]

Por esse motivo, propagandas como as da nova Vitrola Ortofônica, divulgadas pela casa revendedora Paul J. Cristoph, enfatizavam, em imagem e palavras, a correspondência que se podia fazer entre uma coleção bem selecionada de discos, composta de "boas músicas", e "obras literárias clássicas".[11] Com o auxílio dos álbuns, com efeito, o que se formaria pareceria bastante com uma biblioteca, com cada "livro-disco" arranjado um ao lado do outro na posição vertical. Outro ponto enfatizado nesse mesmo anúncio, divulgado em 1928, dizia respeito à qualidade do som reproduzido pela máquina: "A sonoridade deste instrumento é suave e rica como um néctar *antiguíssimo* e seu volume é *idêntico* ao que foi dado *originalmente* pelo próprio artista ou agrupamento musical" (grifos nossos).[12] É nesse sentido que a fidelidade sonora, o acordo mencionado entre dois sons distintos, mas pretensamente iguais (o original e o seu "equivalente" reproduzido), seria mobilizada, com a finalidade de envolver a fonografia em um consenso ainda em processo de construção — ambição cuja concretização vinha sendo ameaçada por outra novidade tecnológica, o rádio.

A denominação "ortofônica" que acompanhava o nome do novo aparelho da empresa americana Victor, e cujo significado era "som correto", passou a ser utilizada nos fonógrafos que funcionavam com base em eletricidade. As máquinas falantes e discos elétricos surgiram em meados da década visando competir com os aparelhos de rádio, que começavam a ganhar popularidade em países como os Estados Unidos (Sterne, 2003:278). A novidade radiofônica acabaria servindo, na realidade, para lançar mais dúvidas com relação à fidedignidade, e mesmo possibilidade, do som originado de fonógrafos; portanto, era urgente que negociantes, fabricantes e entusiastas fonófilos passassem a usar o espaço que detinham na imprensa popular para reverter a condição de inferioridade que ainda imputavam à fonografia.

10 *O Paiz*, Rio de Janeiro, 12 dez. 1926, p. 14.

11 *O Paiz*, Rio de Janeiro, 26 ago. 1928, p. 14.

12 *O Paiz*, Rio de Janeiro, 26 ago. 1928, p. 14.

Se em alguns contextos poderia haver alguma ligação entre fonografia e o progresso científico, como vimos, essa conexão frequentemente mostrava sua fraqueza por não ser rapidamente e constantemente reconhecida. Por esse motivo, espaços como a "Discos e máquinas falantes" começaram a ser utilizados para se esclarecer essa correspondência, reforçando-a. Assim, era comum os textos instruírem didaticamente os leitores sobre os princípios da física que explicavam o funcionamento dos novos fonógrafos elétricos. Sobre o uso do duralumínio nos modernos diafragmas que integravam a máquina — que antes eram produzidos com base na mica —, os motivos para seu emprego eram apresentados da seguinte forma: "Precisando o som se propagar, de um meio físico, de preferência metálico, e se propagando ele em forma de ondas concêntricas, era preciso que se arranjasse um metal ou liga metálica ao qual fosse possível aplicar estes dois princípios."[13] Ainda, argumentando que os "amadores" da fonografia tinham cada vez mais interesse pelas explicações científicas que embasavam o *modus operandi* da tecnologia,[14] também se enfatizava o papel da acústica no moderno disco de gravação elétrica:

> A acústica no disco de gravação elétrica é reproduzida por uma espécie de ressonância ou, mais propriamente, de eco, que nos dá no fonógrafo moderno [...] a impressão exata de estarmos na própria sala de concerto ou teatro. O efeito é admirável! A gravação elétrica tendo conseguido a reprodução da acústica com mais forte razão conseguiu a *reprodução fiel de todos os sons*, desde as notas graves dos baixos até os agudos mais delicados dos violinos. [grifo nosso][15]

A comparação com o sistema mecânico de corneta que antecedera os novos dispositivos elétricos se mostrava reiteradamente como uma forma de ressaltar o progresso ímpar que se vivia naquele presente, evidenciando-se que se estava no auge tecnológico da máquina fonográfica:

> O som dos modernos aparelhos é um som que não fere os ouvidos, é claro, perfeito e num conjunto orquestral os instrumentos se destacam proporcionalmente. Antigamente quando se chegava em frente dum fonógrafo

[13] *O Paiz*, Rio de Janeiro, 14 nov. 1926, p. 12.
[14] *O Paiz*, Rio de Janeiro, 11 mar. 1928, p. 13.
[15] *O Paiz*, Rio de Janeiro, 12 fev. 1928, p. 11.

> que estivesse tocando, recebia-se um jato de som em plena cara, um som que num conjunto apenas sobressaíam os instrumentos agudos, os quais a maior parte das vezes incomodavam seriamente os tímpanos do ouvinte.
>
> Com as gravações elétricas, os modernos diafragmas e as novas câmaras acústicas, a coisa mudou inteiramente. Um fonógrafo moderno tocando não é mais um gramofone, é um instrumento de música, possui tonalidade, acústica e clareza. O seu som se caracteriza por uma clareza e naturalidade absolutas.[16]

A ambiguidade dessa defesa, que hoje pode passar despercebida, tinha relação com o fato de que o acordo pressuposto pela fidelidade sonora não era monopólio daquele momento supostamente excepcional, pois empiricamente sempre esteve atrelado aos discursos fonográficos — do século XIX até hoje (Sterne, 2003:274). Uma propaganda da vitrola mecânica, com divulgação também da Casa Christoph, veiculada em 1925, quando o sistema elétrico ainda não havia chegado ao Brasil, destacava igualmente o "apuro mecânico e de acústica" do aparelho, prometendo ainda "a perpetuação dos grandes artistas, para gaudio das gerações futuras".[17]

No entanto, o progresso sempre salientado daquele presente se torna um ponto importante para compreendermos mais adequadamente as "novas tecnologias" antes de elas se tornarem uma "segunda natureza", de irem do fascínio ao familiar invisível (Ihde, 1990:191), deixando de ser "nova" e até mesmo "tecnologia" na linguagem cotidiana. E, em nosso caso, a ambiguidade da fidelidade sonora é fundamental para apreendermos como essa visão linear do tempo tecnológico é construída. Isso porque o fonógrafo era concebido dentro de uma linha de evolução que ia do inferior ao superior, acompanhando a própria noção de tempo que então ordenava o pensamento, com os aparelhos anteriores sendo considerados "cheios de defeito".[18]

Às velhas máquinas mecânicas passou a ser imputada pouca durabilidade de gravação, "não podiam ser guardadas para a posteridade",[19] apesar de conseguirmos rastrear alegações anteriores que afirmavam o contrário, como a explicitada há dois parágrafos. Já o presente era celebrado como um momento de aperfeiçoamento da fonografia que não se contemplava

[16] *O Paiz*, Rio de Janeiro, 28 nov. 1926, p. 9.
[17] *Gazeta de Notícias*, Rio de Janeiro, 5 nov. 1925, p. 9.
[18] *O Paiz*, Rio de Janeiro,12 jun. 1927, p. 12.
[19] *O Paiz*, Rio de Janeiro,12 jun. 1927, p. 12.

havia décadas, o que teria ocorrido em função das pesquisas científicas que possibilitaram finalmente a "reprodução fiel" dos sons, qualidade sonora que teria *faltado* aos meios que antecederam o disco como formato de mídia — as folhas metálicas acopladas a cilindros, seguidas pelas folhas de estanho e, posteriormente, os cilindros de cera, do "pior" para o "melhor" — e mesmo às chapas mecânicas precedentes.[20] E divulgar esse "progresso verdadeiramente científico do fonógrafo" (Delboy, 1927:16) significava "[p]ropagar e difundir o conhecimento perfeito a respeito de um invento que hoje a *perfeição* que atingiu já é considerado uma modalidade de arte",[21] salientando entrementes o "fator importantíssimo do adiantamento do fonógrafo", aquele que contribuiu "para que ele seja hoje considerado um *instrumento perfeito*" (grifos nossos): o processo elétrico de gravação e reprodução sonora.[22]

Assim, a percepção que deveria prevalecer era a de que um passado havia morrido — essa era a ideia que comerciantes e fabricantes defendiam, encontrando ressonância nos ouvintes, que não somente concordavam com essa assertiva como também se mostravam receptivos ao propósito de desejar sempre a tecnologia mais perfeita, mais avançada.[23] E aos que ainda eram "refratários à máquina falante devido à experiência que tiveram com esse instrumento", a empresa Victor Talking Machine convidava, mediante um de seus reclames, para "uma audição musical com a nova Vitrola Ortofônica".[24] Nesse caso, a fórmula de sucesso do "milagre moderno" era assegurada pela conjunção entre o negócio fonográfico e o progresso científico:

> As execuções maravilhosas dos mais exímios artistas do mundo são reproduzidas com uma exatidão tão assombrosa na Vitrola Ortofônica, que V.S. tem a impressão de que os cantores ou músicos se acham *ali presentes*, dentro de seu próprio lar.
>
> Os *princípios científicos de sua construção*, os quais são exclusivos da Companhia Victor, fazem com que a Vitrola Ortofônica seja a única que proporciona uma fidelidade de tom absoluta, incrível. [grifos nossos][25]

---

20 *O Paiz*, Rio de Janeiro,12 jun. 1927, p. 12.
21 *O Paiz*, Rio de Janeiro, 19 jun. 1927, p. 12.
22 *O Paiz*, Rio de Janeiro, 11 mar. 1928, p. 13.
23 *O Paiz*, Rio de Janeiro, 29 abril 1928, p. 10.
24 *Fon Fon*, Rio de Janeiro, 2 out. 1926, ano 20, n. 40, p. 11.
25 *Fon Fon*, Rio de Janeiro, 12 out. 1929, ano 23, n. 41, p. 15.

Por conseguinte, o futuro, dentro de uma escala evolutiva que conduzia a uma perfectibilidade sempre inédita e superior, passou a ser ansiosamente aguardado, além de se tornar (não de forma *nova* como se alardeava) a temporalidade-chave de uma máquina que preservava sons. E esse tempo vindouro era paradoxalmente associado a elementos considerados tradicionais e científicos. Por um lado, a "música imortal" interpretada por artistas célebres poderia ser guardada para a posteridade graças aos novos discos elétricos, sendo o pilar para a montagem de uma biblioteca musical perfeita;[26] e, por outro, seriam possíveis estudos de "costume e linguagem de selvagens" e outras raças, que estavam distantes temporalmente da evolução científica ocidental e em vias de desaparecer, mas contribuiriam para o conhecimento da língua e música nacionais por meio de manifestações denominadas folclóricas, a base "pura" da cultura que seria posteriormente processada pela ciência.[27] No último caso, era um futuro imaginado clamando por um passado *real*, que poderia ser resgatado amanhã se no presente fossem realizados esforços para tornar isso possível.

Mas esse empreendimento era assumido como uma tarefa árdua, pois dois empecilhos estariam se levantando naquele momento com relação ao estabelecimento da máquina fonográfica como meio respeitado de preservação de cultura. O primeiro dizia respeito à efemeridade do presente da qual vinham cercando o disco e as práticas a ele ligadas. Nesse aspecto, o investimento em disco popular — contendo "música fácil" e sendo mais acessível por ser vendido mais prontamente — era apontado como um fator que impedia a organização mais sistemática de uma "propaganda auditiva" massiva que despertasse todas as classes para os benefícios da escuta da "boa música" no presente e da preservação da cultura e história brasileiras para o futuro.[28] O segundo tinha relação com a própria posição do Brasil nessa linha de progresso da tecnologia moderna. Nesse sentido, o estado da fonografia no país era comparado a países "adiantados", os centros de onde emergiam avanços tecnológicos como esses explicitados. Desse modo, enquanto nos Estados Unidos a empresa Columbia realizava concertos fonográficos para fazer os ouvintes americanos conhecerem fragmentos da "música imortal", aos fonófilos brasileiros somente restaria

---

26 *O Paiz*, Rio de Janeiro, 24 jul. 1927, p. 10.
27 *O Paiz*, Rio de Janeiro, 24 jul. 1927, p. 10.
28 *O Paiz*, Rio de Janeiro, 24 jul. 1927, p. 10.

a esperança de que projetos dessa envergadura algum dia surgissem no país, marcando "o prelúdio de uma *nova era* para o nosso comércio de discos e máquinas falantes, tão *adiantado* no estrangeiro" (grifos nossos).[29]

Tecnologias do passado presentes e o ser moderno no futuro: a institucionalização da fonografia

O prelúdio da ambicionada nova era surgiria em 1927 por iniciativa da Casa Christoph, que, com o aval do governo brasileiro, fundou o Christoph Club, uma pequena agremiação de fonófilos que visava propagar e irradiar por todo o país, mediante vantagens em venda de artigos fonográficos e sorteios de discos, a prática de escutar som fonográfico, difundindo "o cultivo da música".[30] De caráter essencialmente comercial, o empreendimento alcançaria apenas uma minoria da população, as "mais altas figuras de nossa sociedade", que podia pagar para desfrutar das vantagens do som moderno.[31]

Em contrapartida, no mesmo ano, seria criada a Associação Brasileira do Fonógrafo. Inspirada em experiências americanas e inglesas, essa sociedade teria como objetivo, também, "congregar os fonófilos" e orientá-los quanto à escuta fonográfica, fazendo uma intensa propaganda da música clássica e brasileira (entendida como "folclórica"). No entanto, a proposta era que o maior número possível de pessoas tivesse acesso a audições que as colocassem em contato com diversos tipos e marcas de fonógrafos e discos — que seriam reunidos com o intuito de formar uma verdadeira "biblioteca musical" —, além do ecossistema de instrumentos que integravam esse mundo: braços, agulhas, câmaras amplificadoras, *pick-ups*, amplificadores, retificadores, lâmpadas e alto-falantes.[32] Como comissão executiva, essa associação contaria com figuras ligadas ao círculo erudito carioca, como Augusto de Freitas Lopes Gonçalves, Aluísio José da Rocha e o maestro e professor do Instituto Nacional de Música — então mais tradicional conservatório do país, com origem ainda no Império Brasileiro — Oscar Lorenzo Fernández, que representavam as "vontades sadias"

[29] *O Paiz*, Rio de Janeiro, 13 mar. 1927, p. 6.

[30] *O Paiz*, Rio de Janeiro, 26 jun. 1927, p. 14.

[31] *O Paiz*, Rio de Janeiro, 26 jun. 1927, p. 14.

[32] *O Paiz*, Rio de Janeiro, 9 out. 1927, p. 13.

associadas às artes, cujo destino deveria ser atado ao progresso científico com vistas ao *desenvolvimento* artístico e musical do Brasil.[33]

Outra aliança desejada no cenário da organização dessa agremiação referia-se aos negociantes, mais uma vez em sintonia com o que estava ocorrendo no Norte considerado adiantado. Nesse contexto, pontuava-se que a "prestigiosa revista especialista *The Talking Machine World* de Nova York, em um de seus recentes números, aconselha aos negociantes americanos a darem todo o seu apoio às sociedades locais", dos moldes da Associação Brasileiro do Fonógrafo, devendo o comércio incentivar a fundação desses tipos de entidades em nome do sucesso de seu próprio negócio. A compreensão era que essa ação se direcionava aos "nossos músicos" — que haviam perdido parte de seu espaço para a fonografia como "executor" de sons musicais —, inspirando-se em exemplos como a Sociedade Gramofônica Nacional de Londres, onde as músicas que seriam gravadas e catalogadas eram "escolhidas por maioria de votos da assembleia".[34] Mais tarde, essa orientação para a escuta fonográfica seria apontada como benéfica para o comércio fonográfico — e não sua ruína, por se disponibilizarem discos gratuitamente ou de forma mais acessível — em função do aumento no consumo que se veria quando se incluíssem no plano futuros ouvintes que não podiam pagar para entrar no universo da fonografia, a exemplo do que vinha ocorrendo na cidade de Birmingham, também na Inglaterra, depois da instalação de sua biblioteca municipal de discos.[35]

A organização de *discotecas* em países europeus teve sua origem no final do século XIX, quando foi fundado na Academia de Ciência de Viena, em 1899, um arquivo fonográfico por solicitação do governo austríaco.[36] Concebido pelo fisiologista Siegmund Exner, o objetivo desse órgão era registrar línguas europeias e *seguir sua evolução*, constituir coleção de documentos musicais, com foco em *povos ainda primitivos*, e registrar os discursos e declamações de personagens eminentes para serem *escutados no futuro*.[37] Nas três décadas seguintes, nações consideradas civilizadas por fonófilos brasileiros como Augusto Lopes Gonçalves, membro da comissão executiva da efêmera Associação Brasileira do Fonógrafo, come-

[33] *O Paiz*, Rio de Janeiro, 9 out. 1927, p. 13.

[34] *O Paiz*, Rio de Janeiro, 9 out. 1927, p. 13.

[35] *Diário de Notícias*, Rio de Janeiro, 27 set. 1930, p. 7.

[36] *Jornal do Brasil*, Rio de Janeiro, 20 ago. 1935.

[37] *O Paiz*, Rio de Janeiro, 13 abr. 1930, p. 7.

çaram a estruturar suas discotecas nacionais sob a orientação de "competentes especialistas"[38] e cientistas.[39] Em 1928, chamaria a atenção de autoridades brasileiras do campo da cultura, particularmente, a Discoteca do Estado criada pelo conselho de ministros da Itália por requisição do líder fascista Benito Mussolini.

Nesse mesmo ano, o modernista Mario de Andrade — um dos "rapazes sabedores da mais recente arte universal" da Semana de 22, segundo o próprio afirmara naquele contexto (Andrade, 1922:3) — voltaria suas atenções publicamente para o mundo da fonografia para mencionar, exatamente, essa nova instituição italiana. Era fim da década de 1920 e o autor de *Pauliceia desvairada* concordava com negociantes de artigos fonográficos e entusiastas fonófilos de grande relevância social, como Oscar Lorenzo Fernández, que já era "possível a gente falar que gosta de fonógrafos e discos sem que os professores de música se riam", pois, naquele momento, esses artefatos poderiam dar origem a uma "manifestação musical perfeitamente *legítima* e *agradável* de arte" (grifos nossos) (Andrade, 1928a:2). As chapas fonográficas e as máquinas de reprodução sonora se tornaram "legítimas" por terem deixado sua antiga condição de "brinquedo", de "artigo de bazar" "indigno de 'gente séria e culta'".[40] Em vez disso, passaram à posição de uma mídia e uma tecnologia aptas a propiciarem a preservação de *sons reais* (devido à propalada fidelidade sonora), que levariam para o *futuro* a verdade e fidedignidade de um passado. Por seu turno, o som fonográfico era "agradável" por naquele momento ser possível apreender sua existência dentro de uma moldura, onde sons *exteriores* deveriam ser ignorados para que a música ou a voz ou qualquer outro evento sonoro gravado fizesse sentido.

Por esse motivo, um literato que havia anos lançava mão da velha tecnologia da escrita para preservar sua "voz" em livros e um compositor que aprendeu a preservar seu "som" empregando a lógica da escrita musical ocidental impressa na partitura poderiam considerar um projeto como o da Discoteca do Estado italiano digno de louvores. A principal função da entidade, segundo Andrade, seria "registrar todas as canções populares regionais e tradicionais italianas que, abandonadas na voz do povo, vão sendo esquecidas e substituídas"; tratava-se, com efeito, de músicas folcló-

[38] *Correio da Manhã*, Rio de Janeiro, 27 mar. 1932, p. 4.

[39] *Correio da Manhã*, Rio de Janeiro, 5 jun. 1932, p. 5.

[40] *O Paiz*, Rio de Janeiro, 8 jul. 1928, p. 14.

ricas, de um passado nacional característico que vivia no presente como reminiscência e estava condenado à morte se um recurso de fixação como a fonografia não o salvasse em sua integralidade, resgatando-o para o futuro (Andrade, 1928b:2). Outra ação destacada com relação à discoteca italiana concernia às vozes que seriam preservadas nas chapas fonográficas oficiais e sua conexão com os tempos mobilizados pela tecnologia. A perpetuação sonora se dirigiria às "vozes dos mais eminentes italianos dos *nossos dias*" (grifo nosso), de acordo com a seleção do primeiro-ministro Mussolini, e o objetivo seria estabilizar sua presença, conservando sua sonoridade para o

> amanhã, quando a morte os tiver para sempre emudecido... Desse modo, Mussolini como Gabriel d'Annunzio, Marconi como Pio XI estarão, amanhã, vivos e audíveis nos salões da "Discoteca" embora a sombra da morte já tenha passado sobre seus corpos e emudecido, para sempre, as suas ilustres e sagradas gargantas...[41]

Em pouco tempo, essas iniciativas contingentes e isoladas de associações privadas e governos passariam a fazer parte de um projeto maior, conduzido pelo Instituto Internacional de Cooperação Intelectual, um precursor da mais recente Organização das Nações Unidas para a Educação, a Ciência e a Cultura (Unesco), da Liga das Nações, considerada antecessora da Organização das Nações Unidas (ONU). Em outubro de 1928, por convocação da Assembleia Geral desse organismo internacional, ocorreu em Praga o Congresso Internacional de Artes Populares, com a finalidade de "promover os interesses da ciência" e "tornar real seu ideal de aproximar os povos do mundo" (International Congress of Popular Arts, 1928:49). A principal preocupação demonstrada no Congresso tinha relação com a necessidade "urgente de gravar as sobrevivências de artes populares, visto que muitas delas estão *agora* em processo de *desaparecimento*" (grifos nossos) (International Congress of Popular Arts, 1928:51). Em consequência desse processo de extinção de manifestações passadas da cultura — entendidas como parte de um estágio primitivo da escala de evolução, mas diretamente ligadas à etapa mais avançada do presente —, seu registro em sons e filmes naquele momento da história era "defendido

[41] *O Paiz*, Rio de Janeiro, 16 dez. 1928, p. 3.

fortemente" aproveitando-se dos modernos métodos fonográficos e cinematográficos, o que significava fixar no presente para divulgar no futuro. Para isso era indispensável que se estimulasse a formação de instituições que propiciassem a demonstração sonora e visual que colocaria em contato o "sentido artístico dos povos" e o público, que deveria ser composto especialmente de uma camada mais ampla das populações nacionais: a classe trabalhadora (International Congress of Popular Arts, 1928:51).

A busca por um conhecimento mais profundo do presente e do passado por meio da linguagem e da música já havia levado filologistas e folcloristas a dedicarem seus esforços à investigação das várias facetas da comunicação verbal ao longo do século XIX, contando primordialmente com os recursos da escrita e da notação musical no contexto de um trabalho de campo (Brady, 1999:12) que visava deslocar traços que tornassem próximo e familiar o longínquo e desconhecido, dando origem a fontes documentais que seriam traduzidas em centros institucionalizados de processamento de informação e conhecimento (Latour, 2011:359). Entre o fim do Oitocentos e a década de 1930, esses instrumentos mais consolidados de preservação da língua e da música passaram a dividir espaço com a fonografia, tendo o fonógrafo, nesse período, sido reconhecido, não sem resistências com relação à autoridade do escrito, como ferramenta etnográfica (Brady, 1999:60, 63). Envolta em ambivalências e hostilidades, no início do século, a tecnologia fonográfica poderia ser apreendida tanto como um meio mais rápido, acessível e eficiente de coletar música, pois dispensava músicos e o domínio da escrita musical, quanto como promotora de um processo de documentação não familiar e, portanto, cercado de desconfianças (Brady, 1999: 70, 73, 85-86), como vimos que ocorria em situações cotidianas. A defesa da Liga das Nações, na realidade, seria apenas uma extremidade do desenvolvimento de uma controvérsia que envolveu a sobreposição contínua de tempos e tecnologias: o passado, presente e futuro se entrelaçavam no desenrolar de discussões e estabelecimento de práticas; enquanto isso, buscava-se espaço para novos instrumentos tecnológicos ao mesmo tempo que se negava sua pertinência em comparação com dispositivos mais tradicionais e se associava sua forma de operação àquelas que a antecederam e eram mais familiares.

No Brasil, ou na capital brasileira, para sermos mais precisos, esse processo de institucionalização da tecnologia ganhava vulto juntamente com todo o processo aqui descrito de construção de uma legitimidade para a fonografia junto aos campos da cultura e da ciência — dois oceanos cuja fronteira era ainda menos nítida na época. Músicos, compositores, maestros e escritores, sob a ameaça de "ficarem para trás", na "idade da pedra", não podiam, não queriam, mais ignorar os discos e a escuta fonográfica — esses frutos da "mentalidade moderna"[42] — em nome das antigas mídias e práxis que faziam parte de sua competência prática e sua identidade. Dessa maneira, sem desconsiderar as partituras e os livros — afinal, discotecas existiriam ao lado de bibliotecas[43] —, a apropriação da fonografia era uma garantia de que não se ficaria petrificado em um passado indesejado, contraposto àquele presente julgado superior, quando "o universo do ouvido — os sons, os barulhos, as vozes — os timbres *nos pertencem desde agora*" (grifo nosso).[44] Isso em função de a sensação cada vez mais preponderante ser a de que, enquanto os países civilizados lançavam mão da fonografia, discutiam sobre sua importância e construíam suas discotecas, o Brasil se mantinha no atraso segundo a cronologia moderna.[45]

No entanto, de maneira ambígua, nessa lógica moderna de tempo, acreditava-se na normalidade do atraso brasileiro — afinal, ainda não se era civilizado, apenas se estava caminhando rumo ao progresso científico e ao estabelecimento de suas formas de veridicção para o conjunto da sociedade. Por isso, investir na fonografia de uma forma mais sistemática, com o suporte de competentes e reconhecidos especialistas que por ora se aliavam, era considerado um modo visionário de adiantar um futuro que *também* seria o "nosso". Nesse sentido, admitiu-se ainda por algum tempo que o interesse por uma instituição dos moldes de uma discoteca pública seria despertado em 30, 40 ou 50 anos, não naquele momento.[46] Todavia, *adiantar* esse futuro não faria mal algum ao país, pois "seríamos" modernos, como os Estados Unidos e a Alemanha, antecipadamente graças à desejada associação com a tecnologia fonográfica.[47]

Naquele cenário, diferentemente de empreendimentos passados, que alcançavam parcela restrita da sociedade brasileira, a concepção era que

---

[42] *Correio da Manhã*, Rio de Janeiro, 4 mai. 1930, p. 7.
[43] *A Noite*, Rio de Janeiro, 6 abr. 1931, p. 7.
[44] *Correio da Manhã*, Rio de Janeiro, 6 mar. 1932, p. 4.
[45] *Correio da Manhã*, Rio de Janeiro, 13 abril 1930, p. 7
[46] *Jornal do Brasil*, Rio de Janeiro, 20 ago. 1935, p. 5.
[47] *Jornal do Brasil*, Rio de Janeiro, 20 ago. 1935, p. 5.

o progresso, a "incessante subida da civilização do povo brasileiro",[48] somente poderia ser alcançado em conjunto, isto é, os então marginalizados não poderiam ser desconsiderados nesse arranque rumo ao futuro. Portanto, concordava-se com o projeto da Liga das Nações, que preconizava a inclusão da classe trabalhadora naquela modernidade que demandava um *escutar bem* associado ao som fonográfico, ou seja, uma prática de escuta baseada na confiança em sua fidelidade sonora com relação a um original reconhecido e na compreensão dos limites de sua moldura. Nesse contexto, a partir do pressuposto de que "[e]m todas as terras cultas cada grupo operário se dá a preocupações artísticas", a defesa se dirigiria contra "uma mentalidade *ainda* atrasada" e o descaso do presente e em favor de projetos culturais ligados à fonografia que engendrassem, em algum momento do futuro, "uma massa operária cada vez mais amante da música sublime" (grifo nosso);[49] mas ia-se além, acrescentando nos planos a formação auditiva de outros "não desenvolvidos" na escala evolutiva, "inferiores" intelectualmente no presente, mas que poderiam ser resgatados para a civilização no futuro, como presidiários[50] e crianças.[51]

Por conseguinte, assim como o disco já vinha sendo relacionado com o livro por questões de familiaridade no enquadramento da propaganda de fábricas e casas de artigos fonográficos, na conjuntura das discussões acerca da criação de discotecas públicas, as chapas fonográficas seriam igualmente caracterizadas como um "livro sempre aberto a todos".[52] Ao serem ligadas a bibliotecas, em nome não apenas de seu reconhecimento imediato, mas também de uma institucionalização mais orgânica, as futuras discotecas deveriam incorporar um passado institucional bem presente de músicos com formação vinculada à "verdadeira música" e do que se considerava parte da própria evolução histórica do povo brasileiro: o folclore, a música popular original, que seria estudada e processada cientificamente no futuro. Dessa forma, as chamadas "músicas ligeiras" do presente — que estavam sendo divulgadas por intermédio da própria fonografia, além da radiofonia, sendo consideradas uma consequência da falta de controle sobre a tecnologia — eram excluídas não apenas devido

[48] *Correio da Manhã*, Rio de Janeiro, 7 dez. 1930, p. 7.
[49] *Correio da Manhã*, Rio de Janeiro, 17 dez. 1933, p. 9.
[50] *Correio da Manhã*, Rio de Janeiro, 21 dez. 1930, p. 4.
[51] *Correio da Manhã*, Rio de Janeiro, 21 set. 1930, p. 11
[52] *Correio da Manhã*, Rio de Janeiro, 13 abr. 1930, p. 7.

à ausência de um "selo de qualidade" institucional, de uma ligação com a escrita, com o livro, com a ciência, mas também pela inexistência de vínculo entre os "discos de sucesso", com sua efemeridade, e o passado e futuro[53] — como a cronologia moderna os compreendia ao menos.

Assim, no final da década de 1920 e início dos anos 1930, a organização de uma discoteca nacional, que representaria finalmente a institucionalização da fonografia, traduzia a preocupação com a formação de um ouvinte brasileiro moderno, que implicava um aprendizado que levasse *todos* a conhecer e saber se relacionar com o mundo das máquinas falantes. Esse órgão deveria ser estruturado, assim como vinha ocorrendo na Europa, por "competentes especialistas" ligados de alguma forma à ciência moderna, exatamente aqueles novos fonófilos que passaram a reconhecer a legitimidade da fonografia a partir da ideia de que se estava vivendo uma "nova era ortofônica", apresentada por empresas e estabelecimentos relacionados com a revenda de discos e fonógrafos como o momento do ápice da evolução científica da tecnologia.[54] Não obstante, ao mesmo tempo que finalmente se ovacionava o *novo*, não se deixava de estar intimamente conectado a um passado furtivo de práticas e tecnologias antigas, que imputava ao presente sua autoridade e garantia ao futuro o progresso almejado.

A espiralação das tecnologias 100 anos depois: presente, passado e futuro

Em 1922, o diretor de cinema americano David Wart Griffith teria afirmado "que, em 2022, a grande indústria editora publicará filmes *em vez* de livros" enquanto o "fonógrafo terá recebido importantes aperfeiçoamentos; mas, em conjunto, o mundo se interessará muito mais pelas imagens do que pelas palavras" (grifo do autor).[55] Cem anos se passaram, o livro não desapareceu e a imagem em movimento convive com o som fonográfico; programas de *podcasts*, aliás, tiveram seu consumo elevado no Brasil durante a pandemia de Covid-19, com seus ouvintes dividindo sua rotina

[53] *Correio da Manhã*, Rio de Janeiro, 30 nov. 1930, p. 7.

[54] *Correio da Manhã*, Rio de Janeiro, 31 jan. 1932, p. 4.

[55] *Revista da Semana*, Rio de Janeiro, 26 mai. 1923, ano 24, n. 22, p. 8.

de escuta fonográfica com práticas relacionadas com outras mídias (Pandemia provoca..., 2021).

D. W. Griffith, por motivos óbvios, parecia ver com otimismo a superação da escrita pela cinematografia, diferentemente dos que haviam contemplado na suposta substituição do órgão pelo fonógrafo uma conquista indesejada que o progresso científico faria sobre a temperança religiosa no início do século passado. Em comum, ambos estavam imbuídos de uma cronologia moderna, aquela das evoluções lineares que anulam, rompem com o passado, e a cada possível novo evento veem uma revolução que recusa o que veio antes, considerando-o arcaísmo felizmente superado (Latour, 1994:51-52, 68-69). Nessa perspectiva, uma tecnologia sempre superará a outra por ser melhor, por ser símbolo do progresso (para o bem ou para mal), e o vislumbre do triunfo de uma sobre a outra se tornará inevitável.

Contudo, como vimos, no reino das práticas, as fronteiras da linearidade se dissipam facilmente: tempos e tecnologias se cruzam, se chocam e contribuem mutuamente para a existência uns dos outros, por mais que se omita ou se diga o contrário na tentativa de se estabelecer uma ordem sobre aquilo que ainda causa desconfiança e receio. Nos anos 1920, a construção de um presente e de uma expectativa de futuro *com* a tecnologia fonográfica necessitou do mundo pretérito da escrita, que jamais deixou de existir, mas, certamente, também se transformou no contexto do contato com a fonografia e no processo de constituição das relações que dela engendraram.

Não obstante, a pretensão de ser moderno com a tecnologia na década de 1920 estava baseada, no plano do discurso, nesse tempo progressivo linear, que sem dúvida era mais difundido na primeira metade do século passado do que atualmente. A teoria do progresso, como vimos, era aplicada inclusive a povos — os próprios brasileiros se consideravam "atrasados" em termos raciais nessa escala supostamente universal da qual nação nenhuma poderia escapar. Hoje, parece absurdo que se quisesse formar grupos de pessoas — ou raças, como era compreendido na época — com a finalidade de que eles alcançassem um estágio final de civilização. Felizmente, o tempo progressivo — que avança e abandona no passado o primitivo e inferior, resgatando-o benevolentemente apenas com um interesse científico de reafirmar a superioridade do novo — deixou de ser associado a grupos humanos, que são vistos como diferentes entre si e, num mundo globalizado, em relações mútuas, todos colaborando de forma ativa para a construção de nossa vida social em toda sua diversidade. No entanto, apesar da incoerência prática dessa temporalidade sequencial, que anula a existência de um "inferior", e em certa medida do passado, aos artefatos tecnológicos ainda é atribuída essa condição unitemporal, quando não se lhes retira todo o direito à existência, invisibilizando sua presença e seu papel atuante em nossa constituição ontológica e social.

Por esse motivo, seguimos o caminho alternativo. Ao retornar a fontes do passado cujos relatos nos conduziram a um tempo em que a relação com a tecnologia fonográfica ainda era motivo de controvérsias — enfatizando um período anterior à rotinização e naturalização que geraram uma caixa-preta (Latour, 2011:140-141, 184) e uma práxis autônoma que tornaram a experiência do humano com a fonografia intuitiva e tomada como certa (Ihde, 1990:29) —, fomos impelidos a reconhecer que o fonógrafo e os discos não eram artefatos tecnológicos neutros, como se costuma implicitamente avaliar. Ao vislumbrarmos um ecossistema tecnológico anterior à sedimentação de uma familiaridade que culmina no esquecimento e invisibilidade de um dispositivo técnico no âmbito discursivo, conseguimos observar como a ação humana pode estar diretamente conectada à *ação de uma tecnologia* (tente-se retirar tudo o que foi narrado sobre a fonografia desse texto, o que resta?), numa conexão que ultrapassa a vinculação de uso que tradicionalmente se confere a um sujeito ativo, de um lado, e seu objeto passivo, de outro. Nessa perspectiva, ambos se constroem *juntos*, são o que são (ou o que se deseja ser) sempre em relação com o outro; ou outros. Sem o unilateralismo da separação sujeito-objeto, abrimos espaço também para a multiação em uma multitemporalidade, um ponto de vista abundante em termos de agência, em que as tecnologias, sempre em contato umas com as outras em sua constituição e na *re*criação de práticas, não avançam, *espiralam*.

Pelo prisma da *temporalidade espiralada* aqui favorecida, não existem o arcaico e o superado, não com o sentido negativo da cronologia moderna. Como vimos, as tecnologias, na prática, impõem a combinação de épocas, ontologias e gêneros diferentes (Latour, 1994:72). Portanto, por esse ângulo, não conseguimos mais conceber uma linha que divide inferiores e superiores, ou antigos e novos, em suas extremidades, mas uma espiral onde "o futuro se parece com um círculo em expansão em todas as direções", "o passado não se encontra ultrapassado, mas retomado, repetido, envolvido, protegido, recombinado, reinterpretado e refeito", e "todo agrupamento de elementos contemporâneos pode juntar elementos pertencentes *a todos os tempos*" (Latour, 1994:74, grifo nosso).

Nessa perspectiva, tecnológicos não são somente o robô e o drone do século XXI, em uma visão que abole discursivamente o passado, mas todos os artefatos que, juntamente com coletivos humanos, formaram nossas instituições em anos, séculos passados e sorrateiramente também agem na construção de nossa vida social hoje, ainda que em outras configurações. Assim, em algum lugar próximo à curva da espiral onde se localizam os *podcasts* digitais escutados em nossos *smartphones* durante o isolamento social necessariamente imposto no início da década de 2020, se encontram as discotecas públicas e todos os esforços de familiarização e institucionalização da fonografia que estabeleceram-estabelecem-estabelecerão nossas práticas de escuta fonográfica no passado-presente-futuro.

Referências

ANDRADE, Mario de. A semana futurista. *A Gazeta*, São Paulo, 9 fev. 1922, p. 3.

____. Discos e fonógrafos. *Diário Nacional*, São Paulo, 11 mar. 1928a, p. 2.

____. O fonógrafo. *Diário Nacional*, São Paulo, 24 fev. 1928b, p. 2.

BRADY, Erika. *A spiral way*: how the phonograph changed ethnography. Jackson: University Press of Mississippi, 1999.

CERTEAU, Michel de. *A invenção do cotidiano*. Vol. 1: Artes de fazer. Petrópolis: Vozes, 2014.

CHARTIER, Roger. *A ordem dos livros*: leitores, autores e bibliotecas na Europa entre os séculos XIV e XVIII. Brasília: UNB, 1999.

DELBOY, Emilio. Os progressos da fonografia. *Correio da Manhã*, Rio de Janeiro, 17 jul. 1927, p. 16.

FORSTER, Chris. *Modernism and its media*. Londres; Nova York; Dublin: Bloomsbury Academic, 2022.

FRANCESCHI, Humberto Moraes. *A Casa Edison e seu tempo*. Rio de Janeiro: Sarapuí, 2002.

GITELMAN, Lisa. Souvenir foils: on the status of print at the origin of recorded sound. In: GITELMAN, Lisa; PINGREE, Geoffrey B (Org.). *New media, 1740-1915*. Cambridge; Londres: The MIT Press, 2003, p. 157-173.

IHDE, Don. *Technology and the lifeworld*: from garden to Earth. Bloomington: Indiana University Press, 1990.

INTERNATIONAL Congress of Popular Arts. *The Journal of the English Folk Dance Society*, n. 2, p. 49-52, 1928, p. 49.

JOTAENNE. Gatafunhos... *Fon Fon*, Rio de Janeiro, ano 10, n. 2, p. 36, 8 jan. 1916.

KATZ, Mark. *Capturing sound*: how technology has changed music. California; Londres: University of California Press, 2010.

KITTLER, Friedrich. *A verdade do mundo técnico*: ensaios sobre a genealogia da atualidade. Rio de Janeiro: Contraponto, 2017.

LATOUR, Bruno. *Jamais fomos modernos*. Rio de Janeiro: Editora 34, 1994.

____. *Ciência em ação*: como seguir cientistas e engenheiros sociedade afora. São Paulo: Unesp, 2011.

____. *Reagregando o social*: uma introdução à teoria do ator-rede. Salvador; Bauru: Edufba; Edusc, 2012.

____. *Investigação sobre os modos de existência*: uma antropologia dos Modernos. Petrópolis: Vozes, 2019.

MITCHAM, Carl. Three ways of being-with technology. In: SCHARFF, Robert C.; DUSEK, Val (Org.). *Philosophy of technology*: the technology condition, an anthology. Malden; Oxford; West Sussex: Wiley Backwell, 2014, p. 523-538.

NOTAS médias. *Fon Fon*, Rio de Janeiro, 5 jun. 1909, p. 24.

O CÚMULO do progresso. *Correio da Manhã*, Rio de Janeiro, 8 out. 1926, p. 8.

PANDEMIA provoca aceleração do consumo de podcasts no Brasil, revela pesquisa. *Extra*, Rio de Janeiro, 21 jul. 2021. Disponível em: https://extra.globo.com/economia-e-financas/pandemia-provoca-aceleracao-do-consumo-de-podcasts-no-brasil-revela-pesquisa-25120095.html. Acesso em: 23 abr. 2022.

RICOEUR, Paul. *Tempo e narrativa*. São Paulo: WMF Martins Fontes, 2010. v. 1.

SCHATZBERG, Eric. *Technology*: critical history of a concept. Chicago; Londres: The University of Chicago Press, 2018.

STERNE, Jonathan. *The audible past*: cultural origins of sound reproduction. Durkham: Duke University, 2003.

WISNIK, José Miguel. *O som e o sentido*: uma outra história das músicas. São Paulo: Companhia das Letras, 1989.

Sobre os autores

Marieta de Moraes Ferreira

Professora emérita do Instituto de História da Universidade Federal do Rio de Janeiro (UFRJ) e bolsista CNPq. Foi professora, coordenadora do Programa de História Oral e diretora do CPDOC e foi presidente da International Oral History Association (IOHA) e coordenadora nacional do mestrado profissional de ensino de história (Prof História). É autora de mais de uma centena de livros, capítulos e artigos, destacando-se a organização de Usos e abusos da história oral e A História como oficio. Atualmente é coordenadora do programa FGV Ensino Médio e diretora executiva da Editora FGV.

Antonio Augusto Passos Videira

Bacharel em filosofia (1986, UFRJ), doutor em história e filosofia da ciência (1992, Equipe Rehseis/CNRS/Universidade de Paris VII), professor titular do Departamento de Filosofia da Uerj, bolsista de produtividade do CNPq, colaborador do Centro Brasileiro de Pesquisas Físicas, professor do Programa de Pós-Graduação em Ensino e História da Matemática e da Física (Pemat/UFRJ) e professor convidado no Instituto de Biofísica da UFRJ. Membro do Centro de História e Filosofia das Ciências (Faculdade de Ciências/Universidade de Lisboa) e do Centro de Estudos Filosóficos e Humanísticos (Universidade Católica Portuguesa).

Débora Thomé

Doutora em ciência política, pesquisadora associada ao LabGen-UFF, com trabalhos sobre gênero e acesso aos espaços de poder, representação, candidatas, ambição política e viés de gênero das instituições do Estado. Foi *visiting scholar* da Columbia University e é professora do Columbia Women's Leadership Network. Desde 2014, trabalha com *advocacy* e capacitação de mulheres para liderança, tanto nos setores público e privado quanto na política. Treinou mais de 600 mulheres candidatas em diversas capitais do país. É autora do livro *Mulheres e poder* (com Hildete Pereira de Melo, Editora FGV).

Denise da Silva de Oliveira

Pesquisadora da Fundação Getulio Vargas, mestre em história social pela Universidade Federal do Rio de Janeiro (UFRJ) e doutoranda em ciência da informação pelo Instituto Brasileiro de Informação em Ciência e Tecnologia (Ibict). Recebeu o Prêmio Melhor Dissertação de Mestrado Ana Lugão Rios da UFRJ e menção honrosa no Concurso de Monografias do Arquivo Geral da Cidade do Rio de Janeiro por sua dissertação de mestrado *"Já escolheu seu disco?": fonografia, ouvintes e a Discoteca Pública do Distrito Federal.*

Dominichi Miranda de Sá

Doutora em história social pela Universidade Federal do Rio de Janeiro (UFRJ), é pesquisadora da Casa de Oswaldo Cruz/Fiocruz. É autora de *A ciência como profissão* (Ed. Fiocruz, 2006) e organizadora, em colaboração, de *Diário da pandemia* (Hucitec, 2020) e de *As ciências na história das relações Brasil-EUA* (Mauad-X, 2020).

Flávio dos Santos Gomes

Professor associado do Instituto de História da Universidade Federal do Rio de Janeiro (UFRJ), atuando também nos programas de pós-graduação em história comparada (PPGHC), história social (PPGHIS) e ensino de história (PPGEH). Tem realizado pesquisas sobre escravidão e pós-emancipação em perspectivas comparadas, Brasil e Caribe.

Gilberto Hochman

Cientista político, pesquisador e professor da Casa de Oswaldo Cruz — Fundação Oswaldo Cruz, autor e organizador, entre outros, de *The sanitation of Brazil — health, State and nation (1889-1930)* (2016), *Diário da pandemia — o olhar dos historiadores* (2020), *História da saúde no Brasil* (2018) e *Médicos intérpretes do Brasil* (2015).

Helena Bomeny
Socióloga, professora titular de sociologia do Instituto de Ciências Sociais (ICS) da Universidade do Estado do Rio de Janeiro (Uerj) e pesquisadora aposentada do CPDOC da Fundação Getulio Vargas. Autora, entre outros, de *Guardiães da razão. Modernistas mineiros* (1994); *Intelectuais da educação* (2001); *Darcy Ribeiro. Sociologia de um indisciplinado* (2001) e *Um poeta na política. Mário de Andrade. Paixão e compromisso* (2013).

Hildete Pereira de Melo
Professora da Faculdade de Economia, do Programa de Pós-Graduação em Políticas Sociais e do Núcleo de Pesquisas em Gênero e Economia da Universidade Federal Fluminense (UFF). Militante feminista desde o ano de 1976, autora dos livros *Mulheres e poder, histórias, ideias e indicadores* (2018), *A sinhazinha emancipada — Eufrásia Teixeira Leite — paixão e negócios na vida de uma ousada mulher do XIX* (2021), *Economia, história e memórias* (2017). Publicou coletâneas, capítulos e artigos sobre feminismos, economia feminista e história econômica brasileira. Gestora pública da Secretaria de Políticas Públicas para as Mulheres da Presidência da República em 2009/10 e 2012-14.

Lucia Lippi Oliveira
Professora associada da Pós-Graduação em História, Política e Bens Culturais do CPDOC-FGV. Pesquisa processos políticos e culturais de constituição de identidades nacionais. Autora de *A questão nacional na Primeira República* (1990), *Americanos: representações da identidade no Brasil e nos Estados Unidos* (2000), *Nós e eles: relações culturais entre brasileiros e imigrantes* (2000) e de inúmeros artigos sobre cultura, organização e ideologia do Estado Novo no Brasil. Seus livros mais recentes são *Cultura é patrimônio: um guia* (2008); *Cidade é patrimônio: uma viagem* (2021).

Marly Motta
Historiadora, pesquisadora aposentada do CPDOC da Fundação Getulio Vargas. Autora, entre outros, de *A nação faz cem anos: a questão nacional*

no centenário da independência (1992); *O Rio de Janeiro continua sendo...: de cidade-capital a estado da Guanabara* (1997); *Saudades da Guanabara* (2000) e *E agora, Rio? Um estado em busca de um autor* (2022).

Simone Petraglia Kropf
Historiadora, pesquisadora do Departamento de Pesquisa em História das Ciências e da Saúde e professora do Programa de Pós-Graduação em História das Ciências e da Saúde da Casa de Oswaldo Cruz/Fundação Oswaldo Cruz. É autora de *Missionários do progresso: médicos, engenheiros e educadores no Rio de Janeiro, 1870-1937* (coautoria de Micael Herschmann e Clarice Nunes, 1996), *Doença de Chagas, doença do Brasil: ciência, saúde e nação, 1909-1962* (2009) e *Carlos Chagas, um cientista do Brasil* (coautoria de Aline Lopes de Lacerda, 2009).

Este livro foi impresso nas oficinas gráficas da Editora Vozes Ltda.,
Rua Frei Luís, 100 – Petrópolis, RJ.